本专著为国家社会科学基金项目“知识管理视角下差错学习模型和机制构建的研究”（编号：BTQ054）最终研究成果

知识管理视角下差错学习模型和机制构建研究

张家年 著

科学出版社
北京

内 容 简 介

差错学习是组织学习的重要形式之一，既是组织知识增长的主要方式之一，也是组织知识共享和转移的中介。更重要的是，差错学习是组织完善其知识体系、规则体系、制度体系，乃至管理方式变革的重要推动力。本书以知识管理为视角，在情报学、组织学习、差错管理等理论和实践成果基础上，系统地研究差错学习模型与差错学习机制，具体内容如下：差错学习的理论基础研究，情报学视角下差错信息的研究，组织差错学习及其绩效影响因素模型的构建，组织差错学习过程模型的构建，组织差错学习机制的建立。

本书将理论模型构建、实证分析和对策机制设计等相结合，提出了组织差错学习实施路径。可供企业管理者、政府管理者、知识管理者阅读，也可为差错学习研究者提供参考。

图书在版编目（CIP）数据

知识管理视角下差错学习模型和机制构建研究 / 张家年著. —北京：科学出版社，2021.12

ISBN 978-7-03-067245-2

Ⅰ. ①知… Ⅱ. ①张… Ⅲ. ①管理学–学习方法–研究 Ⅳ. ①C93

中国版本图书馆 CIP 数据核字（2020）第 253732 号

责任编辑：杭 玫／责任校对：贾娜娜

责任印制：张 伟／封面设计：无极书装

科 学 出 版 社 出版

北京东黄城根北街 16 号

邮政编码：100717

http://www.sciencep.com

北京厚诚则铭印刷科技有限公司 印刷

科学出版社发行 各地新华书店经销

*

2021 年 12 月第 一 版 开本：720 × 1000 B5

2022 年 9 月第二次印刷 印张：13 1/2

字数：272 000

定价：126.00 元

（如有印装质量问题，我社负责调换）

前　言

无论在何种类型的社会生产过程中，由于人类自身认知能力的局限性及其外部环境系统的不完备性，人的行为都不可避免地出现差错。正如我国古人云“人非圣贤，孰能无过”，在国外也有“To Err Is Human”的谚语。差错与其他正常行为是人们学习、工作和研究中重要行为的组成部分，既无法避免也不可能杜绝，但需要正视。在差错发生、处理和改善过程中，伴随着一系列状态、过程和结果的数据与信息，将产生知识、经验和智慧，即关于差错的知识、经验和技能。因此，差错知识也是人类知识体系的重要组成部分。

“知错能改，善莫大焉”指的便是差错反思和差错学习了，差错学习（learning from errors，LFE）既是人类自我纠错的前提，也是创新、成功的基石，更是社会发展前进的动力。对于组织管理而言，差错知识是组织学习的对象，可从中汲取差错经验、知识，挖掘发展机遇，但在组织学习理论与实践应用中，差错学习还没有得到应有的重视。在知识管理体系中，一般将组织中成功经验或失败教训作为知识管理的对象，并加以转化、扩散和传播，但差错知识管理和应用却鲜有涉及。与此同时，在社会实践中，由于差错可能诱发各类严重事故、失败或灾难，因此，在安全生产过程中，也有人将差错等同于事故、失败或灾难，使产生差错的人害怕被发现，进而隐瞒差错，拒绝差错学习。因此，有了差错知识，并不意味着组织差错学习以及组织创新的自然发生，需要有差错学习机制作为动力和保障。

因此，本书以立足于信息资源管理和知识管理（knowledge management）的理论与实践，融合差错管理（error management）、组织学习的相关理论，对差错管理、知识管理、差错学习之间的关系展开相关研究，构建组织差错学习绩效影响因素模型和组织差错学习过程模型。并从实践层面探讨促进差错学习的各种机制的建立。在本书创作过程中，采取了规范研究和实证研究相结合的研究方法，运用了文献计量、博弈论、问卷调查、结构方程模型（structural equation model，SEM）等多种研究方法和研究工具，具体的研究内容和过程包括以下几个部分。

（1）知识管理与差错学习的理论基础。由于本书研究主题属于交叉性和综合性的研究，研究内容涉及信息管理、知识管理、组织学习、管理学等学科范畴，因此，需要多元的理论融合和支持。一方面，知识管理研究分属不同理论流派，理论智慧各有千秋，差错知识转化、转移、传播和扩散有着自身的规律，需要以这些理论为基础；另一方面，组织差错学习则是在差错管理、组织学习等领域理论相融合的基础上，借助这些理论才能进一步揭示和探讨组织差错学习的过程和机制。因此，这部分内容主要从以下两个方面进行研究：①对当前差错管理、差错归因、组织学习、知识管理等理论与实践进行系统的梳理；②从情报理论（信息链、熵理论等）视角探讨差错信息资源的概念、本质和作用。将这些广泛和多元的理论研究与实践应用成果作为本书的理论基础。

（2）组织差错学习绩效影响因素模型的研究。这部分研究内容包括四个方面：首先，在前面理论体系梳理的基础上，阐述组织差错学习的概念、特征、类别和对象；分析了不同理论视角下差错学习的框架。其次，在已有研究的基础上，分析差错管理、知识管理与差错学习绩效输出的表征，建立组织差错学习绩效影响因素假设模型。再次，运用实证分析方法和 SEM 在 AMOS 软件支持下，验证和修正组织差错学习绩效影响因素模型。最后，对相关模型结果进行阐释和分析。

（3）组织差错学习过程模型的研究。前述组织差错学习绩效影响因素模型只是静态结构型要素的表征。本部分则是对组织差错学习动态过程型路径的描述。通过规范研究方法，以行为流、事件流、信息流、知识流为路径，以差错管理、SECI[①]知识创造模型为流程，以差错管理、差错学习、组织管理和组织学习之间的内在关系、作用过程为逻辑，建构组织差错学习过程模型。从而体现本书的主要观点：差错（行为）—差错信息—差错知识—差错学习—组织绩效或创新。

（4）组织差错学习机制的研究。组织差错学习绩效影响因素模型的构建，以及组织差错学习过程模型的建立过程，揭示了组织差错学习的影响因素及作用过程。但是，掌握这些还不足以帮助我们在组织中实施差错学习，也并不表明组织差错学习自动发生，组织绩效就能自动地提升，创新就能自发地产生。因此，组织差错学习的发生和持续有效的实施，仍需要满足相应的条件、遵循相应的规律、协调主体间的关系、健全组织的保障（约束和激励）体系等，即建立健全组织差错学习机制，其中包括：组织差错报告与信任机制、差错学习中共享机制、知识转移与扩散机制、组织容错和纠错机制、组织激励和保障机制等。

本书选取以“组织情境”为主题的研究背景，实际上，本书中的理论成果不但在组织层面具有较高的理论价值和实践指导性，而且在其他社会领域，甚至在国家治理层面也具有积极的意义。

① 共同化或社会化（socialization）、表出化或外部明示（externalization）、联结化或汇总结合（combination）和内在化（internalization），即著名的 SECI 模型。

（1）理论层面。本书的主要研究对象是差错与差错学习，差错是人类活动过程中的固有行为，差错学习则是以差错为载体、差错信息为对象，获得差错相关的经验、知识和能力（差错分析经验、差错处理知识、差错解决方案等）。因此，本书从差错管理理论（error management theory，EMT）、（知识）结构洞理论、组织学习理论、知识管理理论、信息资源管理理论、熵理论等多学科理论视角出发，构建了组织差错学习绩效影响因素模型，提出了组织差错学习过程模型。同时，从保障和促进差错学习绩效出发，提出建立健全组织差错学习机制。这些既对已有研究成果做了相应的继承，同时也具有一定的创新拓展。

（2）实践层面。本书最主要的理论成果包括三个方面：组织差错学习理论、组织差错学习绩效影响因素模型和过程模型、组织差错学习机制。这些成果具有较强的实际可操作性和指导性。在宏观上，经济社会发展进程中需要差错学习，差错学习也是创新发展的重要源泉，而且改革开放实践鼓励持续不断地探索前行，也需要容错纠错机制保障；在中观层面，组织差错学习是促进组织机构优化组合，为组织提高知识能力、保持竞争力、创新能力的重要途径之一；在微观层面，差错学习能够帮助个体积淀差错经验和知识，提高解决问题的能力，进而提高其工作绩效。

（3）社会层面。本书的理论观点对于纠正社会价值观中存在的错误倾向也有一定的社会价值。一些人将差错等同于失败或事故，认为差错不可原谅，如孩子考试中的差错、新员工的工作差错等，认为对差错行为主体应予以一定的惩戒，在各行各业中均有相当数量的人持有该观点。我们在社会上应该向公众解释差错行为是人们正常行为的一种，其本身是中性的，它既可能是事故和失败的诱因之一，也可以是各领域创新和变革的动力，从而形成一种积极的差错文化氛围，包容差错，允许失败，促进创新。

本书已经取得了较为丰富的研究成果，课题组发表近20篇学术论文。基本完成了组织差错学习理论体系的梳理，组织差错学习模型的构建，以及差错学习机制的建立。差错学习绩效的主要表征因素等也通过研究得以阐述清楚，并且，通过实证分析，差错学习绩效包括差错知识、差错技能、差错绩效、改革创新四个方面。

本书尚存在一些不足和问题，如组织差错学习绩效输出如何测量和评价，尚需要建立组织差错学习绩效评价体系（指标体系、权重体系和标准体系）。因此，我们拟进一步从组织差错学习影响因素和组织差错学习绩效输出的结果表征两个方面展开研究。

本书主要是由笔者完成的，其中，淮北师范大学刘咏梅博士撰写了第 2 章和第 3 章的部分内容，张睿雯撰写了第 4 章，王婉婉参与了本书第 4 章的数据分析工作。在此，还要感谢其他成员提供的帮助，包括合肥师范学院谢阳群教授、南京大学信息管理学院李阳博士、安徽大学管理学院王文韬博士等。本书在出版过程中得到了安徽省高校管理大数据研究中心主任韦法云教授的大力支持，以及科学出版社经管分社杭玫女士的悉心校对和修改，在此一并致以衷心的感谢。

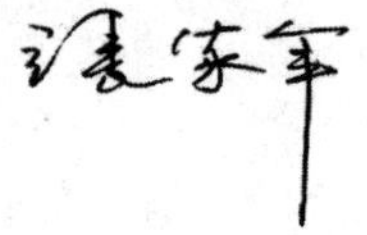

2020年6月8日

目 录

第1章 导　论

从人类社会演化和发展的历史视角来看，社会生产为人类社会演化和发展提供了重要的经济基础；社会生产既是社会实践活动的重要组成部分，也是人类获得外部世界认知的前提。这些社会生产过程既包括重复性的社会生产，也存在探索性、颠覆性和创新性的社会生产过程（科学探索、技术研发、发明创造等）。无论在何种类型的社会生产过程中，由于人类自身认知能力的局限性，以及各种外部环境的频繁变迁或突变，从而不可避免地产生各种疏忽、差错、错误和未遂事件，并可能成为失败或事故等严重后果的诱因[①]，其中，差错就是极为常见的一种。

1.1　关于差错的认识

对于差错，我国古代留存着很多朴素而又辩证的认识，如“人非圣贤，孰能无过”“知错能改，善莫大焉”“差之毫厘，谬以千里”“千里之堤，毁于蚁穴”“防微杜渐”“防患于未然”“鲁鱼亥豕”“人无完人”等。在当代，我国著名科学家钱学森曾指出：正确的结果，是从大量错误（钱学森所指的错误是“无心之失”，并非“有意为之”的错误）中得出来的；没有大量错误作台阶，也就登不上最后正确结果的高座（费雷华，2008）。同样地，在国外也有相关的谚语或名句，如拉丁语中的“Errare Humanum Est”，其意相当于英语中的谚语——“To Err Is Human”，即“人人都会出差错的”，与我国成语“人非圣贤，孰能无过”有着异曲同工之处。英国著名剧作家和诗人莎士比亚认为：最好的好人，都是经历过错误的人。17 世

① 这里的疏忽、差错、错误和事故未遂，它们在严重程度上是由低到高的，对应的英文分别是 slip、error、wrong 和 near-miss accident。

纪法国科学家伽桑狄指出：与其说我们有权防止差错，不如说我们有权不坚持谬误。美国工程师爱德华·墨菲（Edward A. Murphy）在实践经验基础上提出的墨菲定律也说明了差错是不可避免的——如果做某项工作有很多种路径，其中有一种路径将导致差错（事故），那么一定就会有人按照这个路径去做。或者说，事情如果有变坏的概率，那么不管这个概率有多小，它总会发生（李珞山和邹江江，2014）。

因此，差错作为人类行为中不可避免的组成部分，与正确的行为如影随形，差错也是人们学习、工作和研究中的重要行为之一，既无法避免也不可能杜绝，需要正视。在差错发生、处理和改善过程中，会伴随一系列过程、状态和结果的数据、信息或经验，乃至知识的产生，可称之为差错信息、差错经验或差错知识，这些差错信息、差错经验或差错知识是人类知识体系的重要组成部分，也是组织学习的重要内容。

差错学习既是人类自我纠错的结果，也是创新、成功的基础部分，更是社会发展前进的动力源泉之一。苹果公司前董事长史蒂夫·乔布斯（Steve Jobs）曾说过：在创新过程中，有时也会犯错。最好的解决办法是马上承认它，并开始别的创新（Kryeziu，2015），其目的是承认差错和问题是创新过程中的常态，鼓励创新过程中的试错，同时，反思差错、避免差错，并从中寻找新的机遇。对于组织管理而言，差错信息既是形成差错经验与差错知识的源泉，也是组织学习的对象，可从中汲取差错知识，挖掘发展和创新机遇。然而，在当下组织学习理论研究与实践应用中，差错学习还没有得到应有的重视，在组织知识管理体系中，成功或失败的经验或教训也被作为组织知识的重要组成部分，是完善组织知识体系的重要渠道之一。但是，对于差错知识管理和应用却涉及不多。在社会实践中，一方面，差错没有得到应有的重视，从而可能导致事故和失败的发生，即差错是事故或失败的前因，这些差错的进一步演化和发展可能会为组织乃至国家带来严重损失和后果，现实世界中此类事故和失败事件也在不断地发生，教训惨重；另一方面，正是差错的出现，引起了人们的反思，促进了差错学习的发生，为组织绩效改善和发展提供了新的机遇，让一些组织获得了前进和发展的动力。但是，如果没有容错纠错机制的确立，没有差错文化氛围的形成，或者没有辩证地认识差错信息、差错经验和差错知识在组织发展中的重要性，差错仍将被弃如敝屣，差错知识也将得不到正确的对待、应有的重视和合理的利用。因此，对于差错管理、差错知识管理、差错学习的研究具有重要的理论意义和实践价值。

1.2 社会各领域中差错管理实践现状

1.2.1 经济社会发展背景

社会发展日新月异，人们通过各种方式进行相互联系（人际网络、互联网、移动互联网）、彼此连通（互联网、物联网和人机联网）、彼此联结（数据、信息或知识的流动）、相互转化（物质、能量和信息之间），以及所有要素（或结构、功能上的）相互融合等，促进了真正意义上的社会巨系统形成。其过程可称为信息化、全球化、一体化，各种要素都被有形或无形的网络所连接，相互影响，相互作用。一旦某个（些）节点发生了变化或异常（差错、失误或失败），将会波动至其周围的节点，并迅速传导和放大至更多节点，使局部或整体发生改变或振荡，这就是蝴蝶效应（butterfly effect），指初始条件比较微小的改变经过逐级放大，就能对其未来状态产生巨大的变化（安艳，1998）。因此，一旦发生差错，就有可能经过系统进行逐级放大，最后由差错所引发的后果对一个组织或国家而言可能是很严重或是有很重大影响的，甚至是颠覆性的，当然，这种作用存在双向性，或具积极性（出现创新变革的机遇），或具负面性（颠覆或破坏系统的稳定性和整体性）。

（1）政治、经济层面的差错将会导致严重的“蝴蝶效应”、“黑天鹅事件”和“灰犀牛事件”。随着全球化进程的日益加深，国家之间的政治、经济联系越来越紧密，相互渗透也越来越深入，政治行为和经济行为之间的互动给政治与经济层面也带来了深刻的变化。一个国家在战略决策上的失误将会对该国以及其他国家产生巨大的影响，甚至是持续的动荡，并带来严重的灾难，这就是“蝴蝶效应”（王家华等，2017）。在很多情形下，这些微小的变化正是偏离目标的差错行为。“黑天鹅事件”和“灰犀牛事件”（骆晓强等，2017），分别是由 Taleb（2007）和 Wucker（2016）提出的，是用来刻画系统性风险的两个隐喻。其中，“黑天鹅事件”主要是指发生了难以预测且发生概率小的突发事件或问题，当其突然发生时，会引起连锁反应，是具有巨大负面影响的小概率事件。“灰犀牛事件”并不是随机的突发事件，一般是指概率大、冲击力极强、在某种程度上可以预见、潜在且极易被忽视的风险，但是“灰犀牛事件”袭击时，极具爆发力，且不可阻挡。虽其早有预兆，但常被视而不见，没有被给予足够的重视，结果导致了十分严重的问题或事件发生。这些事件的起因在于政治决策者认知上存在差错，导致决策和战略上的失败和被动。

同样地，在经济层面上主体行为的差错也可能产生“黑天鹅事件”或“灰犀牛事件”，甚至会给全球经济带来致命的打击。英国知名商业银行巴林银行，其新加坡分行期货与期权交易部门的交易员兼清算部经理尼克·里森在系统设计和管理层面上存在差错，致使该银行巨亏 10 亿美元而倒闭（李林，1995）。在宏观层面上，地区性或全球性金融危机均始于若干微观层面上差错窗口的重叠与爆发，如 1997 年爆发的亚洲金融危机，以及 2008 年由美国次贷风暴而引发的全球金融危机（至今尚未走出危机的阴影）。在经济全球化的今天，任何经济层面的差错行为，都有可能导致该国经济的震荡起伏，甚至爆发全球性金融（经济）危机。

（2）科学技术层面。科学技术在各个领域的突飞猛进，给人类社会带来了福祉，既提供了连通世界的基础，也给世界的高速运转提供了巨大的动能（物质基础、能量基础和信息基础）。贝克（2003）曾指出：“科学是可以接受试验、实验、反复和失败的，能够允许在艰难的探索过程中出现很多错误和失误的。失败是成功之母，错误孕育了科学。从一定意义上说，科学是一位‘错误女神’，因为只有从无数次试验和实验、无数次推翻和重复、无数次失误和错误中才能孕育并诞生出科学。”他们提及的失误或错误，其意相当于本书中的“差错”，是基于主体认知的局限性、知识的缺乏和技术不完备性产生的。

在科学技术研究和实践应用中，一方面，科学研究和技术开发领域正是由于不断地试错、差错学习、积累经验和教训，并不断地探究差错以及差错导致失败背后所存在的本质和规律，从而促进科学技术进步的。另一方面，在科学技术应用及实践层面上，也会由于差错而产生消极或严重的后果。主要表现为：首先，人类对于外部世界以及自身的认识存在不足，因而在科学探索上还有未知领域，或者说科学知识体系的完备性还不够。其次，技术应用上存在“双刃剑”、“滞后”和“放大”效应。巨乃岐和邢润川（2007）认为：技术是把“双刃剑”，是指技术应用效果善恶性和双重性的评价问题（为善与为恶、正面性与负面性、建设性与破坏性等矛盾性的两面）；邱仁宗（1988）曾指出，技术发展往往有超越技术本身目的以外的社会后果……有些是直接的效应（一级效应），有些是间接的效应（二级、三级、四级……效应），有些是短期的效应，有些是长期的效应，有些是预料之中的效应，有些是非预料之中的效应。最后，技术的风险还存在放大机制，是指“灾难事件与心理、社会、制度和文化状态相互作用，其方式会加强或衰减对风险的感知并塑造风险行为”（克里姆斯基和戈尔丁，2005）。如当今世界核技术并没有在足够保证核安全的条件下应用，核电运行中不时出现的核事故使得人们总是处在核风险和核威胁之中。这些技术效应说明了人类在技术应用上还缺乏完备性、绝对的可靠性和有效性，可能会导致差错行为的发生，进而导致更为严重的灾难性事件的发生。

总之，受人的主观性、认识的局限性、情境性、环境性等诸多因素的影响，其行动上可能出现相应的不确定性、不可靠性，因而产生差错行为是不可避免的，或者说差错是人的行为不可缺少的组成部分，不可能杜绝其出现。现有理论研究或实践层面，多聚焦于失败现象，即以结果为导向。但是，人类对于外部世界和自身的认知远未达到完全理解的程度，由于未知状态的存在，必然存在不确定性的因素，从而给人类在科技研究和应用中产生差错提供了可能，对差错的累积效应缺乏相应的关注和研究，因此，也应该关注差错行为，即以过程为导向。

1.2.2 生产安全和国家安全层面的需求

贝克（2004）指出：在现代化进程中，生产力的指数式增长，使危险和潜在威胁的释放达到了一个我们前所未知的程度。“前所未知”即“不可计算的不确定性”（incalculable uncertainty），这种不确定性也可以成为创造性的一个来源（贝克等，2010）。当然，这种不确定性也是导致人类差错产生的重要原因之一，正因为人类差错行为的发生，将可能导致较为严重的安全后果出现，这种可能性便是影响主体安全的危险与威胁。本书中的安全层面主要是指组织（企业、公司、工厂等）生产层面上的安全，当然，也可能是延伸至国家安全的宏观层面。

（1）生产层面上安全。差错行为是相关行业生产安全的重要诱因，如危险品的生产、运输与储存，如 2015 年 8 月 12 日天津滨海新区爆炸事故，造成了重大人员伤亡和严重的财产损失；因违规而导致的火灾事故，如 2013 年 6 月 3 日，位于吉林省德惠市米沙子镇的吉林宝源丰禽业有限公司因电线短路引燃可燃物，高温导致液氨设备和管线发生物理爆炸，氨气泄漏又介入了燃烧，造成 121 人死亡、76 人受伤；还有一些高危行业、重点行业或关键领域，如医疗卫生行业、航空航天领域、核电站生产等。因此，在组织或企业生产、经营和管理过程中，差错往往是导致重特大生产事故的重要源头，对于差错、差错信息、差错经验或知识、差错学习的研究是减少或避免生产安全方面问题发生的重要途径。

（2）国家安全层面。国家安全是国家生存与发展的基础，习近平提出了总体国家安全观的理论框架，把国家安全放到了国家发展进程中的战略高度[①]。国家安全战略决策、执行过程中不能有相应的战略失败，否则会使国家安全产生重大威

① 习近平：坚持总体国家安全观 走中国特色国家安全道路，http://www.xinhuanet.com/politics/2014-04/15/c_1110253910.htm.

胁和危机。历史上由于情报、决策、执行等层面上的差错，进一步导致重大国家安全事件发生的案例不胜枚举：1941 年由于情报工作中一系列差错的耦合，美国珍珠港遭受日本海军偷袭，造成重大人员伤亡和军舰损失；2001 年由于公共安全层面的差错，美国发生了“9·11”恐怖袭击事件，使得世界安全格局重新洗牌；在核安全领域，1986 年 4 月 26 日作业层面的差错叠加，导致切尔诺贝利核电站发生核事故；2011 年 3 月 11 日，日本“3·11”大地震之后，福岛核电站管理层面的决策混乱导致核泄漏事故；等等。在其他领域的突发事件应急管理中，也时常由于差错的发生，出现不可逆转的严重后果，从而威胁国家安全。因此，在安全层面，无论是宏观上的国家安全，还是中观层面的领域、行业或组织中的生产安全，以及微观层面上个体作业的安全，我们都要重视差错行为带来的后果，尽量减少差错行为的发生，并且要进行差错学习和差错反思，从而提高应对潜在安全威胁或风险的能力。

1.2.3 当下知识管理和组织学习实践的需求

（1）知识管理是组织适应外部环境变化的必要条件。随着经济一体化、全球化和信息化的迅猛发展，组织外部的环境变化日新月异，国内外市场竞争日趋激烈，给组织带来了严峻的挑战。进入 21 世纪以来，知识已经取代了资本、人力资源，并以全球化竞争、产品上市时间以及组织对于外部环境的反应速度快慢来主导一个知识经济体系的成败。因此，知识是 21 世纪组织成功的必要条件（林东清，2005）。

（2）知识管理是科学技术迅猛发展、知识经济时代形成的必然选择。由于科学技术的发展和进步，知识生产呈现爆炸式的增长，科技逐渐成为推动社会进步的主要力量。正如邓小平所说：科学技术是第一生产力（方莉娟，1997）[①]。科学技术又以知识为载体发挥作用，推动社会生产方式的转变，并建立在以知识的创造、分配以及利用等基础之上的经济，即知识经济时代（易培强，1998）。对于组织来说，知识管理是在知识经济时代帮助自身推动知识生产、分配、创新和应用的重要途径，也是牢牢把握市场竞争主动权的必然选择。

（3）知识管理是应对组织知识体系复杂性的重要手段。因为组织外部环境是不断变化的，且存在不确定性，一个企业（组织）要生存和发展，就应该具有相应复杂的行为来满足环境要求（刘洪，2011）。说明由于外部环境的变化（包括竞争力的此消彼长），组织必须提升其复杂性以应对，而知识管理是促进组织知识体

① http://www.xinhuanet.com/politics/kxjssdyscl/.

系复杂性提高的重要途径之一。知识体系复杂性并不是单独存在的，而是融于组织结构复杂性（组织内各主体要素中，如个体、团队、组织结构、组织制度、组织文化等）、动态复杂性（丁永健，2008）（各种组织活动中，如培训与学习过程、生产流程、管理过程、评价阶段等）之中的。因此，知识管理是应对知识体系复杂性的重要手段。

（4）知识管理也是组织知识创新、管理创新、产品创新的关键基础。在知识经济时代，对于组织来说，显性知识（explicit knowledge）是很容易被别人获取、模仿和学习的，从而成为共有知识，即所有市场主体获取和拥有的知识。但实质上，在组织知识体系当中占据绝大部分的隐性知识（tacit knowledge）才是企业核心竞争力的关键所在（李纲和王忠义，2011）。隐性知识具有内隐性、缄默性、难以被模仿性和可直接学习的特点，是组织中个体或团体内嵌于生产、经营和管理之中所获得的经验或汲取的教训，其中就包含了差错知识（差错发生后，通过纠正或利用差错获得的教训或经验）。当然，隐性知识在扩散和转移过程中存在着各种障碍，因此，隐性知识并不直接表现为组织或企业的核心竞争力，需要通过知识管理实现隐性知识在组织内部的扩散和转移，从个体转移至团体的其他成员中，并从团体内转移至组织其他单元内，成为组织的隐性知识。

（5）组织学习的背景。组织学习历来为各类组织或企业所重视，尤其是在竞争激烈、瞬息万变、信息爆炸的信息时代，组织适应外部环境变化的能力决定于其对外部信息和知识的获取、开发、应用以及创新，而这种适应能力就是组织的学习能力（March，1991）。几十年来，很多学者对此进行了大量的研究：组织学习是组织人力资源开发、形成智力资本（包括人力资本、结构资本和客户资本）（Stewart and Ruckdeschel，1998）的基本途径，而且也只有通过组织学习才能促进组织创造新知识，形成创新能力（Calantone et al.，2002），是组织形成核心竞争力和提升组织绩效水平的重要手段（Brockman and Morgan，2003；Jiménez-Jiménez and Sanz-Valle，2011）。

在管理实践层面，各类组织也一直将组织学习作为管理实践中的重要工作任务和目标，很多组织从中获得发展能力、市场竞争力和绩效水平的提升。如李文等（2013）对华为技术有限公司、海尔集团、联想集团等企业的组织学习和国际化营销动态能力之间的关系进行了研究，发现组织学习对动态能力演化有着至关重要的作用，同样对于企业营销动态能力的成长起着非常重要的促进作用（Eisenhardt and Martin，2000）。严军（2012）从上海浦东发展银行企业培训案例出发，探讨组织学习对于建设学习型组织的重要作用，认为组织学习也是学习型组织建设的主要渠道。杜维等（2015）通过多个案例（三星电子、联想集团、海尔集团、上海通用汽车有限公司）探索企业的失败学习模式与这些制造业企业的物流服务创新之间的关系，认为通过失败学习可以有两种促进企业创新的模式——利用式创新和探索式创新。无论是学习型组织的构建还是组织创新能力的提升均是组织保持竞争力的重要途径。此外，组织学习与组织绩效的关系也非常密切，很多学者实证研究表明，组织学习对于组织绩效有着重要的影响，虽然这种影响是间接的、中介性的或传导性的（陈国权和郑红平，2005；谢洪明等，2006；蒋春燕和赵曙明，2006；李璟琰和焦豪，2008），但也是不可或缺的。

1.3 本书解决的主要问题及其现实价值

1.3.1 解决的主要问题

在本书研究过程中，搜集和借鉴了国内外大量与差错管理、组织学习、差错学习、知识管理等相关的研究成果。总的来看，与本书相关研究成果的主要特征主要表现为多学科与跨领域、交叉性与综合性、专门性与专业性、理论性与实践性并重等特点，既有普适性的理论研究，也有特定领域的实践（或实证）研究；既有宏观及中观层面（国家、行业或组织）的研究，也有微观（个体、团队）的研究；既有单一学科的研究，也有综合性的研究。

差错研究是在组织考察员工工作差错行为导致重大失败或事故原因的基础上逐渐发展起来的。较早的研究领域主要是心理学和工程学，从心理学视角研究人—机（机器）—环（环境）系统相互作用的规律，从而发现人的作业存在可靠性、差错率的问题，有可能产生意外伤害等，并逐步优化人机系统。后来随着机器化、自动化、智能化生产方式逐渐普及应用，差错研究拓展至差错发生率较高的行业或领域，如医疗卫生、交通航运、航空航天、核能发电等高可靠性组织（high reliability organization，HRO）。研究的主要目的是预防和避免差错的发生。但后来，人们发现差错行为是不可避免的，不可能做到零差错、零失误。因此，在组织行为研究中，开始有人转向差错管理的研究，提出差错管理理论。该理论将差错视为组织中正常的行为，并营造积极的差错管理文化，促进个体和组织进行差错学习，减少或降低员工差错行为发生的概率，促进员工间差错知识的交流和学习，从而完善组织知识体系和积累更多的组织经验，甚至发现组织创新的机遇。

在对国内外已有相关研究成果进行定量分析和定性的梳理过程中发现：一

方面，相关领域各自研究成果非常丰富，理论研究具有一定的深度，实践应用也得到相应的证明，这些研究成果将是本书的重要理论基础和实践支撑；另一方面，在相关研究主题上融合交叉研究却相对薄弱，存在的主要问题有以下几个层面。

（1）差错学习还未成为组织学习的主流，没有引起组织管理者的重视。基于差错耦合有导致重大事故或失败产生的可能，多数组织管理者视差错为事故或失败，进而影响组织对于差错处理的策略。已有的研究表明：多数组织或企业采取预防差错的策略，如在操作规程上加以严格限制，差错行为的减少是以管理者付出高昂的管理成本为代价的，目的是尽量避免差错的发生。员工在差错发生时，忌于差错高成本，也倾向于掩盖差错行为，即使其采取了纠错措施避免更为严重的后果，但能向上一级管理者主动报告差错的员工也极少。

组织培训是组织学习的重要途径，一般地，组织学习对象包括显性知识、成功经验、失败教训。其一，在组织培训过程中学习的知识以显性知识为主（组织行为规范、作业规程、注意事项等）；其二，隐性知识的学习也多以成功的经验、技巧等为对象，目的是提高员工成功作业的能力。其三，从失败或教训中学习，这部分研究关注组织如何从他人或自身失败中学习，组织应积极支持员工从失败和教训中学习。失败学习也是组织学习的重要方面，失败是外显的，已经有了严重后果，目的是从中吸取教训，有警示性的作用。企业要求新员工避免差错，从而保证在生产、服务和管理过程中不会给组织带来不可控的风险。

但是鲜有组织把差错作为学习对象融入组织学习的内容体系中。例如，差错行为是什么？什么样的工作行为是差错行为？差错发生后，如何处理以避免或减少负面影响？如何进一步反思差错行为？有无创新的机遇？此类学习相对较少，从个人隐私、心理防卫和职业安全的视角来看，较少有人愿意把自己的差错体验公布于众，因为这可能容易引起职业尊严和安全的危机感。

（2）差错知识并没有成为组织知识共享的对象。已有研究均将差错行为作为研究对象，探讨差错预防或差错管理的策略和方法。对于差错行为来说，它是一个组织行为的组成部分，存在大量的背景信息、行为信息、过程性信息、主体信息、客体信息等。这些信息的聚合则能够说明或解释什么是差错，是谁产生了差错，差错发生在哪里，为什么发生了差错，差错结果如何，怎样处理的。显然，这些问题和对应的答案便是差错信息或知识，且具有高度情景化的知识。但是，并没有人对这些差错信息、差错知识进行挖掘、整理，并在组织内进行传播和扩散，因此，这些差错信息和知识也就难以成为组织知识共享的对象，没有差错知识共享，也就难以发挥差错知识在组织知识体系（制度、规则、产品等）中的作用，不能体现组织创新能力和竞争力的提高，难以提升组织绩效水平。

（3）差错管理和知识管理与差错学习之间的联系。很显然，差错学习是差错知识共享、转移、扩散的重要途径，必然借助于组织知识管理系统。这里的组织知识管理系统是指广义上的组织知识管理系统，即包括组织知识管理机构、制度、文化、技术平台等，并非狭义上的组织知识管理系统（技术层面的系统）。差错学习（个体间、团体或组织内）能否发生与组织知识管理系统的支持相关联。当下，差错学习并没有成为组织学习体系中的重要组成部分，如何构建组织差错学习体系，使得差错学习成为组织获取知识、提升绩效的重要途径之一，已有的研究只进行了零星探讨，仍需要深入探究。知识管理是组织知识体系完善并进一步创新的重要基础和支撑，如何将差错行为过程产生的各种数据和信息转化为特定的领域知识，并逐渐消弭在组织运作过程中各横断面存在的“漏洞”中（潜在差错发生的位置），但是从现有研究来看，这方面研究较少。

（4）差错学习的模型与机制方面需要进一步深入研究。组织差错学习目前的研究多集中于个人或团体层面，对差错学习的影响因素、差错学习中的主体相互作用关系、差错学习过程中的组织环境、差错学习的流程、差错学习的结果评价等尚未进行系统性的研究。简单来说，就是如何构建组织差错学习绩效影响因素模型、差错学习过程模型，以及如何建立组织差错学习机制。

1.3.2 研究价值

（1）差错学习模型和机制的研究是差错管理、知识管理与组织学习等相关理论融合的理论成果。虽然差错行为及其后果与人类相伴而生，各种叙事性的记载或经验类的谚语总结比比皆是，但是，对于差错行为、差错管理、差错学习等进行专门性、体系性的研究仅有几十年的历史。由于差错总是与特定情境（主体、客体、情景、环境、氛围和文化等）相联系，而且差错总是与不同学科、领域或行业相关联，没有抽象或纯粹的差错，因此，应该将差错行为、差错管理、差错学习与多学科、多领域的研究成果相融合来研究。

另外，几十年来，在知识管理和组织学习的理论研究上，不同领域和学科的专家学者也一直在从各自视角探索和研究这两个领域中的现象与规律，而且所取得的成果非常丰富。但是，差错作为组织行为体系中的一部分，常被视为负面或消极的因素，并非组织学习的主要对象；在组织管理中，差错管理所获得的各种经验鲜有被提升至组织知识管理层面并加以内化或传播。同时从知识管理和组织学习的视角，将差错管理、组织学习、知识管理三者联系在一起的研究并不多见。本书从知识管理视角构建差错学习模型，建立组织差错学习机制，并在以下几个方面有着一定的理论贡献。

首先，差错发生的机理是什么，即为什么在组织中会产生差错，差错是如何导致事故或失败发生的。组织中的差错除了与员工的心理结构、认知结构、知识结构等因素关联之外，还与组织结构、组织高度细化的分工、组织文化等因素相联系。在已有差错管理研究基础上，进一步从结构洞理论来分析组织差错产生的原因，视差错为人际关系中信任、协同的重要指标，从而在防止差错的级联或串联耦合，预防系统性危机的产生，进而阻断严重的组织事故或失败产生的路径等方面，提出了新的思路和方法，具有一定的理论意义。

其次，差错学习的内容是在差错行为发生过程中发现差错、探查差错原因、处理差错等环节中形成与差错相关的信息、经验、知识或智慧，而不是差错自身。差错学习既是组织学习、组织创新的重要组成部分，也是组织绩效提升的重要保证。本书从情报学中的信息链（信息演化顺序）出发，提出建立差错（事实）—差错数据—差错信息—差错知识—差错智慧—组织创新（累积性创新和颠覆性创新）的链条，从而揭示差错学习—组织创新间的逻辑关联。

最后，差错知识是高度个性化的知识，属于隐性知识，而且可能会给差错知识拥有者带来隐私上的担忧、职位的不安全感、竞争优势的失去等负面影响，因此，差错知识管理可能会给组织知识管理带来一定的障碍。从本质上来看，知识管理就是为了促进组织中的员工或团队不断地汲取组织内外的知识，特别是组织内部的知识交流、共享和传播，提升组织创新能力和竞争力。差错知识是组织知识的重要组成部分，也是差错学习的对象。但是，从知识管理的视角研究差错知识的产生、共享、学习机制和差错学习模型，这方面的研究还甚少。因此，从知识管理理论与实践的视角，本书对差错学习模型的构建，以及差错学习机制的建立，符合内在的必然顺序，也具有一定的理论意义。

（2）差错学习模型和机制的研究也是指导知识管理和组织学习实践的客观需求。差错行为是与人类社会实践活动紧密联系的，实践中差错行为的发生时常会导致失败或事故的发生，从而造成非预期的负面后果。但是，与成功经验相比较，差错知识的共享，以及进一步的差错学习过程的发生存在诸多障碍，在组织学习实践应用中并没有取得积极进展。因此，希望能够有差错学习模型和相应差错学习的机制以指导人们的实践，从而减少差错，避免因差错而产生的失败或事故，进而提高组织作业水平、组织绩效。从差错管理视角来看，组织中制度、作业规程、学习机制、组织文化等内容多源自差错学习，而本书关于差错学习模型和机制的研究对于相关实践来说也具有一定的指导价值。

首先，差错学习模型和机制对于组织微观层面所具有的实践意义。任何组织均是由单个的个体所组成的，但是由于个体的知识基础、认知水平、情境等因素的局限性，产生（工作）差错是难免的。那么，通过差错学习（他人、自身的差错），提高自己的（应对差错）经验、知识和能力，以减少类似的差错，将提高个人的作业绩效。个人将自身的差错学习所获得的经验和知识在团体（小组、部门等）进行扩散和传播，并在小组内进行知识转移，使之成为团体内的共有知识，将提升小组整体性知识水平和作业绩效。差错学习模型和机制研究的目的是在组织实践中探索如何促进个体通过差错学习提升自身（差错）经验层次或知识水平的路径。同时也揭示了在团体中个体如何向其他成员扩散和转移知识，从而使团体的（差错）经验或知识水平得到提升。

其次，差错学习模型和机制对于中观层面所具有的指导价值。个体或团体在组织情境中出现的差错行为同时也可以认为是组织差错，即组织在员工培训、组织制度、组织作业规程、组织管理、组织文化等层面上可能存在差错（窗口）。差错学习模型和机制从组织层面为组织学习实践、组织知识管理、组织（差错）文化营建提供了相应的理论基础和指导范式。另外，本书在宏观层面上也具有一定的实践意义。因为差错不仅会出现在个体、团体和组织等主体行为中，同样会出现在宏观层面上，如跨国公司的决策行为、战略实施等，政府层面的战略规划、政策制定、行为决策、执行（实施）和评估等都可能出现差错。因此，本书对于在宏观实践层面上如何减少差错、利用差错进行差错学习，对推动组织的创新发展有一定的实践意义。

（3）差错学习模型和机制的研究符合当前我国建设创新型国家实践的需要。在全球化、一体化、信息化日益加深的经济社会发展进程中，差错对国家安全和发展有着重要的影响：决策上的差错可能会导致国家错失发展机遇；战略上的差错可能会导致国家安全和发展利益严重受损；即使微观上的差错也可能导致重大事故的发生。虽然差错并不等同于失败、严重后果和事故，但是我们应该重视可能引发上述不利后果的重要前因，即差错。当然，差错并不总会带来负面的影响，如果利用好差错，可获得信息、知识，乃至智慧。当然，应尽最大可能在未来的实践中，促进决策更为科学，使战略更具抗逆力，甚至推动创新和发展。

目前，我国正处在新时代中国特色社会主义发展时期。从宏观视角来看，深化改革与全面开放是国家发展必由之路，是前人没有走过的道路。开拓和创新是主旋律，积极鼓励各个领域主动探索，甚至通过试错和差错学习，再辅之以防错纠错机制的建立。从微观视角来看，应推动组织（企业）建立差错学习机制，鼓励试错、学习和创新，进而推动社会创新氛围的形成。

目前我国所处的国际环境十分复杂，改革开放实践正处于攻坚阶段，实施创新驱动发展战略是党在新时期的重大历史使命[①]，新时代中国特色社会主义事业建

① 2016 年 5 月 19 日，我国发布了《国家创新驱动发展战略纲要》，其中提出：把创新驱动发展作为国家的优先战略，以科技创新为核心带动全面创新，以体制机制改革激发创新活力，以高效率的创新体系支撑高水平的创新型国家建设，推动经济社会发展动力根本转换，为实现中华民族伟大复兴的中国梦提供强大动力。

设需要不断地探索和创新。因此，在创新发展过程中，出现差错也是必然的，重要的是构建差错文化氛围，鼓励大胆尝试与探索，推动（差错）经验和教训的总结与汲取，并进行差错学习，不断地探索和创新国家发展之路。

1.4　本书主要出发点和基本框架

1.4.1　本书研究的出发点

出发点是研究的基本观点或逻辑关系。本书主要出发点包括以下几个方面。

（1）由于组织“系统界面”的“设计不良”，并且与员工间的交互产生问题，从而导致员工个体在工作中暴露出各种问题，即差错行为。差错只是组织各类后续严重后果的前提条件或原因，因此不能将这类前提条件或原因等同于后果。

（2）差错是组织行为的固有组成部分，其本质是组织知识体系中存在相应的知识漏洞、知识缺失。差错是组织知识体系存在问题的表象，目前的差错预防是治标，仅是对差错（行为）本身进行防卫式的管理（建立制度、严厉惩罚等），然而，并不能阻止差错行为的出现。因此，应该从差错信息（组织情境信息、作业条件、个体心智状态等信息）管理上升至知识管理层次，进一步实现差错知识的扩散，才能逐步纠正组织知识体系中知识漏洞和缺失的问题。

（3）差错学习的对象是差错，与成功学习或失败学习具有同等重要性。组织学习不但要学习成功的经验以及失败的教训，同时还应重视以差错为对象的学习。差错学习不等同于从失败或教训中学习，这些失败或教训是由很少的差错所引发的（可比喻为冰山在海平面上方的部分），而更多的差错犹如隐藏在海平面下的冰山没有被发现。差错也是组织学习的重要资源，差错学习既能提高组织整体的知识水平，也能提高员工、团体乃至组织的绩效水平。

（4）知识管理、差错管理和组织学习之间存在紧密的联系（图 1-1）。信息流、知识流是差错管理、组织学习和知识管理间联系的重要纽带。差错管理获取组织行为中出现的差错信息、情境信息、纠正信息等；组织学习的目的是提高组织解决问题（包括差错）的知识和能力水平，实现知识的迁移；知识管理则是通过知识的共享、应用和创新以解决问题（包括差错）。三者的共同目标是实现组织绩效（能力）的持续改善。

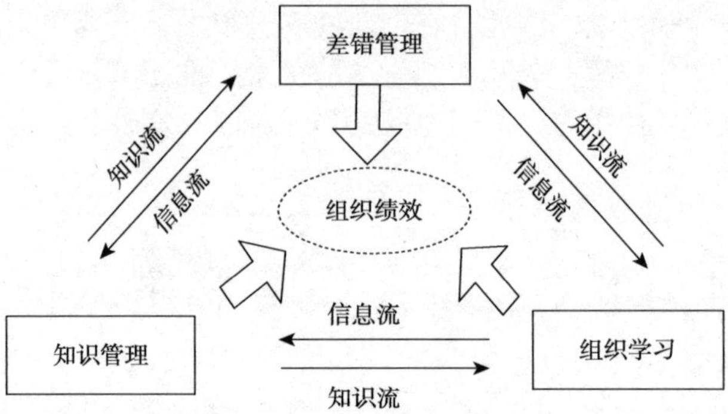

图 1-1　三个领域相互关系示意图

1.4.2　本书主要内容框架

在当前宏观环境充满不确定性、不稳定性因素的情况下，主体行为（决策、执行、管理和评估等）出现差错的概率在增大，这类主体主要包括政府层面、行业或领域的国际组织等。由于涉及面很广，这类差错多属于战略上的差错、决策上的瑕疵，一旦贯彻实施，且未能及时纠偏，那么可能产生更为严重的战略失误和巨大损失。在中观层面上组织面临更为复杂多变的内外环境。横向上，组织的领域更为细分、运作流程更加细化、部门分工更为扁平，这些变化导致横向上领域知识、流程知识、部门知识不断地固化，并有产生知识沟或知识缝隙的可能，如组织内的部门间、上下生产线之间的知识链断裂；同时纵向上，层级也在不断加深（特别是跨国公司、特大型企业等），信息传递、决策实施等层面的不对称、误读或误解也会导致信息传递的扭曲。横向和纵向的变化均可能导致组织差错。在微观上，知识不断更新、技术不断进步、工作环境不断变化，这些因素对于员工来说，受个人知识水平、操作技能、认知负荷等因素的影响，需要一定的时间不断地适应新技术、新环境，学习新知识，在此过程中中也易出现各类差错。

差错行为伴随人类历史而存在，与正常工作行为相伴而生，是不可避免的工作行为。差错既不是洪水猛兽，更不能等同于失败和事故，差错并非主观上有意识地偏离目标的行为。本书拟从知识管理的视角探讨差错学习机制的形成，促进差错学习的模型建构，主要研究内容框架及逻辑顺序见图 1-2。

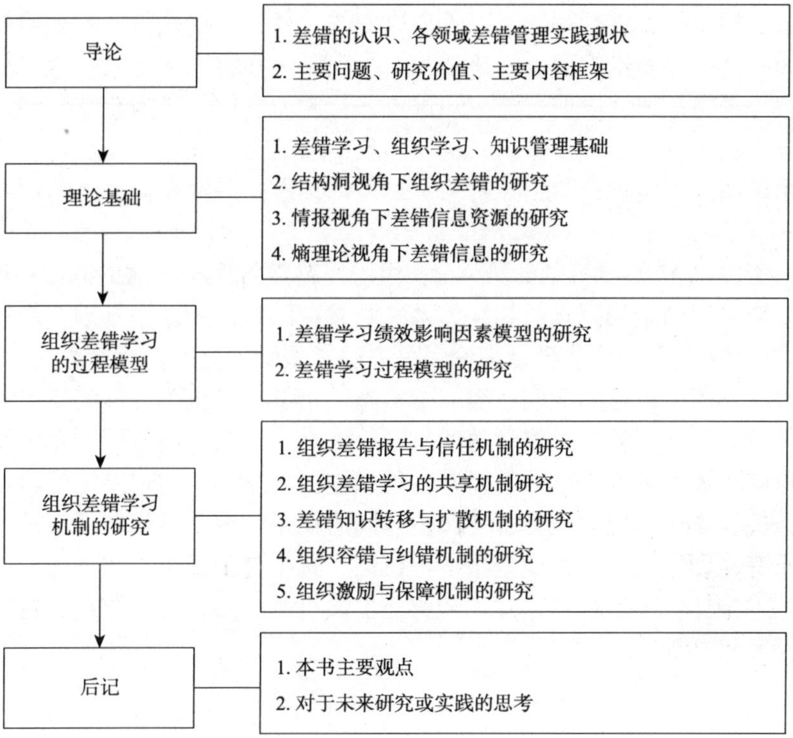

图 1-2　本书内容框架示意图

（1）知识管理与差错学习的理论基础。本书属于交叉性和综合性领域的研究，涉及差错管理、知识管理、组织学习、情报学等学科，知识管理的研究也分属不同理论流派，理论智慧各有千秋。组织学习是组织管理学中重要的研究领域，涉及多元理论支撑，如组织学习理论、绩效理论、知识转化和扩散理论等。在组织管理过程中，知识管理和组织学习存在相应边界的，不同部门、跨领域间知识交流存在结构洞的，本书将从结构洞理论探讨组织差错管理。差错学习是建立在差错知识基础之上的，因此，从情报学视角研究差错信息、差错知识演化过程。总之，差错学习的研究是将组织管理、组织学习、绩效评价等与差错管理研究对象相融合，力图将更为广泛和多元的相关理论研究与实践应用成果作为理论基础，发掘它们之间的交叉点、融合区域。

（2）组织差错学习模型的研究。这部分研究内容涉及两个模型的构建，首先，差错学习影响因素的研究，通过已有理论研究、调查问卷和访谈等方法和工具，目的是发现在组织情境中，影响组织差错学习绩效输出的因素，以及这些因素间的相互作用关系，并建立组织差错学习绩效影响因素模型。其次，差错学习过程模型的构建。对已有研究成果中的差错发生模型、差错管理模型、组织管理流程模型、组织学习模型进行筛选，以较为典型的、经过实践检验的和影响较为深远的模型为基础，以差错管理、差错学习、组织管理和组织学习之间的内在关系、作用过程为逻辑框架，以信息流、知识流、行为（事件）流为纽带，将知识管理的过程嵌入组织差错学习模型中，从而体现本书的主要观点，即从（组织）差错转变为组织绩效的流程：差错（行为）—差错信息—差错知识—差错学习—组织绩效。

（3）组织差错学习机制的研究。在组织差错学习模型构建的部分，我们将研究组织差错学习的影响因素及相互关系，同时在已有相关模型基础上构建了组织差错学习模型。但是，这些模型理论只是说明了差错学习的构成要素或主要环节，知道这些，还不足以帮助我们在组织中实施差错学习，也不能够满足组织差错学习的条件。如果没有促进差错学习的机制，那么，差错学习或不会发生，或不能持续，也就更谈不上组织绩效的提升，组织创新的发生。组织差错学习需要满足相应的条件、遵循相应的规律、协调主体间的关系、健全组织的保障（约束和激励）体系等，即建立健全组织差错学习机制，其中包括组织差错学习的报告与信任机制、差错知识共享机制、知识转移与扩散机制、组织容错与纠错机制、组织激励与保障机制等。

第 2 章　与差错学习相关的理论研究

2.1　差错管理理论

2.1.1　与差错相关的概念和分类

1. *差错的词源*

中文里，“差错”是由两个含义近似的字——“差”与“错”并列而成的复合词。在《新华字典》中，“差”是多音多义字。本书中“差”读作 chā，是指“不同，不同之点”，如差别、差距、差额、差价。“差”的另一个意思为“错误”，如差错、偏差、差池。“错”读为 cuò，意思是“不正确，与实际不符”，如差错、过错、错讹、错谬、错觉、错怪、不错、错爱、将错就错。

英语中，“差错”即 error，是指“走神，（思想）开小差”，有时与 slip、fault 及 mistake 的意思相近或通用①。《柯林斯词典》中，给出了三种解释：①言行中出现的小错误或者不准确的行为。②不正确的信念或误判。③在信念或言行上偏离了准确或正确方向上的状态。

本书中差错的边界范围。由于产生差错的主体是多元的，差错发生的情境是复杂且多元的，因而，差错本身也是多元的、复杂的。本书中的差错主要是指人在工作过程中所产生的差错，或称之为工作差错。主要是指组织工作中，产生观念上的、言行中或决策过程中的差错，组织差错又可分为具体领域或行业上的差错，如航空领域中的差错、核电站运行过程中的操作性差错、医疗中

---

① Wikipedia. Error. 2017-01-20. https://en.m.wikipedia.org/wiki/Error.

的护理差错、会计中的计算差错、决策过程中的差错等。日常生活中的差错并不在本书之列。

2. 差错的概念及分类

差错是人类共性的行为类别之一，有人工作的地方，必然就会伴随着差错行为的发生。

（工作）差错（working errors）：在组织情境中，相应主体均可能会产生与预期计划或目标不相一致的偏离行为。

从差错的定义来看，差错涉及的要素包括组织情境、行为主体、作业环境、主体行为、差错发生概率等。差错定义中的“偏离行为”主要包括两方面：第一，差错行为导致之前预期的状态与实际状态之间出现不愿意看到（非主观）的差距；第二，差错行为可能导致本可以避免的实际或潜在的负面后果（Zhao and Olivera，2006）。差错（行为）的主要特征如下：差错发生在以目标（或任务）为导向的活动中；差错行为主体并非有意偏离计划或者目标，即差错主体无主观故意；差错是人与组织间的共同作用；组织情境中的差错是可以减少的，但不可能完全避免人的差错；差错的正向因素和负向因素并存（机遇与挑战并存）；差错还具有不确定性，在差错发生的时间、空间、后续结果发生概率等方面具有不确定性（Hofmann and Frese，2011）。

（1）差错与失败和事故之间的区别。在阐明差错分类前，先分析其与失败和事故之间的关系。Reason（1990）提出了著名的瑞士奶酪模型（Swiss cheese model）能够很好地说明差错、失败和事故之间的关系（如图 2-1 所示，且在 Reason 差错模型基础上进行了局部调整），同时也能解释在组织生产（服务或管理）过程中差错、失败和事故发生的机制。

首先，在不同的层面（如一块块带有若干小孔的瑞士奶酪）上不可避免地会存在一些漏洞（隐喻为差错），表明在决策、管理和生产的不同层面上存在差错发生的可能性，如决策者的决策差错、生产线管理中的差错、一线操作者的心理准备不足等。其次，当不同层面的差错在空间上重叠在一起（如图 2-1 中带箭头的直线上的漏洞）且在时间序列上耦合（依次发生）时，①、②、③三个差错或①、②、③、④四个差错在时序上依次发生时，就产生了失败。当决策者的差错、生产线管理者的差错、操作者的心理准备不足和实际操作差错重合在一起时，作业状态就会出现负面后果，即失败。最后，除非在防御阶段能够被阻拦，否则将出现重大损失（人员或财产），即事故。例如，1995 年英国巴林银行由于交易员

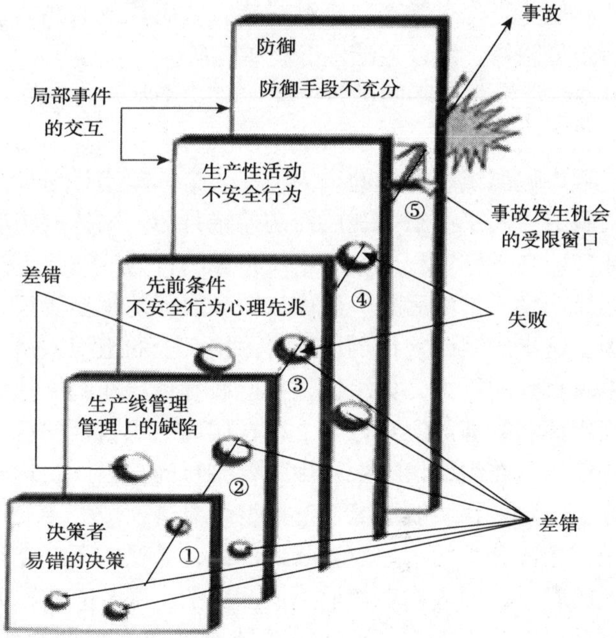

图 2-1　瑞士奶酪差错发生模型

Leeson 和银行监管上出现连续性的差错，加上市场环境的变化，该银行受到重创，并因损失巨大而倒闭。

海因里希也曾对差错、失败和事故的关系进行过较为深入的研究，统计发现从概率上来看，在 330 起事件中，300 起事件（类似于本章中的“差错”）没有造成伤害，29 起引起轻微伤害（类似于本章中的“失败”），1 起造成了严重伤害（类似于本章中的“事故”），这就是海因里希法则（陈全君和何学秋，2004）。说明我们应该重视差错可能带来的严重后果，从源头差错上解决问题，即降低差错发生的概率，将会极大降低或避免事故发生的可能性。

（2）根据差错划分的依据不同，可将差错划分为不同类别，主要划分方式和结果包括以下几个方面。

第一，按照组织分工的不同，可以将组织差错分为：管理差错、生产差错（作业差错）、评估差错（诊断差错）。管理差错主要是指组织在管理层面上出现的差错行为，如决策差错、计划差错、指挥差错、监管差错等，其行为主体多是组织领导者、管理者和指挥者。生产差错主要是指在一线作业的员工在其作业过程中产生的各类差错，如操作差错、认知差错、记录差错等，此类差错较为频繁，如果漠视，则可能进一步导致各种生产安全事故，乃至危害极大的突发事件发生。评估差错或诊断差错是指在组织评估或诊断过程中产生的差错，有可能使残次品变为正品，将“问题”当作“常态”进行对待，从而导致潜在的事故和严重后果的发生等，包括测量差错、统计差错、分析差错等。

第二，按照差错行为主体不同进行分类，可以分为员工差错（个体差错）、团体差错或部门差错、组织差错，分别对应于微观、中观和宏观层面。个体差错是指员工在工作过程中偏离组织目标的行为，一般个体差错是与员工在具体岗位上的作业类别相关联的，属于组织微观层面的差错行为。团体差错或部门差错是指组织中某团体或部门在工作过程中偏离组织目标的行为，往往是执行团队中共同的行为偏离，如果产生严重的后果一般由该团队或部门承担责任，属于组织中观层面的差错行为。这里的组织差错可以理解为狭义上的组织差错，是由组织管理层产生的偏离组织目标的行为，如组织领导层和管理层在组织战略、组织计划、组织执行、组织指挥和管理等宏观行为上存在偏离组织目标的行为。从广义上来说，上述三类差错均是在组织情境中发生的差错行为，因此，均属于组织差错，本书中的差错除了限定外，一般情况下是指组织差错。

差错虽然是按主体分类的，但应当强调的是，差错并不一定与相应主体存在本质性和必然性的联系，即人们在作业中所产生的大部分差错，并不是由不负责任的行为主体造成的，有可能是不良的系统设计和不好的组织机制体制所致（Norman，1988）。在企业机器大生产中，由于机器设计问题，员工生产中易出现差错，特别是新系统、新设备、新软件等初始使用时，总会出现各种作业问题，经过若干版本的迭代，才逐渐减少容易产生差错的设计。

第三，按差错发生前后显现效应分类（Runciman et al.， 1993）。差错行为发生后，一般存在两种情形：①由于后续主体（或其他主体）行为的纠偏与防御，从而避免更为严重的后果发生，因此，大部分差错并没有导致非常严重的后果；②由于缺乏纠偏或防御，甚至出现“同窗口差错”（Reason 事故模型中处于一条直线上的差错），从而导致事故、失败或突发事件。前一类差错称之为显性差错，一旦发生，人们均能意识到可能会产生的严重后果；后一类差错为潜隐性差错，是指未经纠正的且偏离了组织程序和政策，可能导致不利于组织后果的差错。可以用一个冰山模型来隐喻两种类型的差错，见图 2-2。海平面以上的差错是大家所共知的，且在现有认知水平和技术条件下能够发现的，也能及时发现和纠正的，而潜隐性差错则是在海平面之下，而且数量远多于显性差错，这些差错发生后往往也不易被察觉和发现，然而这些差错本身不会产生不利的组织后果，但它们创造了更容易引发这种后果的条件（Ramanujam and Goodman，2003）。潜隐性差错是所有组织的常规操作中普遍存在的现象，由于难以直接发现，当由它们引起更大事故或失败时，在归因时，往往为其他问题所掩盖。

图 2-2　差错分类的冰山模型示意图

第四，按信息加工方法分类，可分为失误、遗漏、模式差错和过失，见图 2-3（威肯斯和霍兰兹，2003）。失误是指没有产生正确的目标意图，一般是由知觉、记忆和认知方面存在缺陷所致，可再细分为基于知识的失误和基于规则的失误，前者相当于决策活动中所犯的错误，由不正确的知识导致不正确的行动计划，而后者则是发生在操作者存在盲目自信的情境下，以过去的处理习惯或某种规则来处理当前情境，而忽视了规则的适用性。遗漏是相关主体在操作中没有实施应该执行的行为，遗漏一般由记忆的失败所致。模式差错既与过失有关，也表现出遗漏的记忆失败的特征，因为作业者忘记了正确的适用情境，反而将在某作业模式下适用的特定行为应用至与此不同且不合适的情境中，这时候就产生了模式差错。过失是指操作者对操作环境的理解是对的，同时也持有正确的操作目标，但仍触发了错误的行为。

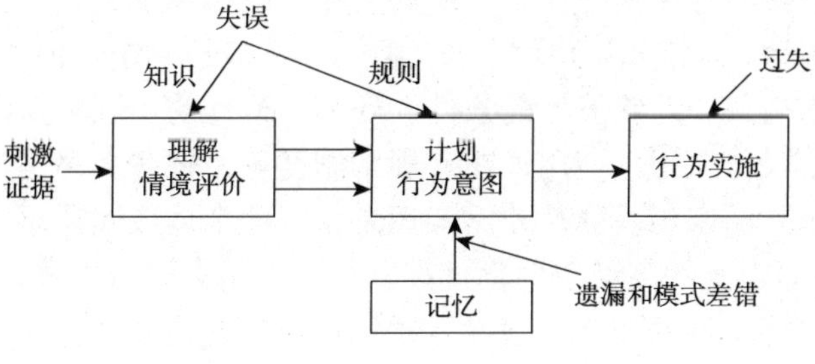

图 2-3　表征差错的信息加工背景

3. 与差错相关的概念

差错是一种目标导向下产生的行为，它偏离了已经确定的规则或不满足正常的系统规范，从而迟滞组织目标的达成或任务的实现。这样的作业行为之所以称为差错，与其目标有相应关系。与特定目标相比较，是一种差错，不过换个目标，可能是一种有效行为（洪自强和王重鸣，2000）。例如，差错的出现可以避免产生严重的后果，同时可能会为组织学习和创新提供相应的机遇或条件。这里将主要解释或确定与差错相关的概念，便于本书中相关术语的理解。

（1）差错记录或差错数据，指的是通过相关工具、方法或技术对差错（行为）过程的各种事实或产生的数据予以记录，并保存为各种媒体形式（如文字或数据、图形、图像、音频、视频等），它们能够反映差错过程中相关主体、客体、环境（时间、空间、设备及其他物理条件等）的相应状态参数。在这些参数中，如果某一或某些参数值偏离正常状态，那么，相应的参数就是关于差错的记录或差错表征的参数。

（2）差错信息。从狭义上来讲，差错信息就是与差错行为本身相关联的信息，如差错发生的情境信息、主体信息、客体状态信息、过程性的动态信息等。从广义的视角来看，差错信息是指与差错或差错事件相涉的一切信息，既涉及狭义上的差错信息，又包括组织管理者对差错的处理方案、社会对差错事件的各种反应、差错事件带来的直接或间接后果等方面的信息（谢阳群和李阳，2014）。

（3）差错知识。在差错处理过程中，相关主体对于差错的发生、情境、处理及其他方面的信息进行整理、总结和反思，从而形成关于差错整体性的认知，包括判断与识别、分析与处理、路径与方法、对策与建议等，迭代多次成为经验，并进一步在实践中得到反复验证，从而成为知识（张家年和谢阳群，2014），即差错知识。Spender（1996）根据知识获取和传递的难易程度，将知识划分为显性知识和隐性知识，能用系统化的方法表达的、正式而又规范性的知识就是显性知识（用言语、文字形式留存，如文件、图书、规章制度、操作性说明书等）；而隐性知识是指个性化、难以用语言或文字与他人共享的知识，常以个人经验、灵感、团队间的默契、技巧等形式存在于个体的大脑中或存在于文化中（赵士英和洪晓楠，2001）。同样地，差错知识也可以分为两大类：显性差错知识和隐性差错知识，显性差错知识是指关于差错发生的条件、环境、处理的步骤等知识，如一些组织中的作业规范、操作流程、使用说明、规章制度等，这些大多是长期以来处理差错而积淀的组织差错知识。隐性差错知识是指一些个体或团体对差错的识别、分析、处理和反思而得到的高度个性化且难以与他人用言语等方式共享的差错知识，如听声音辨别可能出现的差错。隐性差错知识一般是指员工在长期作业情境中悟出来的差错技能或差错能力，是内隐于个体的关于处理差错的内在或内化知识（李阳和谢阳群，2014）。

（4）差错学习。差错学习指主体（包括个体、团体或整个组织）的差错侦测、发现、分析、处理，进行经验总结和反思并扩散知识的过程。简单地说，就是组织中差错信息转换成知识的过程，是在组织情境中学会解决差错、获得差错知识的过程。差错学习是组织学习方式的一类，以组织中的差错知识为对象，通过学习提高相关主体解决差错（问题）的知识水平和能力，从而减少差错行为的发生或者避免产生由差错行为可能带来的严重后果，或者为组织带来创新和发展机遇的过程，最终目的是提高组织绩效水平。

（5）差错预防和差错管理。由于差错可能导致组织负面后果的发生，如失败、事故等，因而，将会增加组织成本，降低作业绩效，因此，一些组织会采取应对策略和措施，希望避免或减少差错的发生；也有一些组织既努力减少差错行为的发生，同时也以较为平和的心态接受甚至拥抱差错，认为差错是促进组织学习的动力源，向组织提供了改进的机会，也是组织创新的来源等。因此，根据组织对于差错采取的措施和态度，对于差错采取的策略可分为差错预防和差错管理（van Dyck et al.，2005）。差错预防是指在组织情境中尝试预防差错的发生以保障组织目标或任务的实现。相反，差错管理则重视差错的积极作用，认为差错为相关主体提供了一种学习机会，差错行为本身并不是问题，更不是失败、事故和灾难的原罪，关键在于差错背后的原因、组织情境、后续的效应及后果等。

2.1.2　差错管理和差错学习的研究现状

关于差错管理和差错学习两个领域，前者多关注差错行为的处理过程，后者则多关注差错作为组织学习的资源或对象，但总的来说，有关二者的研究在国内外研究中属于小众群体。因此，为了获得更为广泛的差错管理和差错学习的研究成果，文献搜索采用的是“或”/“or”查询策略。

1. 可视化分析

（1）国外相关文献的分析。2017 年 10 月 8 日，笔者在 WOS（Web of Science）数据库中以研究主题“error management”或“learning from errors”进行搜索，搜索范围为 2000~2017 年，共获得 520 条记录，图 2-4 是 2000~2017 年发文量柱状图。在 2006 年之前，年均发文量在 20 篇左右，而后的年均发文量多在 40 篇以上，自 2006 年以来，关于差错管理或差错学习的研究显著增加，受到了人们的重视。

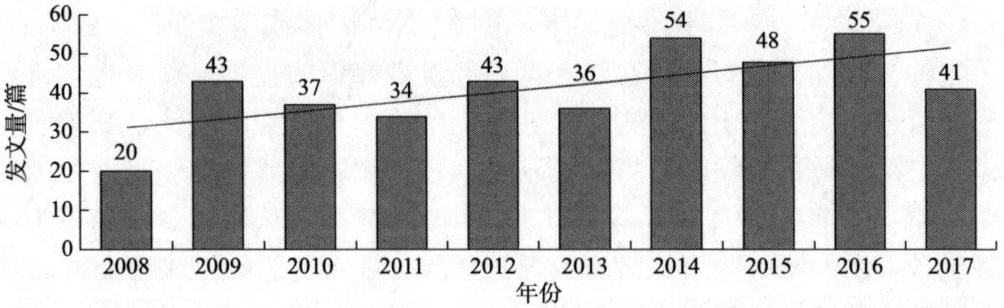

图 2-4 WOS 数据库中主题为“error management”或“learning from errors”的发文年度图（2008~2017 年）

表 2-1 列出了在文献搜索结果中引用频次前十名文章的相关信息，从研究领域来看，包括航空、医疗、组织管理、认知心理等领域。从发文期刊来看，主要源自医学和心理学专业杂志，其中一篇发表在 *Science* 杂志上。可以发现：一方面，研究领域一般集中在高可靠性组织或行业中，如医学、交通、航空、核能行业等，说明高可靠性组织非常重视差错及其管理；另一方面，心理科学领域的研究更倾向于从个体心理认知的视角来揭示与个体相关的差错发生机理和机制，以及如何进行差错学习。

表2-1 WOS数据库被引频次前十名的文章信息

文章标题	发文期刊	出版年度	总被引频次	年均被引频次
On error management：lessons from aviation	British Medical Journal	2000 年	570	31.67
Error management theory：a new perspective on biases in cross-sex mind reading	Journal of Personality and Social Psychology	2000 年	381	21.17
Simulation-based medical education：an ethical imperative	Academic Medicine	2003 年	337	22.47
The paranoid optimist：an integrative evolutionary model of cognitive biases	Personality and Social Psychology Review	2006 年	292	24.33
Genetically determined differences in learning from errors	Science	2007 年	263	23.91
The checklist—a tool for error management and performance improvement	Journal of Critical Care	2006 年	197	16.42
Organizational error management culture and its impact on performance：a two-study replication	Journal of Applied Psychology	2005 年	176	13.54
Self-regulated learning：beliefs，techniques，and illusions	Annual Review of Psychology	2013 年	175	35
Mortality salience，martyrdom，and military might：the great satan versus the axis of evil	Personality and Social Psychology Bulletin	2006 年	168	14
Disruptions in surgical flow and their relationship to surgical errors：an exploratory investigation	Surgery	2007 年	165	15

从所发文章领域来分析，见表 2-2，其中主要研究领域包括心理学、工程学、计算机科学、教育研究、健康护理科学、普通内科、企业经济学、行为科学、神经科学、护理等。一方面，说明差错行为发生领域的广泛性和普遍性；另一方面，说明在差错管理和差错学习研究方面，侧重于差错行为的心理机制、工程领域的安全、计算机操作以及医疗护理等。但是，这些也说明现有差错管理和差错学习的研究主题较为分散，分布并不均衡，而且没有形成系统性和整体性的研究。

表2-2　差错管理或差错学习发文领域、发文篇数及占比

序号	研究领域	发文篇数/篇	占比
1	心理学	112	21.538 %
2	工程学	101	19.423 %
3	计算机科学	74	14.231 %
4	教育研究	40	7.692 %
5	健康护理科学	35	6.731 %
6	普通内科	34	6.538 %
7	企业经济学	31	5.962 %
8	行为科学	22	4.231 %
9	神经科学	21	4.038 %
10	护理	20	3.846 %

将获取的相关元数据导入 CiteSpace 5.0 版本中（Chen，2006），并对研究主题进行聚类。从差错管理和差错学习可视化分析的结果中可以发现：研究领域分散，较为集中的聚类不多，只有两个，分别是“医疗差错”和“医疗差错教育”。另外，相关研究主题多元且相互间联系较少，即研究领域分野相对清晰，融合性的研究不多，这与前面的分析是一致的。

（2）国内相关文献的研究。2017 年 11 月，笔者在中国知网数据库中以“差错管理”或“差错学习”为主题，以 2000~2017 年为时间跨度进行搜索，共获得 326 篇文献。年度分布见图 2-5，可以看出自 2007 年开始发文量有明显的提速，2017 年 11 个月发文量达 55 篇。

通过对中文文献进行主题聚类，获得图 2-6 的结果。相比外文文献聚类结果，图 2-6 中中文文献的聚类效果相对较为理想，可看出，国内学者研究主要集中在两个领域（以虚线为界的上下两个部分）：组织管理领域和医疗管理领域，组织管理领域主要研究的对象是差错、差错管理文化、差错管理氛围等；医疗管理领域

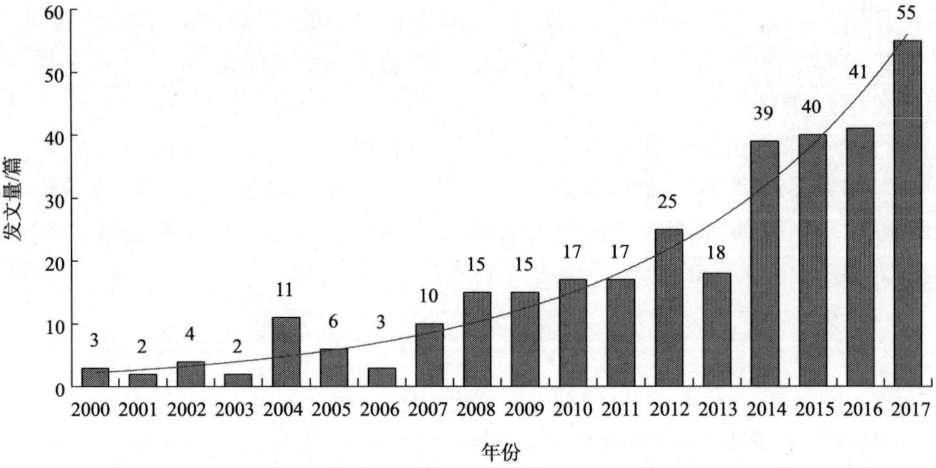

图 2-5　差错管理或差错学习中文文献发文年度分布（2000~2017 年）

的主要研究对象是用药差错、护理差错、医疗差错等。另外，值得关注的是，在图 2-6 中，有两个研究领域与其他研究领域没有联系（引用或被引）——威胁与差错管理、差错学习问题，这两个领域的研究与其他主要领域的研究是孤立的。特别是本书的主题——差错学习问题，并没有得到应有的重视。

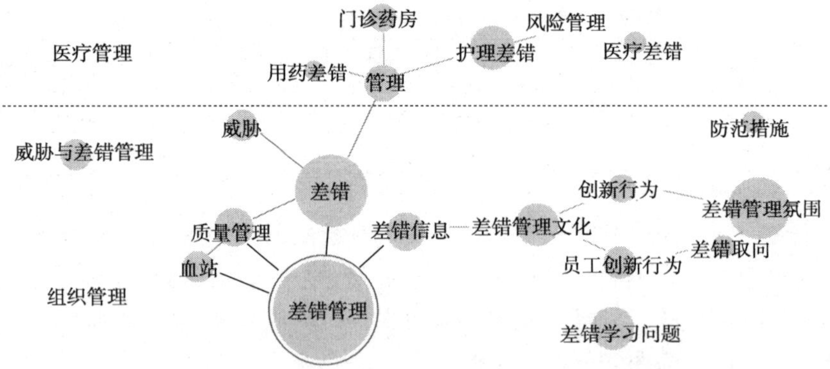

图 2-6　中文文献中所形成的主题共现网络示意图

从研究领域来看，主要集中在企业经济、航空航天科学与工程、临床医学、医药卫生方针政策与进展、药学、计算机科学与计算机应用、安全科学与灾害防治、宏观经济管理与可持续发展等领域，见图 2-7，这与国外同类研究领域较为相似。

1996；Amankwah-Amoah，2011）。

从文献检索结果来看，在 2010 年之前，与差错学习相关的研究不多，之后相关研究成果逐渐增多，如 Zhao（2011）对差错学习与员工负面情绪间的关系进行了研究，她从管理心理学角度探讨了管理层对于差错的容忍度、情绪的稳定性、情境等方面的影响。

对于差错学习的研究，从领域来看，较为多元。有的是从教育和心理学的视角研究学习过程中学生的差错学习成因模型，认为差错能够引发学习者的进一步解释和反思过程，将有缺陷的概念与正确的概念形成对比，从而有助于建立正确的心理模型（Tulis et al.，2016）。另外，很多研究从某一领域中组织情境出发，探究组织员工差错学习的影响因素，差错学习对员工知识、技能和绩效的提升与促进等，主要领域包括语言的学习（Kryeziu，2015）、财务管理（Borgers et al.，2013）、医院的医生对疾病的诊治与护理人员对病人的护理（Meurier et al.，1997；Dean，2002；Lipsett，2017）、驾驶培训（Ivancic and Hesketh，2000）、航空领域管理、核电站、决策等。

从更为宏观的视角来看，差错学习应属于差错管理的重要组成部分。没有差错管理就没有差错学习。差错学习是这样的一个过程——在组织情境中，通过相应的差错管理流程促使组织中的个体或团体从自己或别人的差错中获得新信息和新想法，发现新问题，并修正组织流程（或操作）中存在的不合理模式。

2.1.3　差错的前因与后果

无论是中外古人朴素的人类差错观——“人非圣贤，孰能无过”“To Err Is Human”，还是当今各类差错研究给出的概念或界定，都表明了差错行为的主体是个体或是由多人组成的团体、组织，而机器、计算机软硬件等运行中出现的问题（无论大小）不属于差错范畴，而属于产品（设计、开发和生产中）的瑕疵、缺陷或严重的质量问题，但是它们在与人的交互过程中，可能成为使人产生差错的诱因。因而研究差错（行为）的本质肯定是与人分不开的，人又是世界上最为复杂的行为体，主要表现在两个方面：一方面，人的身体状态、心理状态、知识状态、能力状态对于其行为会产生较为复杂的影响；另一方面，人与行为对象（作业对象）的交互、人与环境的交互、人际关系互动、人与组织的关系以及人与外部社会关系等对人的行为也将产生相应的作用。这些影响或作用一旦是负面的、消极的或不好的，都将可能导致差错行为的发生。

差错行为是人的一种行为表现，是一类现象，从上述影响人的行为因素视角分析，差错发生的原因包括两个层面。第一，人的自身因素，包括：①个体生理因素的限制，如人的感知特性、反应时间、大脑的觉醒水平、人运动的速度和准确度、人的疲劳等；②个体心理因素的限制，如工作记忆的水平、长时记忆提取的效率、注意力等；③个体发展因素的限制，如知识水平、技能水平、智力发展水平等。其中，①和②在工程心理学或人机工程学中研究比较多（威肯斯和霍兰兹，2003）。第二，外部因素，包括：①环境系统因素的限制，如时间、空间、温度、湿度、噪声等的影响，设备的先进性、运转的完备性、界面操作的友好性等；②组织文化，如组织的各种规章制度、福利、人际关系、上下级关系、组织气氛等；③社会文化背景、社会政治经济背景等因素的影响。

应当提出的是，差错行为的发生原因是复杂的、多元的，如果要追溯至源头，大多会落入上述两个层面。而且个体层面和外部因素之间是相互作用、相互反馈、相互影响的，一方面，外部因素是通过个体层面发挥作用和产生影响的，因为最终差错行为的主体总是与人相关联的。这些因素都是客观存在的，不以人的意志为转移，并随着组织系统的不同以及组织情境的改变，这些因素的作用条件也会发生变化。另一方面，要指出的是，主体在主观上并非故意允许差错行为的发生，因此，组织在差错归因上不能将人的身心因素的客观局限性等同于人的主观意志。而且，应将人的身心客观局限性的“暴露”（差错行为的发生）与组织甚至社会因素的“诱发”或“激活”相联系。与机械等系统性因素相比，人的身心因素除了进行反复的强化训练得以提高之外，改善的难度比较大；因此，应当把差错研究的重心放在个体社会因素（知识水平、技能水平和智力水平等）和组织层面因素上。

多数情况下，人们如此在意差错，主要是因为差错行为可能产生的后果令人担心，尽管如此，差错行为有时也能产生积极的影响。一般地，差错行为的后续发展方向主要包括三个方面：首先，未能实现预期组织目标，即差错往往会导致主体后续行为的失败，酿成事故、危机、突发事件等；其次，差错行为被及时纠正，或者在后续行为中并没有产生任何影响，也没有影响预期任务的完成；最后，取得比预期目标更好的成绩，差错行为的发生，产生了积极的后续效应，如知识的完善、制度的修订、产品的创新等。具体见图 2-9。

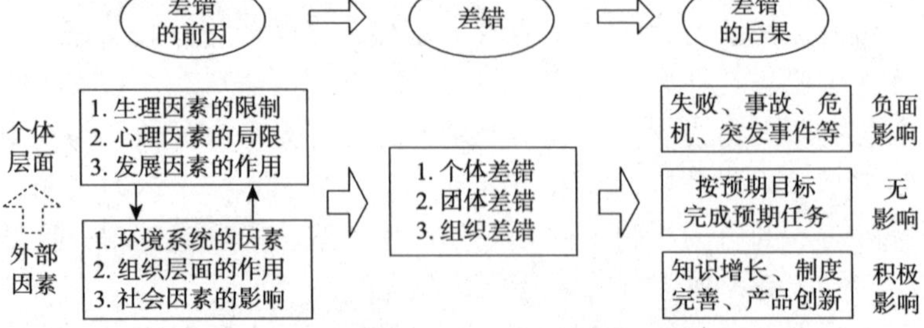

图 2-9　差错与前因后果间的相互关系

2.1.4　处理差错的策略——差错预防和差错管理

差错潜在的负面影响也是组织管理者所担心的，因此，如何处理差错成为组织管理者面临的一个重要任务，根据差错归因取向上的差异，可将组织差错处理的策略分为差错预防和差错管理（洪自强，2000）。

（1）差错预防策略。差错预防策略又称为差错防范策略，指主体在作业情境中试图通过各种措施或手段来预防差错的发生，从而防止负面后果的发生，以保障组织目标的实现或完成任务。这种类型的组织多从组织规章制度的建立健全、作业指导手册的补充完善、差错与奖惩或职业保障紧密联系等手段出发，构建一个差错预防系统来不断地检查、评估、监控员工的作业过程，试图减少甚至以零差错为目标来防范差错的发生，其理论基础是差错与人相联系，与相应个体行为相关，其根本问题在于将员工个体身心和发展因素看作差错的唯一来源，忽视了外部因素的不良设计可能导致将员工个体身心和发展条件置于极限区域，进而导致差错行为的发生。

（2）差错管理策略。差错管理策略的基本观点如下：差错行为是人的行为的一个方面，是不可避免的，从某种意义上来说，正是由于差错行为的发生，创新行为才会接续起步。Frese（1995）认为差错管理应当区别于差错处理，虽然差错处理是一个描述性术语，并且包括对差错任何类型的反应（采取的措施），但差错管理是规定性的术语，意味着对于差错处理来说是非常有用的一类方法，以减少未来错误为目标，避免负面后果，而且当差错的后果发生时，能迅速处理。

（3）二者之间的区别。差错预防策略和差错管理策略的区别主要体现在差错哲学观上的不同，导致二者在归因上存在差异性。前者多从个体的因素切入，后者则更多从人与环境间的互动进行考察，主要体现在差错与各种事故或征候之间的关系、差错的因果逻辑、差错与人-环境交互关系、差错的作用与机遇等，具体见表 2-3（德科，2017）（局部内容有些微修改）。差错哲学观的不同将决定组织的差错取向、差错管理文化或差错氛围。

表2-3　不同差错哲学观在差错认知上的比较

旧观点	新观点
差错是问题之因	差错是组织中更深层问题的表现
差错是独立的行为分类，应对之进行防范	差错是人的行为的一种属性，或是基于事实的一种判断
差错应该是我们管控人的行为目标	人的行为是人与工具、任务和作业环境之间系统性相互联系、相互作用的过程
差错应该受到抵制，人应该力求完美	差错是关于人与现实工作的传统性和复杂性相适应的信息
差错是一个简单的问题，一旦所有的系统准备好，人就应该全力适应	差错问题本身和造成差错的组织一样复杂

续表

旧观点	新观点
通过严格的程序、员工的合理操作、先进的技术和监管，差错问题可以得到减少	了解人们日常工作的烦琐，有助于让日常工作更好地进行
我们能够而且必须实现零差错、零受伤、零事故征候	我们能够也必须提高任何组织从事故中恢复的能力

差错预防将差错及差错潜在后果归因于员工个体所存在的问题，其目的是通过建立、完善组织一系列的规章制度、操作手册、预防差错组织文化，在差错与员工个体间构建一个隔离带，从而避免差错的发生。差错管理则认为组织内外环境与个体员工交互中存在不协调、不匹配而出现了差错，差错导致负面的后果并不能直接归因于个体员工，有的属于组织层面的差错（流程、结构、作业规范等），差错管理的目的是通过组织反思、组织学习，促进组织知识的增长，降低再犯类似差错的概率，并寻找组织变革创新的机会。

正是由于二者归因不同，对差错处理所采取的措施和方法也不相同，具体见图 2-10（Frese，1995），这并不代表谁更为合理，国内外不少学者将二者进行对比，片面认为差错预防比差错管理更为合理，在组织实践中，常以其中之一为差错处理策略。

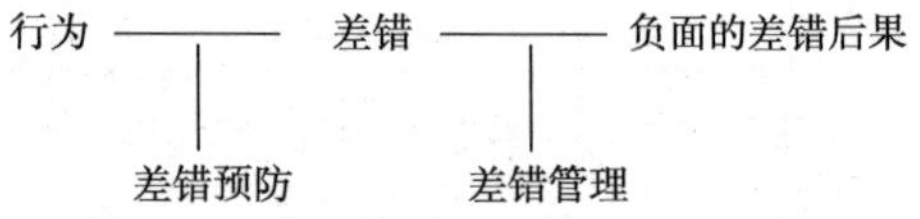

图 2-10　差错处理过程中的差错预防和差错管理

（4）二者间的统一关系。如果从差错处理本身来说，这两种差错处理策略并无优劣之分，都是处理差错时行之有效的方法，但是，应该注意这两种差错处理策略使用时情境和时机的适恰性。如果从系统视域来看组织差错处理，差错管理的过程包含了差错预防策略，见图 2-11（Hofmann and Frese，2011）。

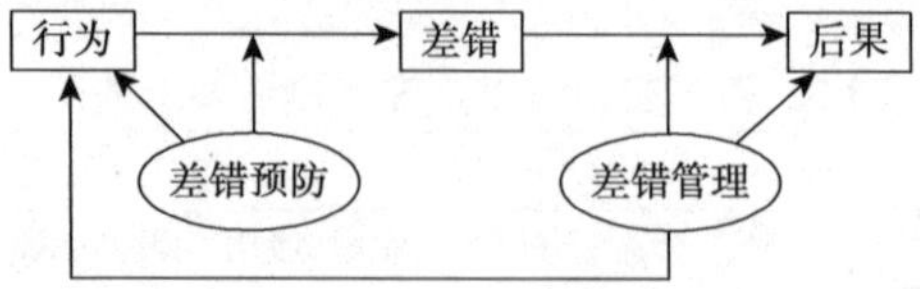

图 2-11　系统视域下差错预防与差错管理关系示意图

从差错发展时间轴中不同阶段以及差错预防和差错管理在差错处理上的优势，可以看出两种策略恰好反映了在组织管理的不同阶段中，组织差错行为发展周期如下：未发生—发生—潜在的后果。组织差错处理策略：差错行为发生前，采取差错预防措施；差错行为发生后，采取差错管理措施。图 2-11 以差错行为发生时间点为节点，采取不同的差错处理策略，在差错发生前，组织采用差错预防手段来提前防止差错行为的发生；在差错发生之后，采取差错管理手段，管控差错行为可能出现的潜在负面后果，并积极反思和学习，既反馈至组织行为的前端——预防差错，又能够通过组织学习和改革，寻找变革创新的机遇。如果组织能够有机地融合差错预防和差错管理两种策略，那么，一方面，组织差错将能最大限度地减少，另一方面，差错教训也将被组织最大范围地利用，从而提升组织差错的处理能力。

2.1.5　差错管理与应急管理

（1）差错后果的表现。在图 2-9 中，可以看出差错行为可能导致负面的后果，如失败、事故、危机或突发事件[①]等，这些后果的出现往往会给组织、社会、国家带来较为严重的人、财、物的损失。我国正处于经济全球化、工业自动化、社会信息化深入发展的新时代，社会各领域、行业和产业相互联系、依赖、影响，正如贝克（2003）所指出的："由工业社会的高度发展而导致的现代性对人类社会现有状态的每一个领域哪怕是很小的领域都带来了极大的不确定性因素。"这种不稳定性、不确定性和复杂性也就决定了当今社会系统的脆弱性，因而，哪怕是在决策、指挥、操作、监控等生产和管理上的一个差错，都有可能导致危害生产安全、社会安全、经济安全等突发事件（本书不讨论由自然灾害所引发突发事件的情况）的发生，而应急管理理论和实践研究主要是以突发事件为对象的。

（2）应急管理与差错管理间的关系。应急管理是以各类突发事件为对象，从预防与应急准备、监测与预警、应急处理与救援到事后的恢复与重建等全方位、全过程的管理。因此，应急管理是一个复杂的、开放的系统工程（闪淳昌和薛澜，2012）。根据突发事件的发展进程，应急管理过程主要包括事前（预防，prevention）、事发（响应，response）、事中（恢复，recovery）和事后（减缓，mitigation）。与应急管理相比较，差错管理的对象是（组织）差错，并对差错行为进行管理以防止严重的后果发生。由此可以发现，二者的区别在于管理的对象相差较大，且管理的阶段也不尽相同，差错管理属于组织日常管理范畴，而应急管理则是非常态化的管理。

二者间存在诸多联系。首先，从 Reason 的事故发生模型（图 2-8）分析，突发事件（不包括自然灾害）的发生，从某种意义上属于多重差错"窗口"的耦合，

① 突发事件"是指突然发生，造成或者可能造成严重社会危害，需要采取应急处置措施予以应对的自然灾害、事故灾难、公共卫生事件和社会安全事件"。http://www.gov.cn/zhengce/2007-08/30/content_2602205.htm.

即突发事件是多个差错级连起来，共同作用而产生的严重后果。其次，由于管理对象上的相关性，差错管理与应急管理也有着密切的联系。应急管理主要是“防患于未然”和“亡羊补牢”，针对特定的突发事件进行预防、响应、恢复和减缓等全过程的管理，既能减少由差错产生的后果所带来的损失，又能够为差错管理提供经验和教训，促进组织差错管理能力的提升。差错管理则是“见微知著”和“防微杜渐”，能够提高组织差错知识和能力，并有效降低差错的发生概率及不良后果的发生概率，进而降低应急管理工作的强度。最后，差错管理与应急管理属于同一组织管理过程中的不同阶段，相互协同与合作是提高组织可靠性、安全性的重要途径。目前，相关研究很少将二者联系起来，要重视它们在组织管理中相互间的协同作用，差错管理与应急管理之间的关系可以用图 2-12 表示。

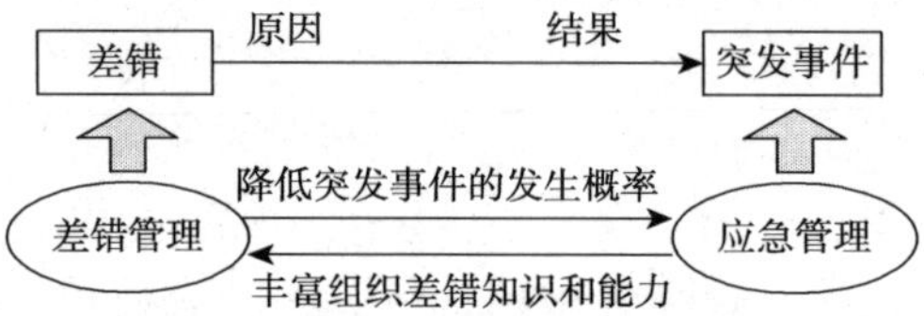

图 2-12　差错管理与应急管理之间的关系

2.2　结构洞理论视角下的组织差错研究

2.2.1　结构洞理论概述

（1）结构洞概念及其特征。结构洞理论是社会网络理论的一个分支，主要源自科尔曼（2008）的社会资本理论、Granovetter（1973）关于弱联系的社会网络理论以及 White（1981）的市场理论。伯特（2008）在专著《结构洞：竞争的社会结构》中，提出了结构洞理论。结构洞是指社会网络中的空隙，即社会网络中某个或某些个体与有些个体发生直接联系，但与其他个体不发生直接联系，即无直接关系或关系间断（disconnection），从网络整体上来看，就好像在网络结构中出现了洞穴（梁鲁晋，2011）。如图 2-13（a）是一个具有结构洞的网络，乙、丙、丁三个网络参与主体之间均没有建立直接的联系，甲主体在网络中处于中心位置，而另外三个主体则需借助甲主体才能产生相互间的联系，所以，甲主体在网络结构中占据三个结构洞，即乙与丙、乙与丁、丙与丁之间的联系，并获得相应的竞争优势。图 2-13（b）中四个参与主体均能直接相互联系，无须借助他人，在该网络中没有人具有位置上的竞争优势，因此，图 2-13（b）没有结构洞的存在。所以，Burt 运用结构洞来描述非冗余关系人之间的断裂（关系），非冗余关系人通过一个结构洞联系起来，是一个缓冲器，相当于电线线路中的绝缘体，其结果是相互间存在结构洞的两个关系人向网络贡献的利益是可累加的，而非重叠的，这种利益包括信息利益和控制利益。有两个标准可以判断结构洞是否存在：凝聚力和结构等位，即结构洞存在于这两个条件都缺失的地方（伯特，2008）。

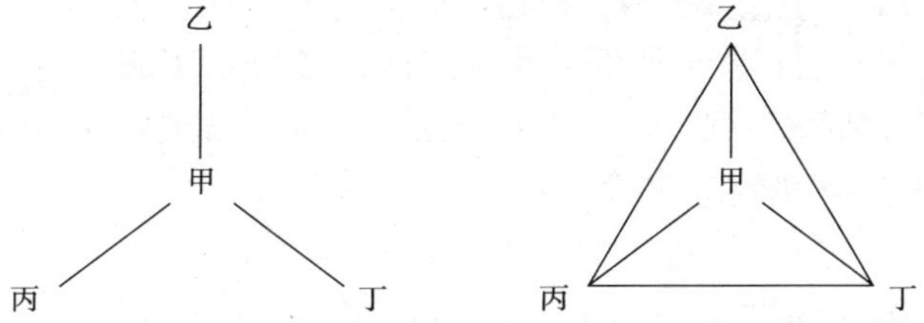

（a）有结构洞的网络　（b）无结构洞的网络

图 2-13　结构洞含义说明示意图

（2）结构洞理论的主要观点。首先，Burt 认为，在较复杂的关系网络中，通过与分散的、非重复的一组组联结点联系，占据中心位置的节点者拥有更多的网络资源，控制着与其他节点之间的资源流动，使其处于更有权力的位置。由于这些资源是非重复性的，它更有利于行动者目标的实现，这样占据或接近更多的结构洞有利于工具性行为的成功。其次，结构洞的利益实现形式是主体占据相应的结构洞，其利益实现形式分为信息利益和控制利益。其中，信息利益通过三种形式来实现：通路（即获取有价值的信息并且知道谁能够利用它）、先机（是指在获得信息的基础上通过其个人接触先于他人）和举荐（在适当的时间和地点，由于被推荐而获得机会）；控制利益则通过扮演经纪人的角色在牵线搭桥时，可以决定优先照顾哪一方的利益。处于竞争优势的结构洞就是一种社会资本，而为之赢得利益的是其所具有信息优势和位置优势的两个独特性条件。

（3）结构洞理论的效应（赵炎和郭霞婉，2012）。在实践层面研究中，结构洞理论具有双重效应。一方面，结构洞理论在实践层面应用中具有积极的作用，多数专家认为结构洞能够提升社会资本，进而推动知识的创新。Lane 和 Lubatkin（1998）分析了企业社会资本推动技术创新，并认为组织间关系创造了获取和利用知识的机会。任迎伟和林海芬（2010）认为社会资本是获取创新知识的重要途径，通过获得互补性知识和其他有价值的知识，可以提高企业管理者灵感创新化和价值化的可能性。也有学者指出，社会资本能促进组织间合作与学习，从而提升企业的竞争力与创新性（Khoja and Maranville，2010）。另外，结构洞由于其独特的地位（拥有的彼此间的信任和联系），能够帮助企业减少相互间知识交换的时间。另一方面，结构洞的存在使得占据结构洞位置的组织可利用这种优势吸收、增加和创造知识，提高了组织对结构洞的依赖性，进而产生了更多的位置权力（控制力）和地位，从而制约着其他的组织（刘立和党兴华，2014）。Xiao 和 Tsui（2007）研究中国情境下的企业数据，结果发现为了占据第三者的地位而努力保持结构洞的存在，有的企业甚至会阻碍其他两个企业主体相互联系。而且在重视合作文化的高承诺企业中，结构洞并不能促进企业和个人绩效的提升。优秀企业在管理中，往往鼓励员工去尽可能填补结构洞，从而促进员工间保持相互联系、相互沟通的状态，增进团队合作，进而推动员工个体、团队和企业绩效的改善。

2.2.2　结构洞理论对本书的启示

从结构洞理论的核心观点和应用情境中潜在的不同效应来看，结构洞理论与本书中的差错管理存在怎样的联系？能够有着怎样的借鉴？

（1）组织管理网络体系中的结构洞。在组织管理结构上，很多组织采取扁平式的组织结构，纵向层级少，但相互联系高度紧密，权责利依赖严重，上级对下级管理，下级对上级负责，存在隶属关系；在横向上，平行部门较多，部门间联系松散，相互平行，互不干涉。一般地，通过作业（生产）流程在部门边界间形成纽带性质的联系，但相互间并无隶属关系。因此，在组织内部形成了一个层级分明、块状型的网络结构。纵向上的管理及领导关系属于强关系，在部门内部由于业务上的分工合作，成员间也形成相应的强关系；横向上的联系主要是业务流程上的联系，主要表现在不同的部门间有一种弱联系，一般仅为时序上的前后关系，并不具备强联系属性。其中，占据弱联系的主体即结构洞。

图 2-14 是一个较为典型的组织结构示意图，纵向管理体系分为四层，从最高管理层、分管部门、业务团队到员工个体依次存在隶属关系，属于强联系，见图 2-14 中的实线及其连接，纵向上并不存在结构洞；横向管理体系属于业务流程上的时序（前后）关系，如第二层中的生产、检验和销售部门之间并无隶属关系，而检验分别与生产和销售存在业务上承前启后的关系，属于弱联系，见图 2-14 中横向上的虚线，如第三层中小组 C 是小组 B 与小组 D 之间的纽带，第四层中员工 c 与员工 d 之间的联系，员工 f、g、h 之间的联系。按照结构洞的内涵，检验部门（C、D、c、d、f、g、h）属于组织管理体系中的结构洞。

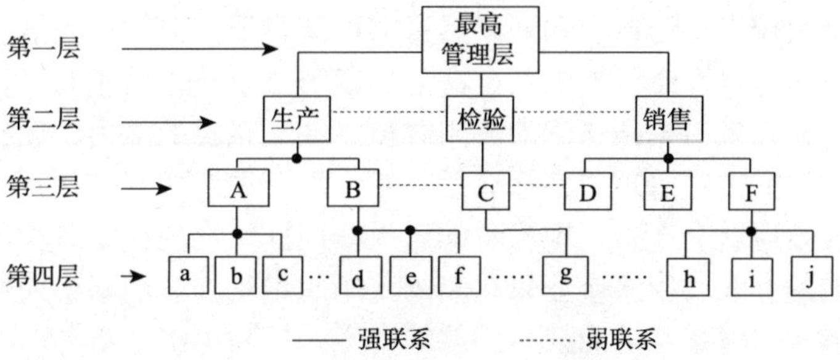

图 2-14　组织内部结构洞的分布示意图

（2）组织知识网络体系中的结构洞。组织是具有一定知识网络结构的，组织的开发、生产、管理、创新等过程是与组织拥有的知识体系分不开的。在当今知识爆炸的时代，学科知识在纵向上高度细分，横向上又需要跨学科、跨领域的高度融合。组织知识体系内含于组织业务流程中，表现为组织规章制度、作业手册、技术规范等为员工个体、团体所占有，但是受教育的程度以及所从事的岗位对其最终知识结构的形成具有重要的影响。一般地，多数企业知识体系呈现树状结构，而非网状结构，即在纵向上高度细分，按照业务学科领域逐步细分，组织分工高度细化和固化，如图 2-14 所示，A 小组长期从事产品的研发，但并不涉及 B 小组中生产方面的具体知识，从而导致 A 小组知识与岗位相对绑定在一起。在横向上知识壁垒清晰（联系较少），除了图 2-14 中所提及的业务在时序上有前后相连的环节，如 c—d 中的两个员工，f—g—h 中的三个员工，他们的知识具有一定的跨学科融合的特征，占据组织知识网络体系中的结构洞。如果此类型结构洞很多，那么组织知识就会固化在某个（些）结构洞上，形成“知识孤岛”，从而不利于组织知识网络体系的形成，也不利于组织知识的传播、迁移和融合，更谈不上组织知识的创新。

（3）组织内部结构洞的不同效应。从前面结构洞理论可知，占据结构洞的主体，其利益包括两个方面——控制利益（位置优势）和信息利益（信息或知识优势）。对于结构洞的个体来说，占据结构洞为其带来双重效益，但是，从组织系统内部来看，这恰恰是组织的问题或障碍所在，也是组织差错产生的重要前因之一。主要表现在以下两个方面。

首先，结构洞对于处在组织管理结构网络体系中的社会边界（伯特，2008）的人、团体或部门来说，需要更高的协调、合作和联系能力才能维持组织运转的良好秩序。这里的社会边界是指两个社会相交的地方，以及一种人与另一种人相遇的地方。在组织中，社会边界便是业务流程中前后两个部门、两个小组或两个员工间相交或相遇的地方，如图 2-14 中生产与检验部门、小组 B 与小组 C、员工 c 与员工 d 之间的地方。如果组织管理网络中结构洞过多，说明该组织横向业务上的部门或小组较多，结构洞和弱联系过多可能导致横向结构松散，成员间信任缺乏、联系较少、线性流程易中断。这与本章图 2-1 差错发生与差错耦合导致事故机理相吻合，如果占据结构洞的部门或员工缺乏足够的能力、动机和责任，就很难在差错预防或差错管理中发挥有效作用，由于缺乏相互信任、相互沟通和联系，差错耦合效应就会产生，即严重的后果。因此，在现代企业内部，为了尽可能减少结构洞的存在，很多企业采取矩阵式组织结构，以消除横向部门、员工间的结构洞，形成强联系，从而减少误差的产生，提高组织差错管理的效能。

其次，组织中的结构洞还有一种利益实现形式，即信息利益。分散的网络对于占据结构洞位置的主体来说是有益的，但是作为信息经纪人必须能够为相关主体承担好信息过滤、信息重构、信息解释、信息传递等任务。一方面，这类知识结构洞（信息经纪人）适当数量的维持，为组织内部信息或知识的迁移和创新起到了积极的作用；另一方面，这类结构洞数量超出一定范围，则说明了组织知识网络结构固化，壁垒和障碍阻隔了不同门类知识的融合和创新，也为组织差错产生创造了环境。因此，从差错管理视角来看，组织知识网络体系中的结构洞对于组织知识管理体系的完善和发展可能存在一定的阻滞作用，在组织知识体系中形成“绝缘体”，不利于组织知识体系的融合与创新。作为结构洞的主体必须兼具融合知识或跨学科（跨领域）的知识，才能保证组织生产流程不出现差错，如图 2-14 中的 c、d 两个员工，c 是 b 和 d 之间的结构洞，c 的知识既涉及 A 团队中前一个员工 b 的知识，同时还涉及 B 团队中员工 d 的知识，这样才能保证生产流程有序交接，同样地，d 是 c 和 e 之间的结构洞等。组织知识网络体系中的结构洞过多，说明组织生产流程中出现差错的可能性会急剧增加，体现在组织中作业规范的复杂性、不兼容性和不完备性。

（4）如何对待结构洞产生的效应。首先，鉴于占据结构洞的主体越多，其获得的位置利益和信息利益将越多，如果将组织作为占据结构洞的主体，那么组织将在竞争环境中获得更多的优势，产生更多的利益。这里的结构洞是相对于组织外部的主体来说的，即产生这些弱联系的其他主体是组织之外的，组织内部的部门、团队或员工拥有组织外部的弱联系，占据结构洞的位置。这类组织的结构洞是组织所鼓励和积极支持的，能够汲取外部信息、知识或资源，从而有利于减少组织差错。其次，对于组织内部来说，其结构洞数量越多，越可能导致组织差错产生的机会呈指数增长。因此，对于组织内部来说，应尽量消除结构洞，促进组织内部知识融合、部门融合、团队合作、小组合作、员工合作等，促进知识的共享、融合、迁移和创新，目的是建立更多的强联系，减少弱联系，消除结构洞，减少差错产生的机会，增强组织差错管理能力。最后，鉴于个体处理信息的时间、能力是有限的，即组织结构洞是不可能完全消除的，组织的人际网络应存在一定规模的结构洞，从而有机会接触到异质、无冗余知识，但要选取联结程度较高的人群组建网络并制定目标，明确责任，将网络完整连通。这样，组织内占据结构洞的主体应具备较高的创新和学习能力，同时还应具备高效的知识共享和传播的技巧，有学者把他们称为“桥”（张赟，2012），认为“桥”成员通常善于交际且能与多部门或员工产生弱联系，从而在差错预防和差错管理过程中给予知识的援助和策略的提供。

2.3　与组织学习相关的理论

2.3.1　组织学习概念及其与差错学习内涵间的联系

虽然组织学习提出时间较长，但由于研究领域视角的多元性，组织学习这一概念并没有统一的、形成共识的概念界定。但从各种组织学习概念表述上，均存在一个共性的认知，即组织学习是行为与认知、过程与结果，以及主体和客体的统一（许诺，2013）。其中，行为与认知的统一是指组织学习促进了认知和行为层面发生变化，二者相互结合起来；过程与结果的统一是指组织学习过程与组织学习输出相一致；主体和客体的统一是组织学习的条件。

Argyris 和 Schön（1978）认为组织学习就是 “涉及诊断和改正组织差错”，当诊断和改正差错时，组织仍可继续执行其现行政策或实现其现有目标，那么这种差错诊断和改正过程就是单环学习（single-loop learning），当差错诊断和改正是通过修改组织的基本规范、政策和目标时，发生的是双环学习（double-loop learning）。他们随后又进行了补充：“当组织内的个体遭遇疑难情境，并代表组织展开调查时，组织学习就发生了。单环学习是指特定的工具性学习，它可以改变行动策略或其潜在假定，但不改变行动理论的价值观；双环学习是指让使用理论的价值观及其策略和假定都发生改变的学习。”

Argyris 和 Schön（1978）的组织学习概念及其补充部分阐明了组织学习的三个要素：第一，组织学习的主体包括个体和组织，学习的对象是纠正差错或者是问题解决的知识；第二，组织学习的过程分为单环学习和双环学习，组织学习的结果是差错的纠正、问题的解决，或者是组织使用理论的价值观、策略和假定发生改变；第三，组织学习的行为发生在组织情境中，与组织目标是一致的。

我们以 Argyris 和 Schön（1978）提出的组织学习概念作为本书的出发点，主要有三个方面的理由：第一，他们所提出的组织学习概念与本书的差错学习的内涵是高度契合的，组织差错学习面临的初始困境即组织差错。第二，单环学习和双环学习分别与本书中差错预防和差错管理策略相对应，单环学习与差错预防策略的目标相一致，在现行的组织目标、组织规制的情境下，诊断和纠正差错；而双环学习与差错管理一致，为了减少差错，通常会改变组织规则，甚至是组织结构的变革和再造。第三，组织学习的过程是组织知识扩散、转移的过程，也是组织知识（包括组织的价值观、策略和假定等系统）更新、增长的过程。

2.3.2　组织学习动机触发——目标取向理论

在组织中，组织学习是组织在当今瞬息万变的商业环境中保持适应性和竞争性的必要条件（Edmondson，2008；McGrath，2001）。组织学习动机是组织学习有效性的重要前提，以及组织知识扩散的重要条件，也是组织整体知识和能力提高的重要保障。如果组织学习资源的持有者没有将其奉献于整个组织的动机，那么，他（们）的知识和能力对组织来说就没有多大的价值。因此，组织学习相关研究需要更多地关注组织学习激励维度——动机。本书采用目标取向理论（goal orientation theory，GOT）对各个层面组织学习动机进行分析，从而为差错学习动机提供相应的理论基础。

目标取向理论与成就目标理论（achievement goal theory，AGT）关系密切，成就目标理论是一种社会认知激励方法，提出个体根据他们对自身能力的潜在信心而采用不同的目标取向（goal orientation，GO）（Covington，2000；Pintrich et al.，2003）。其中，目标取向是指“个体、团体或组织在成就情境中的欲望和反应的性质”（Porter，2008），它影响单一的个体或是在集体中的个体如何进行理解并回应现实中的情况和挑战（Button et al.，1996；Marijn Poortvliet et al.，2007）。目标取向理论起初源于社会学和教育心理学的研究，到 20 世纪 90 年代开始引入组织行为学研究领域（Farr et al.，1993）。目标取向理论描述的是在管理领域中如何激励员工实现预定目标，因此，与组织学习有着紧密的联系，目标设置研究的取向包括两个方面：目标本身的特性和以社会认知模式为基础的成就目标取向的研究。学者们的长期研究成果确认了两种成就目标取向对于个体行为结果有着重要的作用，它们分别是学习目标取向和绩效目标取向。组织学习从主体来看可分为三个层次：个体、团体和组织，不同层面在促进因素、实现方法和目标上均有较大的差异性，但又是彼此紧密联系和相互促进的，具体见图 2-15。这是 Chadwick 和 Raver（2015）综合多领域的研究成果，形成组织目标取向和组织学习的关系框架。

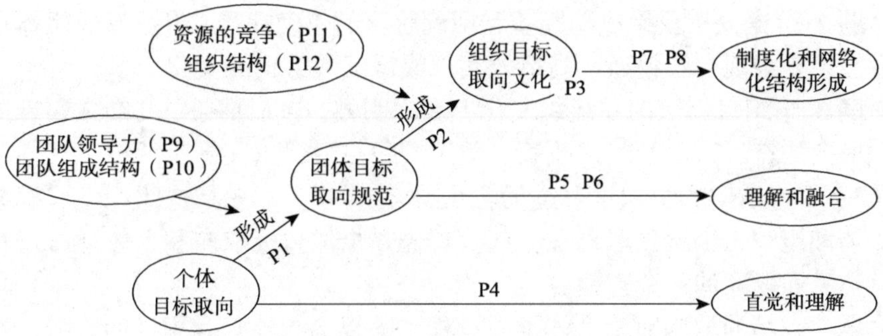

图 2-15　目标取向形成框架及其对组织学习产生的影响

（1）从个体目标取向到团体层面目标取向的形成。个体的目标取向概念化作为其相对稳定的动机倾向已经为研究者所接受（Janssen and van Yperen，2004），而个体目标取向概念化能影响团体层次的群体成果、群体规范和共同认知。个体目标取向通过三种机制促进其在团体目标取向形成中的作用：社会信息处理机制、社会认可机制，以及吸引—选择—磨合（attraction，selection，and attrition，ASA）的过程。社会信息处理机制是个体在社会背景下对其自身的态度、信念和行为进行调整；社会认可机制是指鼓励团体中个体在理解其成就倾向时，进一步将他们的行为融合收敛（使行为方向具有一致性），并获得社会（团体）认可，形成团体内目标取向规范；ASA 是由 Schneider（1987）提出的人-组织匹配框架，认为员工个体能根据其兴趣、经验、需要、价值观和个性特征等因素来选择与其特征相匹配的组织和工作，个体由于与组织特征相类似而被吸引和选择，并随着时间的推移，增加了相互之间的磨合，这里是指在团体层面，通过团体目标的形成强化团体的结构，使个体被吸引并被团体选择为新成员，进一步磨合融入其中。

命题 1 根据社会信息处理、社会认可机制以及 ASA 的要求，促进形成团体共同目标取向的方法主要表现为精通、高绩效实现或低绩效避免的行为模式。

（2）从团体性的目标取向到组织层面目标取向的形成。在组织层面上，团体目标取向更多地表现为对组织成就一种假设、价值和实践上的共同认识，因此，组织目标取向被认为是组织文化的一部分。组织文化通常被看作是一个社会构建的环境，它是由成员间互动产生并共享关于意义的理解。文化被定义为“在解决组织的外部适应和内部整合问题的过程中，基于团体习得的共享的基本假设的一套模式，这套模式运行良好，非常有效，因此，它被作为对相关问题的正确认识、思维和情感方式授予新来者”（Schein，1992）。

命题 2 根据分享获得成功经验和回溯解释的正确途径，组织形成团体目标取向的方法主要表现为：精通、高绩效实现或低绩效避免的文化。

命题 3 组织目标取向在组织文化上表现明显，包括精通、高绩效实现或低绩效避免取向的符号，以及组织政策、组织实践与组织流程等。

（3）目标取向和组织学习过程。在图 2-15 中，以多层次组织学习框架将个体、团体和组织三个层次联系在一起。首先是个体目标取向和个体学习过程的关系，具体见命题 4 的三个方面。

命题 4a 精通取向对于个体学习过程中的直觉和理解有积极的影响，符合探索性学习行为。

命题 4b 高绩效实现取向对于个体学习过程的直觉和理解有积极的影响，符合开发性学习行为。

命题 4c 低绩效避免取向对于个体学习过程的直觉和理解有负面的影响。

其次是团体目标取向和团体学习的关系。Crossan 等（1999）提出，团体层面的学习需要成员共同参与理解和融合，其中，理解即通过对话与交流来改善和促进直觉洞察力的形成，帮助团队其他成员理解他们的工作经验，并在此基础上进行融合，即团体成员能形成集体记忆，帮助他们调整行为。分别见命题 5 和命题 6。

命题 5a 团体的精通取向对小组成员之间信息的理解有积极影响，与探索式学习相一致。

命题 5b 一个团体的绩效实现取向对于团体成员之间的信息理解有积极的影响，与开发性学习相一致。

命题 5c 团体的绩效避免取向对团体成员之间的信息理解产生负面影响。

命题 6a 团体的精通取向对团体成员之间的信息整合产生积极影响，与探索性学习相一致。

命题 6b 一个团体的绩效实现取向对团体成员之间的信息整合有积极的影响，符合开发性学习。

命题 6c 团体的绩效避免取向对小组成员之间的信息整合产生负面影响。

最后是组织目标取向和组织层面的学习之间的关系。前面的命题阐述了目标取向对于个体和团体学习过程的影响，但是作为组织应该能够利用和开发这些学习（个体学习和团体学习）过程，转化为在组织中所有成员之间传递的制度化的知识（Zollo and Winter，2002）。而且，一旦融合过程频繁地发生且对于组织愈发重要，就会在组织内形成制度化——一种精通文化，代表了组织成员通过技能发展追求成功重要性的共同假设。这种类型的组织文化，让组织成员个体看到了实验、差错和风险对于组织可持续发展的价值。相反，高绩效取向的组织文化则倾向于将开发式学习的相关实践制度化。绩效避免文化的组织不太愿意强化学习，因为他们的基本信念和假设是建立在失败的恐惧之上，在组织中实行保密和信息隐匿（如果发生差错，也会倾向于隐藏，不会主动报告），从而这类组织可能无法适应激烈竞争的世界。

命题 7a 精通取向型文化使探索性学习机会融入组织策略和正式实践中，成为制度化。

命题 7b 绩效取向型文化使开发性学习机会融入其组织战略和正式实践中，成为制度化。

命题 7c 绩效避免取向型文化则难以使学习机会融入组织战略和正式实践中，而成为制度化。

组织目标取向也会影响其社会网络结构，从而影响组织学习的传播。从网络结构来看，参与者（个体或团体）需要在组织中与他人建立网络联系，以帮助他们提高效用（Brass et al.，2004）。其中，精通取向型文化高度重视反馈和在与他人的互动中学习的潜力，鼓励整个组织网络的互动，增加了理念、信息、信仰和知识等方面的共享。绩效取向型文化也重视反馈和互动，但组织成员间较为谨慎，组织网络中的关系相对比较单一，包含很多结构洞，从而产生学习和沟通中的障碍，不利于组织学习。绩效避免取向型文化的组织认为反馈与信息交互的潜在价值不大，但成本非常高，因此，这类组织成员多是通过观察而不是交流互动的方式获取信息，其网络结构是最小化的，似乎与正式的组织结构网络相同，形成了知识的“孤岛”。

命题 8a 精通取向型文化具有密集的网络结构和双向关系，对积极探索学习的制度化有正向性的影响。

命题 8b 绩效取向型文化具有适度密集的网络结构，其结构洞和单向关系对开发式学习的制度化有正向性的影响。

命题 8c 绩效避免取向型文化具有最小的网络联系，对学习的制度化产生了负面影响。

（4）团体中情境权变的发生。前文关于在更高层次上的目标取向分析——如何形成群体规范和组织文化，对跨层次学习过程有重要意义，这里称之为同构过程。目标取向在跨层次上的功能是相似的（如当团体是由精通取向的个体所组成的时候，团队就形成精通规范，包含这样团队的组织将形成以精通为核心的文化）。但是，情境权变的出现将会打破这一进程，产生集体目标取向的非同构现象（如团队是以精通为取向的，而组织则是以面向绩效为取向的）。情境权变是指工作情境发生了变化或出现了问题，领导和管理也将发生适应性变革。在情境权变时，团队领导力和团队结构效应对团队学习过程也有重要的影响，主要通过社会认可过程、社会信息处理和 ASA 过程对个体目标取向出现在团队层面上产生中断。这一点对组织差错学习具有一定的借鉴作用，差错的发生相当于情境权变的发生，团队领导力和团队结构组成对于差错的后续应对以及差错学习有着重要的影响。

命题 9 从个体到团体层面的集体目标取向类别可能会被领导通过以下方式所改变，具体包括：①当领导者主动促进精通目标与心理安全相结合时，精通规范将更有可能出现；②当领导者推动绩效目标与心理安全相结合时，绩效实现规范将更可能出现；③当领导者推动绩效目标而又缺乏心理安全时，绩效避免规范将更有可能出现。

命题 10 组织中地位高的成员目标取向可能会改变集体目标取向的类型，因为如果其属于积极支持精通取向，或是高绩效实现取向，或是低绩效避免取向，那么团体中的成员将更可能共同地采用适合相应取向的规范。

（5）组织情境中情境权变的发生。在组织情境权变过程中，组间资源竞争和组织结构对组织学习过程具有调节作用。

命题 11 组间资源竞争可能会改变集体目标取向的类型，因为从团体层面到组织层面将会出现激烈的组间资源竞争，所以组织有可能发展为一种绩效避免取向的文化，并且不可能发展成精通取向或绩效实现取向的文化。

命题 12 组织报告结构可能会改变共同目标取向的类型，当组织报告结构以团体层面到组织层面出现时，可能会改变共同目标取向的类型，存在以下几种可能：①如果这些团体是同一层面的结构，它们更可能会聚焦于精通目标取向的文化；②如果这些团体是垂直的关系，它们更可能会聚焦在高绩效实现或低绩效避免目标取向的文化上。

2.3.3　组织学习过程模型

（1）组织学习过程是一个纠正差错以及解决问题的过程。组织在围绕其目标或任务运行过程中，总会遇到各种不稳定不确定性因素、干扰性因素、设计不良的因素等，从而导致各种问题、障碍、困难的出现（这些往往又不能直接从书本知识中得到解决），在排除这些问题、障碍和困难的过程中，组织学习发生了，即组织学习鼓励各层面的个体进行自主学习，并且将（组织情境中的）差错看作继续学习的垫脚石及企业进一步成长的关键所在。而且，组织高级管理层发现一些差错或问题是由于组织系统存在不合理的因素产生的，因此，组织应具有重新修改组织系统和结构的意愿来负责和鼓励组织学习，其中包括创建一个支持持续成长和发展，并且通过对话和讨论可以衍生出新思想的组织（Kline and Saunders，1998）。Argyris 和 Schön（1978）等也持有类似观点，前面已述及。

（2）组织学习过程是一个适应环境和提高竞争力的过程。在全球化、一体化、信息化时代，外部环境瞬息万变，一个组织如果失去竞争力，不能适应环境的变化，必然面临被淘汰的境地。因此，加强组织学习，是组织在社会进程中，通过内外环境间不断交互实现自身竞争力增强、提高适应环境生存能力的过程。Haeckel 和 Nolan（1993）认为组织学习由四部分构成：感知、解释、决策、行动，即组织能感知到环境的动态变化，并能准确解释环境动态信息对其自身管理的意义，做出符合自身利益最大化的决策，然后以此对外部环境变化付诸行动，目的是能适应于外部环境的动态变化，具体见图 2-16。

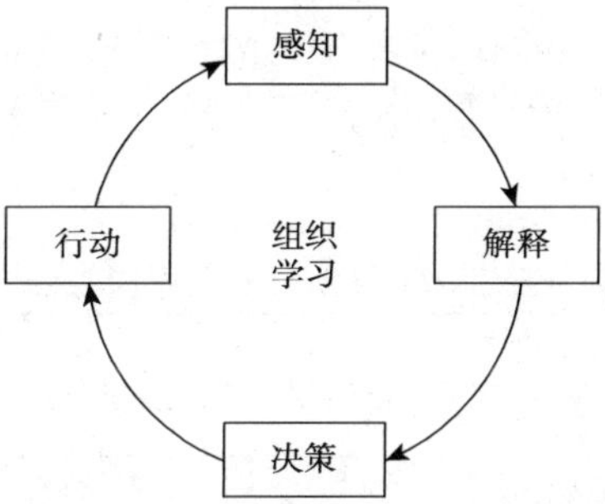

图 2-16　组织学习过程的适应性过程

（3）组织学习过程是组织中知识转移和转化的过程。知识的积累本身并不是组织学习所追求的目标或者是激发组织学习的动机。在组织运行过程中，成功的经验、失败的教训、问题的解决和任务的完成都意味着经验的累积、教训的汲取、作业的规程和系统的构建，这些都是组织中的知识，是组织学习的对象，组织学习的过程是实现这些知识在组织内为更多人所获取和使用。由于组织的经验、教训等知识多为隐性知识，组织学习的难点在于如何实现隐性知识显性化，再内化为隐性知识，实质上即知识转移和转化的过程。

（4）组织学习包括三个层次和四个阶段的过程。这里主要以 Crossan 等（1999）在国际顶级杂志 *Academy of Management Review* 上发表题为 *An organizational learning framework：from intuition to institution* 一文中的主要理论成果作为本书的理论基础。该文提出组织学习过程型模型，其理论的三个前提和一个命题如下。

前提 1：组织学习涉及在同化新学习（探索性学习）与利用已经学习的知识（开发性学习）之间的张力。

前提 2：组织学习是多层次的——个体、团体和组织。

前提 3：组织学习的三个层次是通过四个阶段相互联系的：直觉（intuition）、解释（interpretation）、融合（inclusion）和制度化（institutionalization）（4Is）；

命题：这四个过程（4Is）是通过前馈（feedforward）和反馈（feedback）实现跨层级联系的。

前提 1 是指两个组织学习类型——探索性学习与开发性学习之间存在着资源的竞争，因而存在张力，表现为在组织内各个层次间的前馈和反馈过程；前提 2 表达的是组织学习是多层次的，组织不是个体临时性的组合，而是包含人际关系的结构化，一些个体的学习和在团体中形成的相互理解被制度化为组织的组成部分；前提 3 主要是对组织学习过程进行了划分，其中每个阶段的输入或输出具体见表 2-4。

表2-4　组织学习/革新：三个层次与四个过程

层次	过程	输入/输出
个体	直觉	体验
		图像
		隐喻
团体	解释	语言
		认知地图
		交谈/对话
	融合	分享理解
		相互适应（调整）
		交互系统
组织	制度化	习惯
		诊断系统
		规则和程序

那么，组织学习动态过程模型就相当清晰了，具体见图 2-17，该模型中通过前馈和反馈将组织学习的四个阶段——直觉、解释、融合和制度化，以及组织学习的三个层次：个体、团体和组织联系到一起。该模型刻画了组织学习在不同主体间的拓展，既可以是沿个体、团体、组织晕染式的扩散，也可是沿组织、团体、个体自顶向下的逐层推进。该模型描述了组织学习的过程是螺旋式的上升，既可以是在组织学习的四个阶段上螺旋上升，也可以是在三个层次（个体、团体和组织）间螺旋上升。

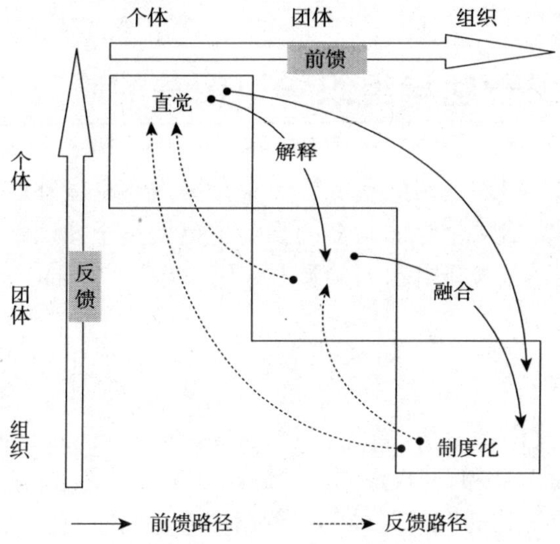

图 2-17　组织学习动态过程模型示意图

2.4　知识管理理论

知识管理是在经济全球化过程中，人类科技迅猛发展和知识急剧增加的必然现象，企业或组织能否对环境内外的知识展开识别、访问、共享、迁移、扩散、利用和创新，是其能力的重要体现，即知识管理日益成为体现企业或组织竞争力的标志性领域。在知识经济时代，虽然知识管理不是组织成功的充分条件，但却是组织成功的必要条件。本书对于知识管理概念，采用综合学派的观点，即一种描述性的定义（廖华明，2011；Girard，2015）。

知识管理是协助企业组织和个人，围绕各种来源的知识内容，利用信息技术，实现知识的生产、分享、应用以及创新，并在个人、组织、业务目标及经济绩效等诸方面形成知识优势和产生价值的过程。简单来说，知识管理就是通过创建、分享、使用和管理组织的知识和信息而提升个体和组织绩效水平的过程。

2.4.1　知识管理与组织学习相关的研究

对于知识管理与组织学习的研究，无论是国内还是国外，单独的关于知识管理或组织学习的研究成果量是非常多的。为了更聚焦于知识管理研究和组织学习研究间的相互关系，在选择主题词关系上采用“与”或“and”的运算关系，查询相应的结果。

1. 可视化分析

（1）国外相关文献的分析。首先，以“knowledge management”与“organizational learning”两个主题之“和”[TOPIC：（“knowledge management”）AND TOPIC：（“organizational learning”）]在 WOS 数据库中进行查询（查询时间是 2017 年 10 月），并获得 645 条记录，发文年度分布见图 2-18，发文趋势在总体上是逐渐增长的。

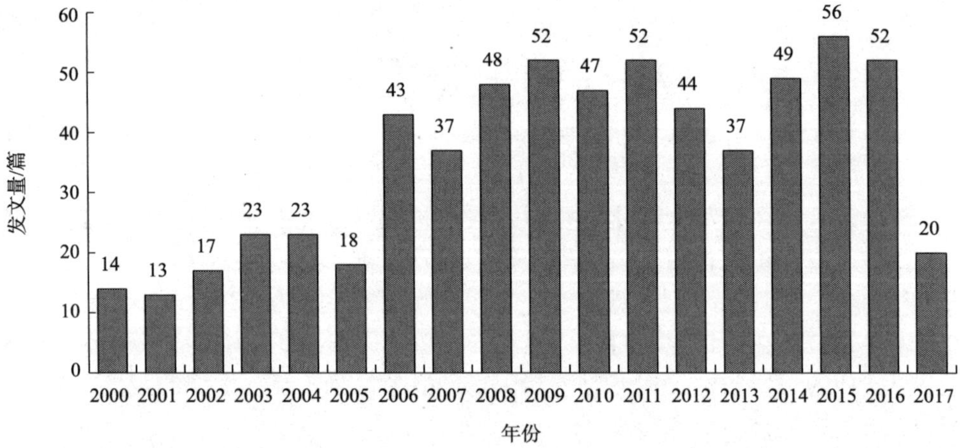

图 2-18　知识管理和组织学习领域英文成果年度分布（2000~2017 年）

其次，在领域分布上，主要研究成果集中在企业经济学、计算机科学、图书情报学、工程学、管理科学运筹学、心理学、教育研究、社会科学（其他领域）、公共管理以及电子通信等。其中，企业经济学、计算机科学、图书情报学、工程学的研究成果最为突出，见表 2-5。

表2-5　国外相关研究成果的学科领域分布（前十名）

序号	研究领域	发文篇数/篇	发文占比
1	企业经济学	391	60.620%
2	计算机科学	164	25.426%
3	图书情报学	105	16.279%
4	工程学	104	16.124%
5	管理科学运筹学	76	11.783%
6	心理学	40	6.202%
7	教育研究	35	5.426%
8	社会科学（其他领域）	21	3.256%
9	公共管理	15	2.326%
10	电子通信	10	1.550%

再次，表 2-6 列出了在 WOS 数据库中与知识管理和组织学习相关的文章，并引用频次前十名文章的标题、发文期刊、出版年度等元信息。从文章的标题可以看出，相关研究主题主要关注组织知识管理、组织学习、主体绩效、相关主体信息技术能力、跨组织的知识转移、组织文化等，发文期刊主要是 *Management Science*，*Strategic Management Journal*，*Journal of Management Studies* 等较为知名的国际杂志。

表2-6　WOS被引频次前十名的文章信息

文章标题	发文期刊	出版年度	总被引频次	年均被引频次
Managing knowledge in organizations：an integrative framework and review of emerging themes	Management Science	2003 年	699	46.6
IT competency and firm performance：is organizational learning a missing link?	Strategic Management Journal	2003 年	553	36.87
Relation-specific capabilities and barriers to knowledge transfers：creating advantage through network relationships	Strategic Management Journal	2006 年	346	28.83
The emergence of boundary spanning competence in practice：implications for implementation and use of information systems	MIS Quarterly	2005 年	318	24.46
Exploration and exploitation within and across organizations	Academy of Management Annals	2010 年	254	31.75
Inter-organizational knowledge transfer：current themes and future prospects	Journal of Management Studies	2008 年	210	21
Understanding the antecedents of effective knowledge management：the importance of a knowledge-centered culture	Decision Sciences	2003 年	192	12.8

续表

文章标题	发文期刊	出版年度	总被引频次	年均被引频次
Innovation, organizational learning, and performance	Journal of Business Research	2011 年	182	26
Into the black box：the knowledge transformation cycle	Management Science	2003 年	176	11.73
Remembrance of things past? The dynamics of organizational forgetting	Management Science	2004 年	138	9.86

最后，将 WOS 中查询结果的元数据导入可视化软件 CiteSpace 5.0 版本中，进行聚类分析。通过主题聚类分析，获得知识管理和组织学习的主要研究领域包括组织绩效、组织知识扩散、动态能力、知识迁移、主题图、知识获取行为、信息技术能力、人工智能、学习型组织的记忆、管理创新、开放创新、无形管理、知识共享等。这些研究领域之间联系较为紧密，有相应的交叉关联。

（2）国内相关文献的分析。在中国知网上，以主题词“知识管理”和“组织学习”进行查询，搜索年度为 2000~2017 年，得到结果为 1540 条。通过知网平台提供的计量可视化分析工具得到的结果见图 2-19。虽然“知识管理”和“组织学习”两个领域起步均比较早，一开始二者之间是平行的，并不交叉并联，但是，从 20 世纪末起，可以发现在知识管理和组织学习的研究领域开始出现交集，从 2002 年开始急剧增加，到 2007 年达到研究高峰，受到众多研究者的关注，并产生了大量的研究成果，之后缓慢下降，到 2015 年、2016 年分别只有 45 篇和 37 篇。其中，知识管理领域的研究在 2007~2010 年达到高峰，之后逐渐下降，相应地导致二者关联性的研究也在减少。说明二者相关联领域的深入研究可能难有根本性的突破，或者二者之间关联研究的复杂性较高，还有待于进一步探索，使得相关研究者的研究兴趣转向其他领域。

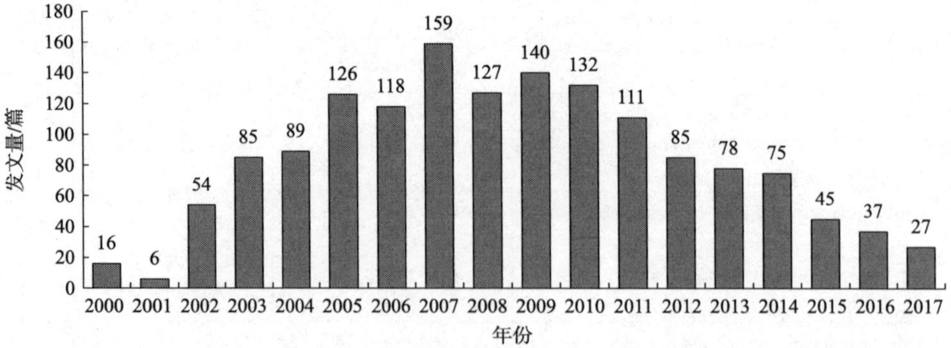

图 2-19　主题为“知识管理”和“组织学习”的发文年度分布（2000~2017 年）

在关键词共现网络中，见图 2-20，对于知识管理和组织学习的研究主要关注于组织学习、学习型组织的建立，实现知识共享、知识转移，提升组织各种能力（组织动态能力、知识整合、知识创新），从而促进组织竞争优势的提升、组织绩效的改善。

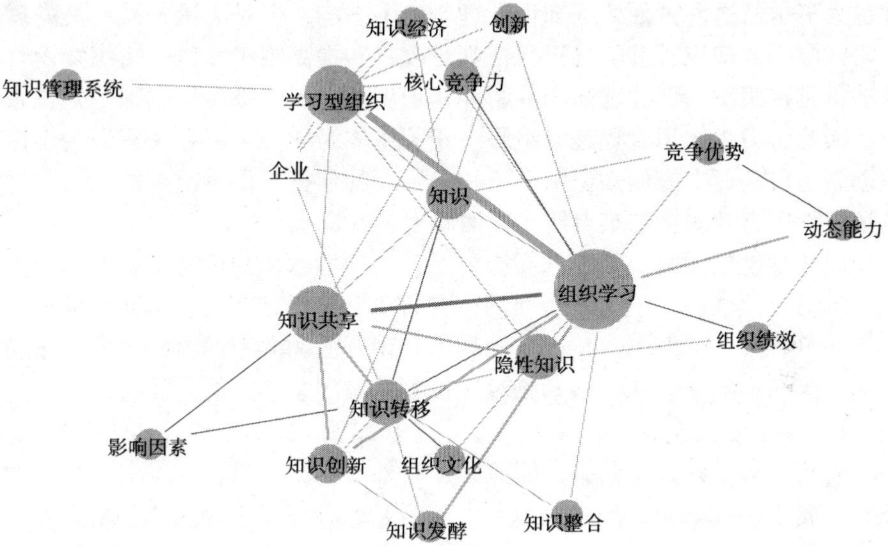

图 2-20　中文文献中主题为“知识管理”和“组织学习”所形成的主题共现网络示意图

2. 知识管理的研究

（1）知识管理的概念及内涵。对于知识管理的界定，定义繁多，且侧重点均有较大差异，主要是由于各学科背景上存在较大的不同。根据国内外知识管理的相关研究，主要包括三大流派：技术学派、行为学派和综合学派（左美云，2000）。三个流派的不同学科背景对于知识管理本质的认知，见表 2-7。

表2-7　不同流派对知识管理本质的认知

研究流派	知识管理内涵	学科背景
技术学派	知识管理就是对信息的管理	计算机科学和信息科学
行为学派	知识管理就是对人的管理	哲学、心理学、社会学或商业管理
综合学派	知识管理既要对信息与人进行管理，还要将二者联系起来进行管理。知识管理要将组织的信息处理能力和人的创新能力相互结合，增强组织对环境的适应能力	兼有信息技术和经济学与管理学知识

也有学者从知识管理研究对象的视角将知识管理研究划分为四个分支：技术学派、战略学派、经济学派和行为学派，其中，战略学派和经济学派又归属于综

合学派（张晓东等，2011）。

（2）知识管理的动机和目标。知识管理研究一般主要关注四个方面的要素：影响知识管理的因素、知识管理过程、知识管理中间结果（如个体、团体知识水平或问题解决的能力提升等）和组织知识管理绩效（Lee and Choi，2003），相关研究也大多是从这些方面切入知识管理研究中去的，但是无论是哪一类的理论研究和实践应用，知识管理的终极目标都是改善和提高组织绩效。组织知识管理的主要动机是在组织内部实现知识共享和知识创新，从而提高组织中的知识水平和能力。因此，组织知识管理是以组织中相关主体为中心、以相关资源为支撑、以知识创新为目的而实施的知识活动，知识管理的前提是促进组织的知识共享，这也是知识管理有效实施的难点所在（谢晓专，2006）。

知识共享是推动组织知识创新能力提升的动力源，知识共享是知识管理实施的重要阶段，但往往由于主体间利益冲突的情形，而难以实现主动式的知识开放与共享（李平和张庆普，2008）。主动式的知识开放与共享的障碍主要在于隐性知识层面，组织中的显性知识共享相对比较容易做到主动式的开放共享，但是对于隐性知识（特别是个体独有的专门知识、专有知识，甚至是专长知识和专家知识）则很难做到主动式的开放共享，因此必须有外部的激励措施。本书所涉及的差错知识共享属于隐性知识，同时也涉及个人职业、心理安全等因素，阻力可能会更大。知识管理的目标对于组织中的个体则是通过知识管理提升个人知识水平，进而提高自身工作能力和绩效；对于组织层面则是追求组织整体知识水平和能力的提升，从而提高组织的绩效水平。

（3）知识管理的过程和模型。郎杰斌和袁安府（2004）按知识扩散的程度将知识的生命周期分为孵化、培育、推广与普及四个阶段，结合各阶段的特点，影响知识扩散的四种因素包括：知识流通与分享的非正式组织系统、信息技术系统、人力资源管理及组织与外部环境的关系。他们认为知识管理过程是将组织中个体所掌握的知识逐渐传播和扩散至组织中每一个人，使其成为组织的公共物品的过程。也有研究基于项目生命周期来研究知识管理过程，从组织知识管理系统的设计、开发、使用、提效等来研究（唐涛和董坚峰，2008），即从企业知识管理系统的建立，再到组织绩效得到提升的过程为知识管理过程。也有学者通过企业生命周期来分析知识管理过程（郭东强和李志敏，2010）。

知识管理的模型是从理论上构建一个能够在实务层面给予相关主体（组织、团体或个体）理论指导的框架，目的是更为规范地在相应范围内实施知识管理流程，优化组织知识结构，从而提高主体绩效水平。国内外知识管理模型研究还是比较多的，如吴晓波等（2002）将知识管理模型分为三类，并就每一类模型进行分析（表 2-8）。

表2-8　基于知识管理研究对象的视角对知识管理模式的分类

知识管理的模式	主要内涵
基于知识的管理模型	以知识为目标，重点研究知识的特点，在组织中存在的形式、层面、动态流动的机制等
基于知识管理工具的管理模型	以如何管理知识为目标，从组织的某一层面，如组织环境、组织结构、组织知识或管理过程的某一环节，如决策、战略制定等方面入手，研究如何对知识进行高效、合理的管理
基于组织绩效的管理模型	以“提高组织整体绩效为目标”，对知识的研究已不仅停留于其自身的特征、知识管理工具，而是对知识如何影响组织的整体绩效、核心竞争力、持续竞争优势进行研究，即组织的功能、结构、领导、技术、人力资源等各因素如何与知识管理交互作用、协调发展

3. 组织学习的研究

从图 2-20 中可以看出，组织学习方面的研究主要集中于“知识”与“隐性知识”的学习、“知识整合”、“知识共享”、“知识转移”、“动态能力”的获取、“核心竞争力”的构建、“创新”体系的形成、“竞争优势”的取得、“学习型组织”的形成、“组织绩效”的提高等方面，显然有一条“隐性”逻辑蕴含于这些研究中，呈现组织学习的路径范式，即组织学习的直接目标是通过“知识整合”“知识共享”“知识转移”等过程实现“知识”与“隐性知识”的获得，其中期目标是组织学习主体（个体、团体、组织）的“动态能力”“竞争优势”“创新”体系的建立，而组织学习的最终目标是“学习型组织”的建立和“组织绩效”的提升。本书将从组织学习的概念、路径、环境、模型、测评等方面对国内外组织学习研究进行梳理，从而为后续研究奠定理论基础。

（1）组织学习的概念。应该说，在组织学习研究领域，从研究的深度以及广度来看，国外的同行远比我们走得更远，比较有代表性的研究观点，如 March（1991）提出的探索性组织学习；Huber（1991）采用系统动力学来研究组织学习；Kogut 和 Zander（1992）提出基于知识的公司理论；Nonaka（1994）将知识创造和组织学习结合起来进行研究。还有其他的一些学者也做出了较为出色的探究（Argote，1999；Argyris，1990；Davenport and Prusak，1998；Gibson and Gibbs，2006；Nonaka and Takeuchi，1995；Senge，1990）。组织学习的重点在于“学习”，借鉴心理学中对于学习的理解，Fiol 和 Lyles（1985）认为“学习”即“通过吸收更好的知识以及较好掌握（内化）从而提升其行动的过程”。Argyris 和 Schön（1978）对组织学习的界定是“组织学习是诊断和改正组织错误的过程”，这是基于问题导向的定义，即组织学习是为了解决组织运作过程中出现的问题。Dodgson（1993）从组织和员工两个维度出发，认为组织学习是“企业围绕其平常行为和企业文化，构建组织知识体系，提升组织知识技能以及组织绩效的一种常规活动；组织通过广泛运用员工所掌握的各项技能，从而提升组织效能的一种活动”。从这些“组织学习”的概念或界定来看，组织学习的内涵在于组织知识体系的完备性、组织的纠错能力、问题解决能力和行动能力等方面。

（2）组织学习的路径。组织学习的路径是指组织依据一定的规律，促进组织学习系统中各要素，按照一定的程序和次序实施。根据组织学习的目的和层次的不同，组织学习的路径可分为单循环学习、双循环学习、再学习等，具体见表 2-9。

表2-9　组织学习的类型和学习路径分类

学者	组织学习		
	Ⅰ	Ⅱ	Ⅲ
Argyris 和 Schön	单循环学习	双循环学习	再学习
Bennis 和 Nanus	维持性学习	创新性学习	
Lyles	低阶学习	高阶学习	
Senge	适应性学习	创造性学习	
Meyers	线性学习	非线性学习	
Sinkula	前期学习	后期学习	
Snell 和 Chak	单循环学习	双循环学习	三环学习

资料来源：杨智等（2004）

单循环学习是组织学习中最基本的学习，是指组织发现并改正组织策略或者行为上的错误，使得组织能够在保持当前政策的基础上，改正错误，实现既定目标。单循环学习是一种不改变组织现有形态特征的组织活动。单循环学习又被称为维持性学习、低阶学习、线性学习、适应性学习等。这类学习从某种程度上等同于问题导向的学习，是为了解决组织中出现的问题或差错，防止类似问题或差错再度出现。双循环学习是指不但发现并改正组织策略或行为上的错误，而且还要对组织现存的相关规范、流程、政策以及目标提出异议和修正，也就是让使用理论的价值观及其策略和假定都发生改变的学习（阿吉里斯和舍恩，2011）。双循环学习也被认为是创造性学习、高阶学习、战略性学习、创新性学习、非线性学习等。

单循环学习和双循环学习关系紧密，并无孰优孰劣之分，只是在不同的环境，根据具体的问题做出相应的选择，有时组织学习文化氛围对于单循环学习和双循环学习的选择也会产生重要的影响。在组织活动中，当组织行为或策略匹配时，或是通过改变行为来矫正不匹配时，即为组织单循环学习。单循环学习只是将组织输出结果与组织的策略和行为相联系，从而对其策略和行为进行修正，但是，并不修改组织规范与目标自身。当组织纠正不匹配（可认为是纠错）时，如果先审查和修改控制变量，然后才是组织行为的调整，则在组织中双循环学习就发生了，即发生了纠正策略和行为的单循环学习，同时重新评价组织存在的基本假设、本质目标和核心价值，并可能导致组织战略和行为的改变，所以，也有人将其称为“变革型学习”。二者关系见图 2-21（高章存，2006）。

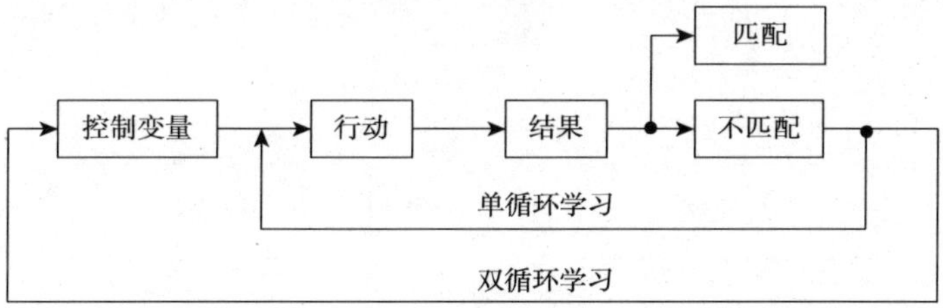

图 2-21　组织学习中单循环学习和双循环学习关系示意图

当组织懂得怎样去执行单循环学习和双循环学习时，组织就开始了再学习的过程，Visser（2007）认为该概念意味着一种特定的深层次或高层次的组织学习，并且将相关已有再学习的表述分为三个方面：①再学习作为一种学习形式，关注如何促进学习能力的发展；②再学习是基于对核心假设进行批判性反思的一种深刻地对认知层面重构的形式；③再学习是在组织层面建立适恰的结构和策略，从而形成学习过程的制度化。Visser 还提出了自己对于组织再学习的定义：组织再学习是组织的一个或多个联系中具有偶然性或培训情境下特征的学习，这样的学习意味着人们会提高应对相应情境的能力。从心理学的角度来看，组织的再学习更加类似于“元学习”，即学习者获得学习机制的能力，是一种规划、监视、反思、调节、评价学习的过程（张庆林和王永明，1996）。组织再学习则是通过相应的机制，提高组织规划、反思、调节和评价组织学习的能力，这也是本书研究所关注的。

（3）组织学习的模型。组织学习的路径刻画了组织环境中各主体学习的路由，而组织学习的模型则描述了组织学习的过程，可清晰地表达组织学习的阶段、步骤、关系等。最简单的组织学习模型是由 Argyris 和 Schön（1978）提出，分为发现、发明、执行和推广四个阶段。在实务层面影响较为深远的组织学习模型是由圣吉等（2002）提出的“五项修炼”，见图 2-22。其组织学习过程分为五项修炼，这是一个有机的整体，具体包括：个体自我超越、心智模式的改善、共同愿景的建立、团队学习、系统思考，这是一个建立在组织情境中不断螺旋上升的循环，会形成一个学习型组织。

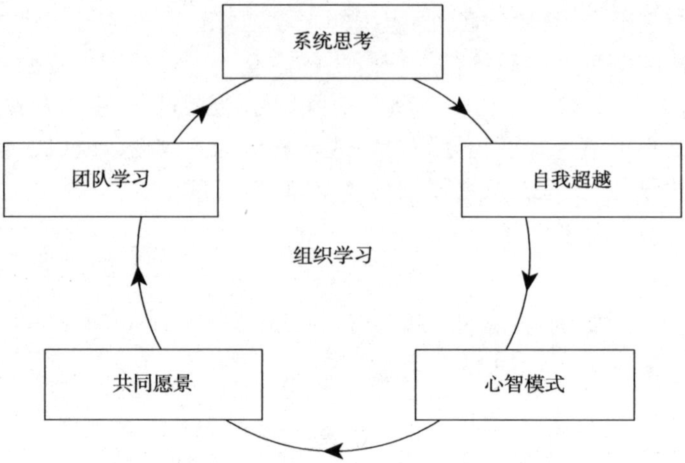

图 2-22 “五项修炼”组织学习模型

Daft 和 Weick（1984）提出了关于组织整体的学习过程模型：扫描、解释和学习（图 2-23）。组织扫描是对有关环境进行监测，并获取数据。组织解释是对相应事件进行说明和形成与先前对环境理解相一致概念的过程。组织学习是关于组织行为与环境间相互关系的认知与理解，以及在这些知识（认知和理解）的基础上所采取的行动。

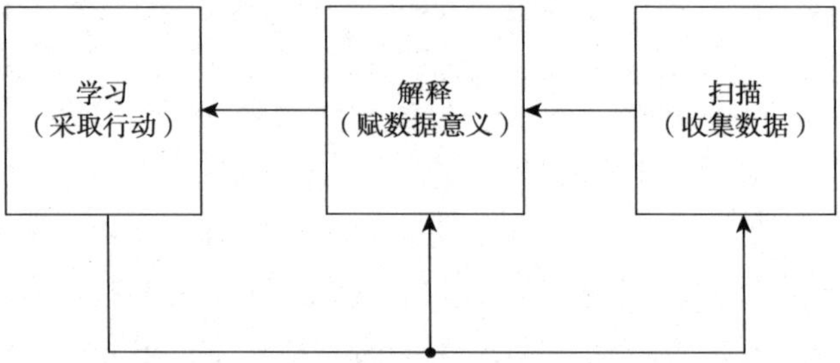

图 2-23 组织扫描、解释和学习间的关系

陈国权和马萌（2000）在阿吉里斯和舍恩（2011）提出的四阶段直线性模型的基础上，进一步修正为循环模型，见图 2-24。其中增加了反馈阶段，使组织学习过程成为一个闭环，通过反馈过程提高了学习的有效性。另外，组织学习在各个阶段都会产生知识积累，在图 2-24 中增加组织知识库模块，说明组织知识的积累和组织学习是螺旋上升的，以双向箭头连接组织中的知识库和前后阶段，每一个阶段中，既能产生新知识更新知识库，也能运用知识库中知识帮助相应阶段的学习，知识库模块并非一定是实体的，也可以是虚拟的。

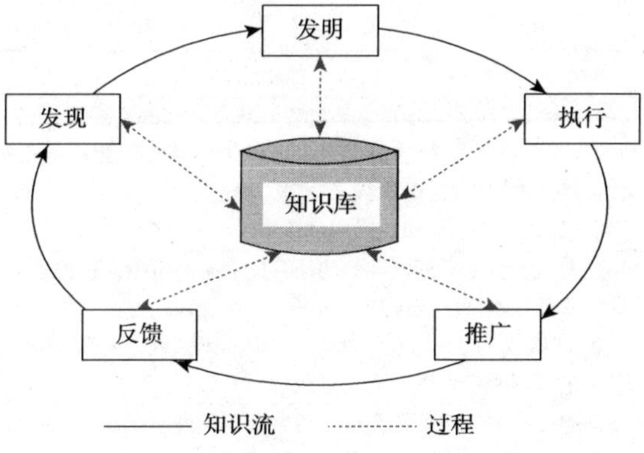

图 2-24　改进的组织学习过程模型

图 2-24 中的组织学习过程模型，其重要贡献在于增加了知识流路径，将知识流与组织学习过程融于一体，较为全面地反映了组织学习与组织知识管理是分不开的，是紧密联系的，这也是本书的一个重要支撑点，即组织差错学习和知识管理是融为一体、相互支持的。

（4）组织学习的测评。组织学习几乎是所有类型的组织正常运行的必要组成部分，如何测度组织学习的有效性，则是评价组织学习的重要工具。组织学习测评主要关注测评对象、测评内容（或指标）、测评标准（参照系），其中测评内容是各类组织学习测评研究或实务操作上差异性较大的地方。其一，有的研究是以测度学习活动之后输出的结果来评价，即根据一段时期内，组织运转的结果来判断组织学习的情况，如阿戈特、贝克曼和埃普莱的研究表明，学习既可以通过经验获得，也可从其他组织或企业传递知识获得（赵海峰等，2003）。其二，有的研究则是将组织学习过程与学习结果相结合作为组织学习测评的内容，一些研究对学习过程和学习结果之间的关系进行了数学建模，以描述组织学习过程对结果的影响，如 March（1991）、Ouksel 等（1997）、Stabler 和 Ewaldt（1998）等，但是上述研究也存在局限性，理论上可行，但在实践操作上存在较大障碍。Hult 和 Ferrell（1997）开发了面向组织能力的组织学习测度量表，见表 2-10。

表2-10　Hult 和 Ferrell 的组织学习测度量表

构面	度量指标
团队导向	1. 本公司各个层级的员工都具有团队精神 2. 通常情况下，跨职能团队是本公司开展工作的一般方法 3. 在采购过程中，本公司员工具有共同目标 4. 公司的各个层级、各个职能部门和负责采购的各部门都有共同的组织愿景 5. 本公司的采购部门承诺与公司一起分享采购过程的愿景

续表

构面	度量指标
系统导向	6. 作为本公司的代表，我清楚地知道采购过程各环节之间的联系 7. 作为本公司的代表，我明白采购过程的基本价值链，并知道怎样使我的工作融入其中 8. 本公司对采购过程中的所有活动进行了清晰的界定 9. 作为本公司的代表，我清楚地知道采购过程中的所有活动
学习导向	10. 作为本公司的代表，我基本同意我们的学习能力是改进采购过程的关键 11. 本公司采购过程的基本价值观包括将学习作为改进采购过程的关键 12. 本公司的共识如下：一旦我们停止学习，我们的未来就会面临危险 13. 本公司将员工的学习视为投资，而不是成本
记忆导向	14. 本公司通过一整套机制来保证在采购过程中获得的经验能在项目小组、事业部和团队之间分享 15. 作为本公司的代表，我总是不能对采购过程进行有效的审计，不能将经验进行推广 16. 本公司通过组织交谈使获得的经验得以传承 17. 本公司的员工能发现采购过程中出现的错误

陈国权（2009）还在国内外相关研究基础上提出多种组织学习测度的内容和方法，如认为组织学习能力越强，越会对组织的绩效输出和可持续竞争力提升产生积极的影响，并在组织学习 9 个能力（发现能力、发明能力、选择能力、执行能力、推广能力、反思能力、获取知识能力、输出知识能力、建立知识库能力）基础上开发了测量组织学习能力的 27 个指标，其中，每种学习能力有 3 个指标，见表 2-11。

表2-11　组织学习能力测量表

学习能力名称	测量条目
发现能力	（1）本企业能及早准确地发现内外各种新变化、新动向 （2）本企业能及早准确地发现内外各种新机会 （3）本企业能及早准确地发现内外各种潜在的问题、挑战或危险
发明能力	（4）本企业能针对内外各种变化构思出新的应对措施 （5）本企业善于提出新点子 （6）本企业善于提出有创意的措施
选择能力	（7）本企业在面临多个考虑或方案时，能做到正确比较、取舍和选择 （8）本企业在面临多个考虑或方案时，能做到高效比较、取舍和选择 （9）本企业在面临多个考虑或方案时，能做出合适和有效地决策
执行能力	（10）本企业能将经营管理上的想法（目标）转化为具体行动 （11）本企业能将经营管理上的计划有效地贯彻执行 （12）本企业能将经营管理上的想法（目标）最终变为现实
推广能力	（13）本企业能将自己局部的一些成功的做法在企业内推广，并获益 （14）本企业能用局部的失误教训告诫大家，使类似失误不重复发生 （15）本企业有效地建立企业范围内分享其知识和经验的方法和系统
反思能力	（16）本企业具有总结和反思的习惯 （17）本企业善于对以前的工作进行反思，总结出经验或教训 （18）本企业善于从以前发生的事情中探索出规律性的东西

续表

学习能力名称	测量条目
获取知识能力	（19）本企业善于从外部获取知识和经验 （20）本企业善于从外部得到咨询意见和指导 （21）本企业善于通过各种渠道（如书、刊物、网站等）获取知识
输出知识能力	（22）本企业能有效通过沟通向外界传播本企业的理念、知识和经验 （23）本企业能有效通过文章向外界传播本企业的理念、知识和经验 （24）本企业能有效地用本企业的理念、知识和经验影响外部
建立知识库能力	（25）本企业平时注意记录和积累各种点滴的想法、知识和经验 （26）本企业将其知识和经验采用文档或电子化方法进行管理 （27）本企业将其知识和经验整理得井井有条，保存和使用都方便

其他学者也从学习过程和学习结果以及对两个方面产生影响的其他要素进行组织学习的测评研究，如赵海峰等（2003）在理论上提出了由八项指标组成的组织学习测度体系，八项指标包括环境认知度、绩效认知度、实验认知度、组织包容度、培训持续性、运作多样性、领导模式和系统性。但该研究并没有给出具体的组织学习测度工具和案例。

2.4.2　知识分类及相互关系

（1）关于知识的分类。Davenport 和 Prusak（1998）从四个方面对知识的概念进行了分析：①知识的形态。知识是一个流动、动态的混合体，随着刺激和学习随时改变、更新。②组成要素。组成要素包括经验、价值观、情景信息和专业洞察力。③主要功能。知识提供了一个参考结构来评估和整合新刺激所产生的信息与经验，形成了新的结构并可以指导决策和行为。④存储主体。知识由知者的心智产生并被利用，在组织中知识不仅存在于文件与知识库中，更存在于例行的工作、流程、实践与文化中（林东清，2005）。根据知识可呈现的程度划分，日本学者野中郁次郎将其称为暗默知和形式知，我国学者则分别称它们为意会性知识和言传性知识（顾基发和张玲玲，2009），即隐性知识和显性知识。

知识分类的方法很多，这里选取三类影响较为广泛的经典方法，主要包括：①根据知识抽象的程度划分为理论知识和实践知识；②根据知识可表述的维度，分为隐性知识和显性知识；③根据拥有知识的主体，划分为个人知识、团体知识和组织知识。见表 2-12。

表2-12 知识的主要分类方法和分类结果

分类准则	知识的类别
知识抽象的程度	理论知识与实践知识
知识可表述的维度	隐性知识和显性知识
拥有知识的主体	个人知识、团体知识和组织知识

（2）隐性知识和显性知识间的联系。波兰尼最早提出这两个概念，他认为能够用书面文字、图表和数字公式等表达的知识为显性知识，难以用前面的方式表达出来的知识为隐性知识（周城雄，2004）。竹内弘高和野中郁次郎（2006）对二者概念及关系给出了较为清晰的解释，显性知识是以数字、文字、声音（语言）等形式表述的，它的形式可以是数据、视觉图形、科学公式、声音磁带、产品说明书或手册等，显性知识很容易传递给他人。隐性知识（又称为暗默知识）属于难以被载体表现出来的知识，具有高度个人化（内藏于主体大脑中），具有难于形式化的特点。因而，隐性知识难以直接传递给他人。他们也强调，知识的这种划分并不是绝对的，有些知识兼具显性和隐性的特点，即知识相当于一个矛盾体，显性和隐性是辩证的，是构成知识的主要方面和次要方面，如果显性占据主要方面，则知识呈现出显性的特征，反之，则知识呈现出隐性的特征。知识在不同的主体中，也会发生变化，如知识 A 在甲主体中是隐性知识，难以表达出来，但是可能在乙主体中是显性知识，这是因为不同主体间知识的质和量存在差异性，从而形成对某一特定知识可表达的程度不同。

（3）个人知识、团体知识和组织知识间的关系。从狭义上来讲，知识只存在于个体中，个人知识是个体通过接受国民教育，以及对生活、工作中的经验进行反思和总结，并为个体所拥有的知识、能力和价值观。个人知识也可以根据知识可表达的维度分为个人显性知识和个人隐性知识。团体主要是指组织中的子部门或以某个任务（项目）而有机结合在一起的人们，团体知识则是指在某项任务（项目）的前提下，团体中的个体根据自己的特长、位置和子任务，共享自己的知识和技能，在相互信任、合作的基础上，完成既定任务或目标，在这个过程中，所有个体贡献、共享的知识有机结合，形成团体的知识。组织知识则是在更高层面上形成以组织为主体所拥有的知识。三者之间的关系见图 2-17，是一个相互转化、迁移扩散、融合与创新的过程，组织学习是知识转化、扩散和创新的重要途径。

2.4.3 知识管理与知识创新

组织中，知识拥有者，特别是拥有垄断性知识的员工，在职业安全、创新成本和垄断收益驱使下，一般会回避知识共享、知识扩散和知识创新，这不利于组织知识的完善、提高和更新，尤其是隐性知识的分享和转移。知识管理的核心是通过相应的机制或体制促进个人知识转化为组织知识，使组织知识存量不断增长，以构筑优于竞争对手的知识资本和能力。知识转化的基本途径是知识在组织中的个体间进行交流，进而形成组织中的团体知识，最后，成为组织知识（赵曙明和沈群红，2000）。知识管理的主要目标是促进组织中隐性知识和显性知识间相互转化，促进组织中知识共享、迁移扩散、创新发展，从而提高组织竞争力，提升组织绩效。

知识创新与知识管理之间存在"目标—方法"的关系，知识创新是知识管理的直接目标和实现途径，具体包括：①隐性知识的融合，在组织中，通过潜移默化，促进知识工作者将知识重新组合，创造新知识，便更新了其原有的知识图式；②隐性知识向显性知识的转化；③显性知识内化为隐性知识，吸收在实践中产生的新知识；④显性知识之间的借鉴和应用（邱均平和段宇锋，1999）。

知识管理并非一个线性过程，而是可以被看作一种具有开环结构与闭环结构相结合的组织过程，见图 2-25。一方面，在开环结构中，把企业或组织看作一个主体，与外部环境进行开放的信息或知识交流。接收外部信息或知识，然后处理加工，再输出知识（负载知识的产品或服务）。另一方面，在闭环结构中，则把企业或组织视为一个封闭的系统，即信息或知识在组织内共享、转移、扩散、加工、利用、评估、反馈等。开环和闭环这两个过程并非分开进行的，而是在组织内外同时进行的，甚至是相互融合的，但是它们的目标是一致的，即通过知识管理实现组织中的个人、团体以及组织知识的增值与创新，促进个体和组织绩效以及竞争力的提升。

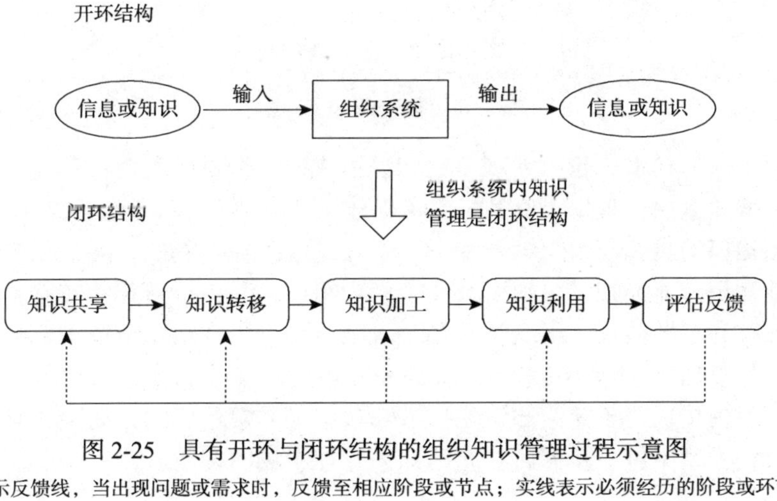

图 2-25　具有开环与闭环结构的组织知识管理过程示意图

虚线表示反馈线，当出现问题或需求时，反馈至相应阶段或节点；实线表示必须经历的阶段或环节

2.4.4　基于 SECI 模型的知识管理模型

知识管理是指对组织知识的获取、开发、共享、转移、扩散和有效地使用的一系列过程（Davenport，1994），是一种通过最大化利用组织知识实现组织目标的多学科方法。知识管理是帮助主体（包括个体、团体和组织）对拥有的知识进行反思，调解和发展企业内部结构，提高人们进行知识交流的技巧，增加获得知识的来源，促进知识交流，从而提高组织绩效，实现组织目标的活动（李艳艳等，2012）。知识管理并不是一个独立的管理过程，往往是与组织生产、管理和学习紧密联系的。

在微观和中观层次中，我们可以将知识共享和转移、知识内化与转化、知识创造与创新过程，通过竹内弘高和野中郁次郎（2006）提出的基于 SECI 的知识转移模型来表示显性知识、隐性知识之间的转换过程（图 2-26）。野中郁次郎提出，在企业创新活动的过程中隐性知识和显性知识二者之间互相作用、互相转化，知识转化的过程实际上就是知识创造的过程。知识转化有四种基本模式——共同化或社会化（socialization）、表出化或外部明示（externalization）、联结化或汇总组合（combination）和内在化（internalization），即著名的 SECI 模型。

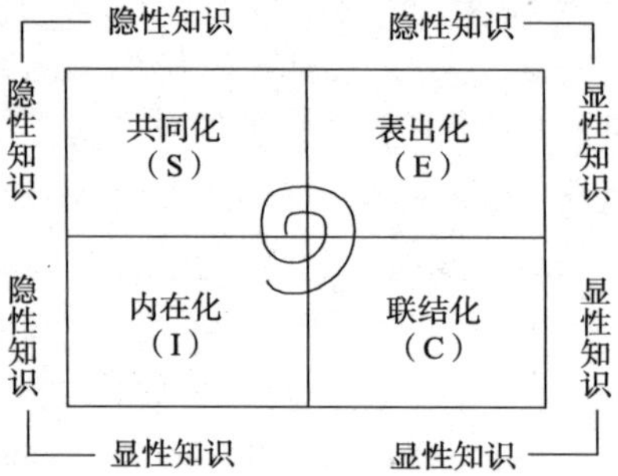

图 2-26　知识创造的 SECI 螺旋模型

借用 SECI 模型，也可发现差错知识形成的三个重要层面：首先，差错知识转化和扩散的途径，即差错知识的形成符合螺旋模型（与其他隐性知识一样）；其次，差错知识的转化与组织学习和个人学习是联系在一起的，经过相应的转化次序在隐性知识和显性知识之间以及在个人和组织之间进行转化和转移；最后，差错知识转移和扩散的场，组织学习和个人学习均发生在组织情境中，相应的组织情境就是场（Ba），是组织生产、服务和管理的情境。因此，如何构建或建设支持差错学习的场，对于差错知识的扩散和转移是非常重要的，在第 5 章，将在差错学习过程模型中进一步探讨在差错知识管理中场的构建。

第 3 章　情报学视角下差错信息的研究

组织差错研究领域多涉及组织行为学、工程心理学、管理学等学科，目的是研究差错发生机理、如何减少差错以及如何降低差错带来的潜在后果。我们知道，情报学是研究从事实、数据、信息、知识到智能的演化和发展规律的学科。差错是组织运作过程中常见的事实行为，本章以情报学基本原理为理论基础，以情报学中信息链为切入点研究差错这一事实，主要包括如何得到差错数据，获取差错信息和经验，并上升为差错知识，发现差错的规律，探究差错减少的策略（智慧）、差错能力的形成，以及降低差错后果带来的损失等。目前，从情报学视角来研究差错信息和差错知识的并不太多，本章主要以差错信息和差错知识为重点进行分析和论证，也为后面的差错学习提供基础性的支撑。

3.1　情报学中的信息链和基本原理

3.1.1　信息链与差错信息链

（1）信息链。信息链是人们认识世界、改变世界和创造世界的知识形成与演化顺序，揭示了从信息到情报（智能）的演化规律和实践应用的遵循，见图 3-1。梁战平（2003）曾指出：情报学中的核心问题是信息和情报，并认为信息链由事实、数据、信息、知识、情报（智能）五个链环构成。事实和数据皆为客观状态，知识和情报（智能）为人们对外部客观世界探索、研究和实践的成果，唯有信息兼具主客观属性，是主观对客观反映的能动性体现。因此，值得认真研究信息在信息链中的位置和作用。

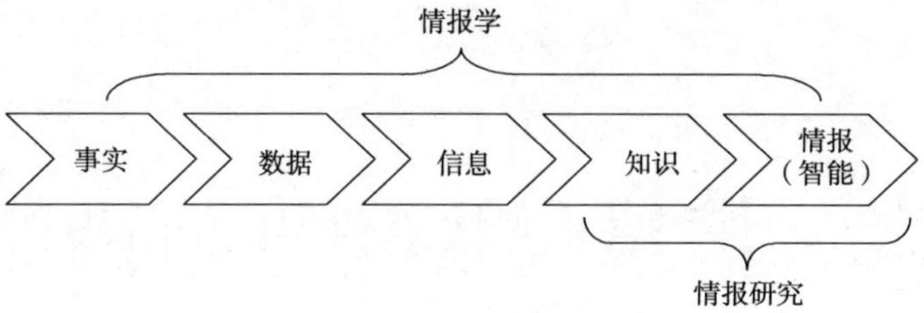

图 3-1　信息链的结构

对于信息链的研究，人们主要关注从事实到情报的演化顺序，但是，更为重要的是，如何实现知识、情报（智能）在实践层面中的应用。马费成（2013）进一步分析了信息链中信息与情报的关系，并指出当前国家在反恐斗争、国家安全、环境污染、气候变化等方面做出重大决策，均需要学者和研究机构提供相应的情报（智能），即战略性情报。国外学者，如 Friedman 和 Zeckhauser（2012）从决策视角提出“情报（功能）不但要消除不确定性，而且还要确定‘潜在的不确定性’”。这种观点不难理解，情报具有信息的特征，而信息的内涵便是消除认知客体所存在的不确定性。关于情报的本质，我国著名科学家钱学森（1983）曾作过精辟的论断：情报是激活了的、活化了的知识……是利用资料提取出来的活东西，即情报本质上是一种知识，而这种知识是源于信息的加工，知识被“激活”的条件是解决问题的需求，目标与任务的驱使，被激活了的知识便是情报。图 3-1 中从事实、数据到信息，再从信息到知识，由知识再到情报（智能）的转化，描述了人类的认知进阶是从低级阶段向高级阶段的演进过程。情报位于该信息链的顶端，信息链价值最高处，是因为它能给用户带来高附加值（机遇的判断与选择），提供智能（复杂难题的解决策略或方法）。

（2）差错信息链。差错行为是人类的行为方式之一，从信息链视角来把握差错行为的正向性效应，无疑是非常积极的，见图 3-2。差错行为一旦发生，即客观事实，就可获取与相应差错行为相关的状态性和过程性参数，形成数据集——差错数据；在对差错数据进行整理、分析和处理后，形成对差错行为的规范性描述和认知，得到差错信息；在差错信息基础上，对差错行为的本质性、规律性进行综合、抽象，可上升为差错知识；将差错知识与相关组织情境相结合，形成差错预防和差错管理的方法与策略，甚至是组织改革、发展和创新的机遇，这就是差错情报、差错智能或差错智慧。差错信息链为我们认识差错提供了一个新的视角，能够化差错为“信息/知识/智慧”。有关差错信息形成和获取的研究，见 3.2 节。

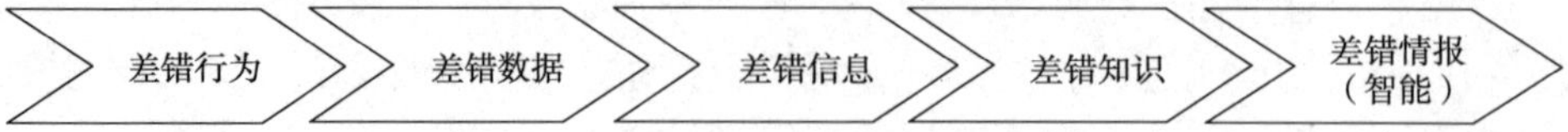

图 3-2　差错信息链

（3）差错情报信息活动链（网络结构）。图 3-1 中的信息链虽简洁地表明了情报学中的几个核心概念——数据、信息、知识和情报，以及它们之间的关系，但是该信息链也有其局限性，具体包括：①对于每个阶段的转化过程、相互关系、服务去向等并没有进一步阐述；②没有反馈评价路径，难以形成转化——反馈（信息/情报工作的循环）；③信息单链的演化已经难以解释在当今大数据环境下数据、信息、知识和情报的演化路径。

为了更为清晰地表达信息链中各阶段的转化过程，以及信息链中各阶段的输出或服务端的行为，有必要对信息链这一简单线性模式进行扩充和改造。如果不把信息链的高端部分与其用途（对策、咨询、战略规划、科学决策等）结合起来，那么，信息链也仅是单向的演化进程，没有正反馈和负反馈进程，即在信息链中情报的评价流程并没有体现进来，而且这与情报实践（包含评价流程）并不相符。孙成权等（2008）对此进行了较为深入的研究，就数据、信息、知识、情报、智慧和对策相互之间的关系进行了描述，见图 3-3。图 3-3 中对两两相邻要素间的转化过程进行了说明。

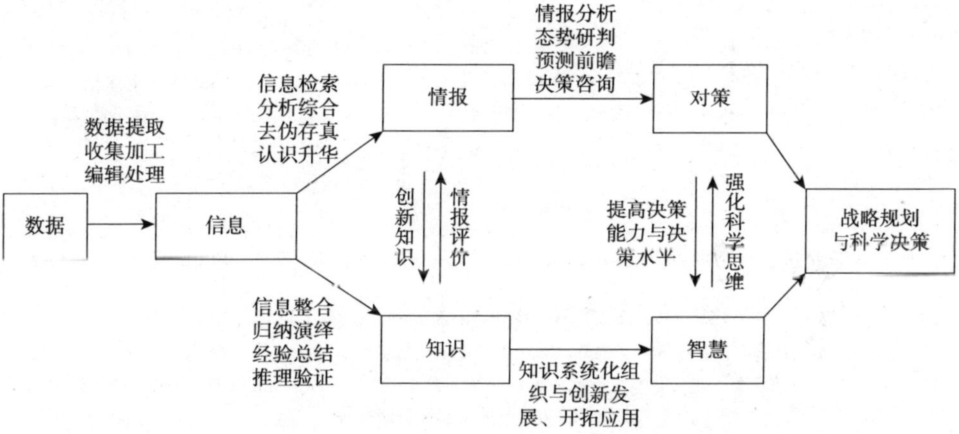

图 3-3　数据、信息、情报、知识等概念间相互关系示意图

从情报活动过程来看，图 3-3 中仍存在几个方面的不足：第一，除了知识—情报、智慧—对策之间有互动和反馈之外，其他相邻要素间缺少应有的反馈和互动；第二，在情报—智慧、知识—对策之间并没有直接的联系或支持，这与实际对策和情报产品的形成不一致；第三，组织行为产生的疑难是情报信息工作的核心，为了体现这一核心在信息链中的作用，应增加这一主体的存在。

因此，本章在孙成权等关于数据、信息、知识、情报（智能）间转换及对应关系的研究基础上，主要进行了四个方面的修改：首先，定位于差错行为。增加差错行为事实作为数据的来源，这也是引起差错信息链演化的逻辑起点。其次，增加了从知识到决策的支持过程，以及从智能到情报的专家智慧判断支持。再次，为两两相邻信息链中要素添加反馈（评价）的虚线指向，完善活动链条中反馈要素，为形成相应的情报网络、决策网络、实施过程、评价网络提供链路连通的条件。最后，增加了组织行为要素，情报活动是以组织行为中具体需求为任务驱动的，在原有的框架中没有得以体现，而且组织评价和反馈也是促进差错信息工作提高和完善的重要动力。通过这些调整和增加工作，形成了一个较为完整的信息活动链和信息价值链的结合示意图，从而能较为完整地阐释关于差错数据、差错信息、差错知识、差错情报（智能）间的转换、互动和反馈关系，见图 3-4。

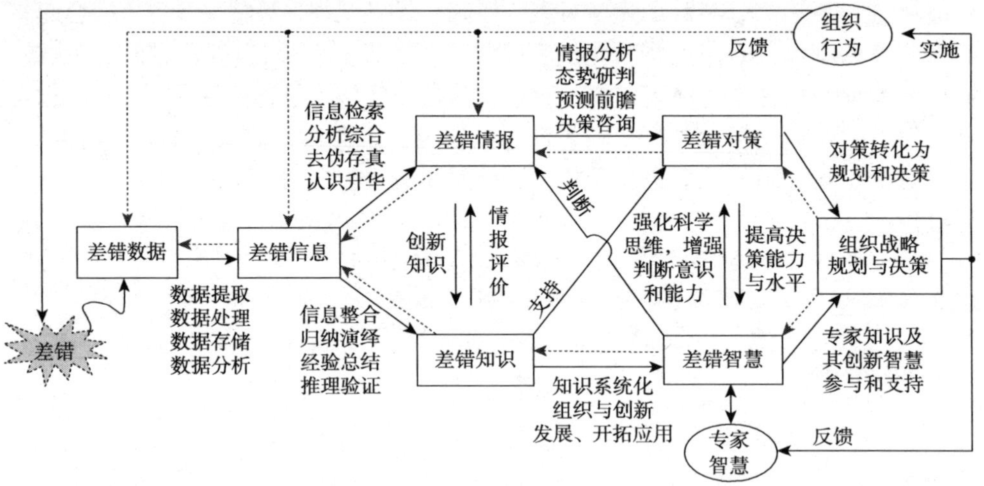

—— 表示情报（智能）生成、支持、决策流程　　········ 表示反馈、完善、评价、重新处理的流程

图 3-4　有反馈和循环的差错信息链的关系网络示意图

图 3-4 在图 3-3 的基础上进行了如下调整：增加了“数据—信息”的转化步骤，将“智慧”中的 wisdom（往往是指判断知识应用的状态）改为智慧（intelligence），二者意义接近，不做区分。另外，在图中添加了相邻要素间对转化环节的反馈评价路径等

从该拓展后的情报信息链中，可以发现决策网络、支持网络、评价与反馈网络、情报（信息）分析循环网络、沟通网络、传播网络等是并存于情报信息链之中的。战略规划与科学决策不再由原来单一的、线性的情报支持，而是由情报-对策、知识-智慧四要素并行交叉来支持；图 3-4 中的虚线部分表达了相邻要素间（后者对前者）的评价与反馈，如果是（虚线+实线）便可形成反馈网络，形成良性的情报循环或决策循环，如信息、知识、智慧、情报就可以组成情报循环，再如知识、情报、智慧、对策可组成对策循环；相邻要素间实线和虚线的互动同时也是情报组织内部、情报与外部用户之间的沟通与传播，多要素的参与便形成了沟通和传播网络。

总之，组织差错是一种行为，是已经发生的事实，而对事实进行客观描述为表达差错行为的各类数据。如果在获取数据的基础上进一步去伪存真、去粗取精，就能形成对差错行为的多维刻画，即差错信息。在此基础上，再由此及彼、由表及里，形成差错规律性的认识，即知识，运用差错知识解决相关问题，形成问题解决的策略、方法和工具，则演化为能力和智慧。

3.1.2　情报学基本原理

关于情报学基本原理，这里以马费成（2008a，2013）的相关文章和专著对情报学的发展历程和取得的成果进行的回顾和总结作为本章情报学的基础。他认为情报学的发展进程中存在着一些带有普遍意义的、基础性的思想和原则的规律，并且它们一直在支撑着情报学的发展，随着情报学的发展，其作用越来越突出，马费成先生总结出情报学的六个基本原理。差错信息是信息的一类，也同属于情报学研究对象之一。因此，情报学的六个基本原理也是差错学习理论研究和实践应用所应遵循的基本原理与规律。在对差错数据与信息的收集、序化、转化和相关性分析的基础上，形成差错知识和差错解决方案及策略，这些基础和过程离不开情报学基本原理遵循和指导。这里简要介绍情报学的六个基本原理，即离散分布原理、有序性原理、相关性原理、易用性原理、小世界原理、对数透视原理。

（1）离散分布原理。离散分布原理是指信息、知识和情报呈离散分布状态，且在离散分布的基础上趋向于集中。组织差错信息的分布也遵循离散分布原理，其内容单元也以不同的方式分散于各种承载差错信息的载体中，如操作记录、设备数据、各种时空数据、情境数据等。

（2）有序性原理。所谓序，是事物基本结构的表现形式，是指事物组成元素间彼此联系以及该联系在空间、时间、结构中的表现，即空间结构中的排列组合、聚集状态、立体结构、结构层次及事物发展演化的时间序列。一方面，有序性同样也是差错管理追求的基本目标，有序是我们判断差错是否发生的重要标志，脱离原有路径便打破了有序。另一方面，遵循有序性原理和规律，有助于我们理解差错发生时的情境、规律。

（3）相关性原理。情报结构是按照一定的规则相互关联的。揭示情报相互关联的规律和规则是对信息、知识、情报进行有效组织和检索的基础。差错信息就是要把组织目标和任务或实际问题关联起来，一方面，获取与差错相关的信息；另一方面，在获取的数据以及信息之间寻找关联性，发现差错的规律性。

（4）易用性原理。易用性原理是指人类在交流、获取和利用信息、知识、情报方面，希望更加简捷、方便、易用、省力。发现和遵循易用性原理及规律可使情报获取和服务的成本最小，效益最大。有效地促进组织中差错信息的传播、分享和内化，为组织情境中差错知识管理提供了重要的理论依据，也是差错管理效果、效率提升的重要保障。

（5）小世界原理。小世界原理又被称为“六度分割理论”，研究和揭示人际间信息联系和交流得以实现的路径及其特征、规律，小世界原理是建立最佳信息、知识和情报网络的基础。本质上，小世界现象揭示的是人类信息联系与信息对象之间的相关性，也是情报相关性的具体表现。小世界原理也为差错知识的传播与共享提供了理论支持。

（6）对数透视原理。对数透视原理是指人类获取和接收信息、知识与情报的认知过程中遵循对数转换机制。该原理告诉我们物理世界的信息与进入人类认知世界中的信息、知识和情报之间，以及信息载体和信息内容之间存在数量与特征上的差异，对数透视原理为差错信息的定量化提供了相应的理论、方法和途径。

3.2 差错信息概念、特征、分类及产生过程

前文主要从情报学视角对差错信息链（网络结构）进行了分析和研究，解释差错信息链的演化路径和应用网络关系，为差错学习的研究提供新的维度。本节将主要解释差错信息内涵及产生过程（张家年和谢阳群，2014）。

3.2.1 差错信息的重要意义

差错可能导致个人或组织行为的失败，产生重大事故，所以在组织培训、生产、管理和评价体系中，对差错行为的预防成为组织工作的重要组成部分。但是，在组织管理中，普遍存在认识上的误区，即将差错等同于失败和事故。首先，在组织学习中，无论是个人还是组织，均把已有的失败、事故作为学习的对象，把事故和失败作为反面教材加以学习，从事故中学习或者从失败中学习（Ariño and Torre，1998；Edmondson，1996；Amankwah-Amoah，2011）。其次，在生产和管理过程中，多数组织或企业把工作重心放在差错防范上，有的还把这些事故和失败的前因——差错也等同于失败或事故，并制定严格的规章制度和惩罚措施，使员工感知到差错就等于事故或失败，如零差错、零容忍、一票否决等措施和制度的建立。这些做法忽视了差错的积极作用和正向意义，如果能够及时、全面地捕获、收集、整理、分析、组织这些信息，它们将成为

一种重要的信息资源——差错信息资源。差错学习在组织学习中的地位和作用也没有得到重视，差错学习可帮助个体或组织完善知识、技能和管理体系，其学习对象就是差错信息资源，源自差错行为过程中产生的各种信息，这些信息从不同层面上表征了差错偏离预期方向和目标的状态。通过把差错信息资源整合到组织培训和学习中，提高个体和组织的知识水平，并整合到组织生产、管理当中，从而优化组织生产流程，使管理更加科学，从而嵌入组织文化中形成积极的差错管理氛围等。

现有研究主要关注如何防止差错行为的再次发生和减少损失，没有认识到差错信息的积极作用，也没能从信息管理的视角探讨差错管理，挖掘差错信息，从差错中学习，从差错中寻找创新机遇，没有将差错信息作为组织管理、组织学习的重要信息资源之一。为了正确认识差错信息及利用差错信息，提高个人及组织绩效水平，有必要厘清以下几个问题：差错信息是什么样的信息？有什么特点？与失败和事故间有什么关系？差错发生的过程中有哪些信息表征？差错信息资源管理过程是怎样的？

基于此，应该从信息管理理论视角对差错信息概念、产生过程进行研究，并探讨差错信息资源管理过程。从微观和中观层面上来看，差错的发生说明个人或组织存在知识、技能、生产流程和管理制度上的缺陷与缺失，差错信息表征了这些问题的所在，差错信息也是个体或组织提高知识、技能和绩效水平的重要资源，如进一步对之挖掘、整理、系统化，可将之内化为个体的知识、技能，同时也可将其整合于组织制度、操作规范、业务流程等构成的组织知识体系中。另外，差错信息还可以成为激发个人创新思维、革新操作方法、深化组织机构改革的重要资源。从宏观上来看，我国目前正进入改革开放的深水区，在前进的路上，差错在所难免，因此更需要通过差错信息的及时获取、整理、分析和利用，避免决策和战略上的失败，为进一步优化决策和创新思路提供新的视角与机遇。因此，研究差错和差错信息，掌握差错信息运动规律，有效地开发、利用差错信息资源，具有重要的理论和现实意义。

3.2.2　差错信息内涵的多维透视

何为差错信息？从字面上看它由两个词组成：差错和信息，为偏正结构，可以简单理解为关于差错的信息，是指行为主体在差错行为过程中产生的各种信息。关于差错的界定，相关专家从人因工程、组织管理等视角给出了定义。如 Reason（1990）认为，差错就是计划中的行为执行没能达到其预期目标的行为，而且这并不仅是由偶然因素造成的。Hollnagel（1998）则倾向于用“错误的行为”来表示“人的差错”，认为差错是指没有达到预期的结果，而且还因此产生了有害后果的行为。Hollnagel 与 Reason 的界定区别在于前者认为产生偏离预期后果的行为才是差错，而 Reason 则把产生不良后果的偏离行为认为是差错。Dekker（2005）指出“差错是一显性事实，是事后的构念而不是客观依据”，认为差错是人们在某行为之后的一种主观认识，是对于差错行为的一种目标判断。韦伯斯特在线词典中的定义是“由于无知或鲁莽而偏离行为规范的行为或状态；是一种偏离事实或正确操作且无意识的偏离行为；是一种由于无知、知识缺乏、意外偏离而不能完成预期任务的行为”，他的解释则将差错归结为主体自身存在的主观疏忽或者由知识缺陷而导致的结果。

上述这些差错界定之间的差异不大，但从细微不同中可以看出，不同研究者有不同的差错文化认知和态度，而文化认知和态度的不同决定了处理差错行为的范式是有差异的。特别是在当今社会环境中，多数人对差错的认知和态度是倾向于否定差错及其作用，并把行为主体划分为犯了差错或错误的和没有差错的两类。那些犯了差错的主体往往容易被强制归因、背负原罪，使他们产生了沉重的精神压力。在前面的差错定义中，尽管 Dekker 的界定偏于中性，就一般人对于差错内涵的理解来看，仍有较强的负面意味，而其他的概念在不同程度上对差错定性上也存在带有社会文化传统的负面倾向。这样的文化氛围和认知态度将严重阻碍主体的经验学习，多数主体将循规蹈矩，缺乏创新。故有必要还原差错的真实面貌，认识到差错在人类历史长河以及未来发展中与正确和成功具有同等重要的位置及作用，使人们能够理性认识差错的利与弊，扬长避短。

因此，要从客观或中性（不预设立场）的视角来理解差错，认识到差错和正确是矛盾统一体。基于此本章试图从系统科学中的信息论、控制论、系统论、本体论的观点（马费成和宋恩梅，2011）出发来界定和认识差错与差错信息。在信息的定义上，这些理论相对来说是客观的，是具有普遍意义的。

（1）信息论。香农以概率论为工具阐明了通信中的一系列基本理论问题，他还提出了香农–韦弗信息传播模式，认为信息传播过程中会伴随着各种噪声和干扰。据此可以认为差错是由各种噪声和干扰（可能是主体自身的因素或来源于外部的因素）导致的偏离原有方向或正确状态的行为。在定量测度信息时，信息为“随机不确定性的减少，或者说信息是用来降低随机不确定性的东西”，具体地说，就是在信宿中用来消除对于在信源中发出的消息的不确定性的东西。由此，我们可以认为，用来减少差错行为随机不确定性的东西就是差错信息。

（2）控制论。控制论奠基人维纳认为“信息就是我们在适应外部世界，并把这种适应反应反作用于外部世界的过程中，同外部世界进行交换的内容和名称”“接收信息和使用信息的过程，就是我们适应外界环境的偶然性的过程，也是我们在这个环境中有效地生活的过程”。管理控制论认为管理系统是一种典型的控制系统，通过信息反馈来揭示成效与标准之间的差异，并采取纠正措施，使系统稳定在预定的目标状态上。如果从维纳控制论的视角来看，差错就是系统的各项操作或状态参数信息与标准操作或状态之间的偏差。维纳把人与外部环境交换信息的过程看作一种广义的通信过程，据此可将差错信息定义如下：人们围绕着差错行为活动，在适应外部世界并使这种适应反作用于外部世界的过程中，同外部世界进行互相交换的与差错行为相关、能被主体察觉和感知的内容和名称。

（3）系统论。系统论是由一系列理论（如耗散结构理论、协同学、非线性行为、复杂性理论等）集成而成，系统论把研究对象作为一个系统，即整体。重视研究对象的整体性、关联性、等级结构性、动态性、平衡性及时序性等基本特征。系统论的任务不但在于认识系统的特点和规律，反映系统的层次、结构、演化，而且更为重要的是调整系统结构、协调系统中各要素之间的关系，使系统达到整体优化的目的。从系统论出发可把差错信息界定为系统内部要素或要素之间、系统及系统与内外环境之间及其交互过程中出现的所有异常状态的表征。通过感知和发现差错信息，可调整系统内部要素或要素间、系统内外以及系统间的状态，以满足目标状态的要求。

（4）本体论。本体即存在、实在、事实。本体可分为自然本体和社会本体。人类对本体的认识主要通过本体自身产生的各种信息，即本体信息。本体信息是对特定领域知识的共同认识，以便实现领域相关应用之间的互操作和互转化。人们对本体认识的准确程度取决于本体信息来源的丰富程度及对本体信息的处理能力（文庭孝等，2009）。钟义信（2003）认为，某事物的本体论层次信息就是该事物运动的状态和状态变化方式的自我表述、自我显示。从本体论视角来看，差错是反映主体及其相关事物运动的一种非常态的状态和方式。非常态有两个可能：其一，蕴涵创新机遇；其二，可能是失败的前因。基于此，本书将差错信息定义如下。

> 差错信息即在差错行为触发的过程中主体以及与之相关客体的运动状态和状态变化方式的自我表述、自我显示。

这里需要指出的几个问题包括：第一，差错信息具有鲜明的特征，即主体相关性，因为差错行为是与主体及其活动相关联的，所以主体是必须存在的，可能是单个个体、小组或团体（执行某个项目或任务的小型团队或小组）、成员规模较大的组织（如医院、航空企业、核电厂、煤矿集团等）、行业组织或一个国家的政府等；第二，这里“相关客体”可以是主体操作的对象，也可以是主体所处的环境；第三，差错信息的“自我表述、自我显示”意味着它可以被人们所感知、获取和利用，为差错管理提供了前提条件；第四，定义中的运动状态和状态变化方式是主体或客体在差错行为发生过程中的运动状态及其变化，“运动状态”是指主体及其相关联的事物在时间和空间上变化所展示的特征、态势和规律，其特点是与常态或者主体预先设定的目标相偏离，且行为主体并非有意为之；第五，此概念是差错信息在本体论层次上的界定，有助于纠正人们对差错及差错信息的负面认识和定性，从而为研究与利用差错和差错信息、倡导差错学习，奠定了逻辑起点。

3.2.3　差错信息的普遍性和特殊性

（1）差错信息是信息的一个子集，具有一般意义上信息的基本特征（马费成和宋恩梅，2011），主要包括如下几点。

第一，差错信息存在的普遍性和客观性。差错信息具有和一般意义上信息所具有的客观存在的客观性和不以人的意志为转移的普遍性，即任何人都必然会产生差错，同时差错信息是客观存在的，可以为人们所感知、获取、存储、处理、传递和利用。

第二，差错信息产生的广延性和无限性。差错是主体的一种不可避免的行为或所处的状态。因此，在空间上差错信息伴主体而存在，主体的决策、作业、管理等不可避免地会导致差错行为的发生，即有人的地方就有差错信息；在时间维度上差错信息充斥于人类发展进程中，人类发展史也是人类从差错、试误中不断积累经验、获得知识、提高能力和持续创新的历史。

第三，差错信息的时空传递性。差错信息可以在特定的时空情境下产生，并传递至人的大脑、他人、系统和组织，从而为差错信息的感知和处置差错提供可能性。

第四，差错信息对物质载体的独立性。差错信息的内容是固定的，但描述差错信息的媒体则是多样的，如特定情景中的声、光、电，或文本、图表、图形（像）、动画、视频等，该特性为多角度收集差错信息提供了多维度收集途径，为差错信息的存储提供了物质基础，为进一步共享、利用差错信息提供了可能。

第五，差错信息对认识主体的相对性。由于人们的观察能力、认知能力、理解能力和利用目的不同，他们从同一差错事件中所获得的信息量也各不相同。这也充分说明了为什么有的差错未能被及时发现和处理从而导致不可逆转的灾难性事故发生。

第六，差错信息的共享性。信息可以被多个主体共享，因为共享能够把差错信息中蕴涵的隐性知识外化为显性知识，提高个体的经验、知识和技能层次，并进一步丰富组织知识的内涵和结构，进而提升个人和组织的绩效水平。

第七，差错信息的不可变换性和不可组合性。特定的差错信息是特定的主体在特定的情境下、特定的时空背景等因素共同作用下的必然产物，因此差错信息是不可变换和重新组合的，即某个差错行为发生时其所包含或传递信息的要素是不可分割的，即不能孤立地、片面地分析和处理差错信息。

第八，差错信息的时效性。差错信息具有时效性，一方面，在差错出现后应立即对其进行分析和处理，以便在最短的时间内纠正差错，以免产生负面效果；另一方面，差错信息是组织学习的主要资源，差错处理结束后应对差错信息进行整理、分析、挖掘等，及时通过学习内化为组织或个体知识，以提高组织绩效水平。

（2）差错信息的独特性。差错信息是关于差错的信息，除了具备信息的一般性特征外，还具有与差错相关的特殊性，因此还具有其独特性，具体如下。

第一，差错信息的情境性。差错是在某一特定情境中由多因素（如环境、条件、设备、管理等）级联耦合触发，因此，差错信息并非来自单一信息源，而是来自情境中的多个信息源多维度的信息集合体，包括差错行为发生时主体所处的环境信息、差错行为发生的条件信息、差错行为发生的状态信息、差错行为发生过程中的管理信息等。

第二，差错信息的主体相关性。差错信息不会发生在自然系统中，仅发生在社会系统中，即与人相关联，包括主体在差错行为发生前对差错的认知和态度信息、主体在知识和技能层面上的知识体系（如操作流程、操作原理、判断能力等方面）；主体的性格倾向（主要包括需要、动机、兴趣、理想、信念和世界观等方面）信息；主体所处的情境信息、设备状态信息、操作对象信息等。

第三，差错信息的特殊性。差错可能重复发生，但是差错信息是不可重复的，即使相同的差错，发生的差错条件、主体、环境、情境等也可能存在很大的差异，与辩证法的特殊性原理相一致。虽然差错信息具有特殊性，但不能因为特殊性而否认差错信息的普遍性，即某差错信息及其差错管理和防止的信息是可以在同类差错应对与管理中借鉴的。

第四，差错信息的不完整性。由于主体认知能力的限制，一方面，主体很难获取差错行为发生时的所有信息，如有的差错并没有产生负面效果，没有异常征兆，具有隐蔽性，不容易被主体所感知和认识，这类差错信息恰如海上冰山在海平面下的部分；另一方面，由于外部条件局限性，主体也不可能完全识别出某个差错所蕴含的全部信息。

第五，差错信息的价值性。差错发生后，基于自身价值观及组织文化视角，不同的主体对差错信息的价值判断以及反应具有复杂性：有的瞒报，有的自我报告，有的漠视，有的举报他人（对他人的差错行为向上级报告）等。从另一个视角来看，差错的发生，表示主体存在着知识缺失和缺陷，因此差错信息也是主体学习的重要对象，而且从差错信息中可以挖掘主体改革和创新的机遇，因而是极富价值的，这点往往容易被忽视。

3.2.4　差错信息的分类及其产生过程

很多学者依据不同分类标准对差错行为进行了差异明显的分类：Reason（1990）把差错划分为基于技能的失误（疏忽）、基于规则的错误和基于知识的错误三类；Frese 和 Zapf（1994）、Zapf 等（1992）在行为理论的基础上发展并验证了按照二维结构划分差错的分类体系，一个维度是主体认知控制的不同水平（从无意识到有意识），另一个维度是主体的行为序列（从目标阐明到实施）。

虽然学者们基于不同视角对差错进行了分类，但到目前为止还没有对差错信息进行分类，而对差错信息进行分类，能够帮助主体确认差错发生的位置和时间，确认差错发生的具体情境，可进一步帮助分析差错产生的原因，降低由差错导致失败或事故的这类严重后果的概率。同时在差错信息分类过程中，能发现个人和组织知识体系中存在的问题和漏洞，从中发现和挖掘创新与变革的机会，增强组织的生命力和竞争力。

根据主体行为偏离预先设定目标的时间先后顺序，可以将差错行为分为发生前、发生时和发生后三个阶段，差错信息在时间序列上也可相应地划分为差错初始状态信息、差错过程状态信息、差错终止状态信息（图 3-5）。图 3-5 中的“触发器”是指满足差错发生的条件（如心理状态、知识缺陷、技能缺失等主体因素，软件性能、硬件状态、空气温度、湿度等环境因素，组织制度、组织激励、组织文化等组织因素）。“纠正措施”是指在差错发生后，主体采取一系列降低和消弭可能产生的不利后果（如失败和事故）的对策，目的是使主体行为回归到正确的行为轨道上来，而这可能是一个连续过程。

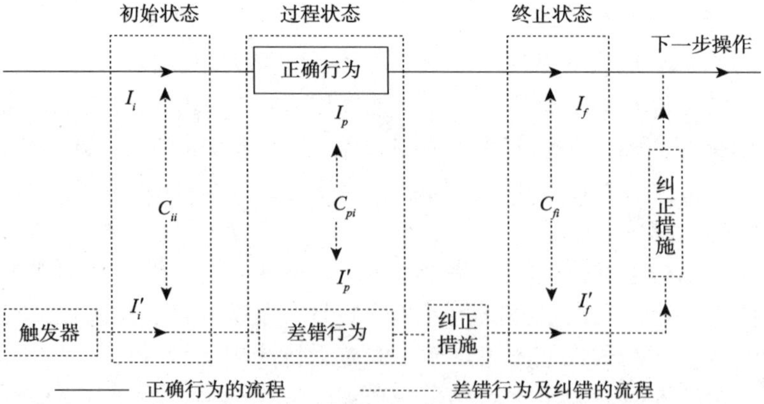

图 3-5　差错信息在时间序列上的分布

（1）差错初始状态信息。差错初始状态信息是指主体在差错行为出现前的状

态信息。差错的发生并非突然涌现，其发生前必然有一系列信息表征，从图 3-5 中可以看出，差错初始状态信息（C_{ii}）是差错行为前状态信息（I_i'）与正确行为前状态信息（I_i）的差异，即 $C_{ii}=I_i'-I_i$，$|C_{ii}|\geqslant 0$。若$|C_{ii}|=0$，则说明主体行为的初始状态处于正常状态，可以进一步实施预定的行为。当$|C_{ii}|>ti$时（ti 为阈值，即达到某个临界值时，可认为差错将有可能会发生），可以判断如果行为继续实施，发生差错的概率较大。

（2）差错过程状态信息。差错过程状态信息是指主体在差错行为发生过程中的状态信息。差错发生过程中出现了偏离正确行为的路径和状态的相关信息，从图 3-5 中可知，差错过程状态信息（C_{pi}）是差错行为实施中的状态信息（I_p'）与正确行为实施过程中的状态信息（I_p）的差值，即 $C_{pi}=I_p'-I_p$，$|C_{pi}|\geqslant 0$。若$|C_{pi}|=0$，则说明主体行为的过程状态处于正常状态，可以进一步实施。当$|C_{pi}|>tp$ 时（tp 为阈值，即偏离预定目标的某个临界点时，可认为差错发生了），此时可以确定已经发生了差错行为。

（3）差错终止状态信息。差错终止状态信息是指主体在差错行为发生之后，主体处理差错行为过程中所呈现出的各种状态信息，差错终止状态信息（C_{fi}）是在差错行为发生后，采取了纠正措施的状态信息（I_f'）与正确行为实施后的各种表征信息（I_f）之差，即 $C_{fi}=I_f'-I_f$。当$|C_{fi}|=0$ 时，则说明主体纠正措施得当，不利后果已经消除。当$|C_{fi}|>tf$时（tf 为纠正措施实施后的状态信息仍偏离预定目标临界点的阈值），这些信息能够表明主体是否采取了措施处理差错，是否采取了正确的差错管理策略，这些纠正措施产生了什么样的效果，甚至还包括在组织的培训、操作规程、制度和知识管理体系中是否应用了此次差错信息资源。

将上述各个阶段中的差错信息进行分析、整理、系统化，就可以使之成为对个体、团体和组织具有价值的信息资源。组织中相关主体能够从差错信息资源中汲取知识给养，寻找创新机遇，进而提升个体的知识、技能、组织绩效和竞争力。

3.3 熵理论视角下的差错信息

3.3.1 熵理论概述

熵的概念原本是热力学中表征物质状态的参量之一，其物理学含义是对体系混乱程度的一种统计学上的度量。一般来说，熵值越大，表明系统越混乱无序。

后来，熵概念被逐渐引入社会科学研究中，用来表征系统的有序状态，用以解释社会系统运转中的各种现象。一般来说，系统的熵应遵循下面几个原理（于秀慧和李宝山，2006）。

（1）基熵原理。任何事物本身都有基熵，即不管采取怎样的措施都不可能使它的熵值低于基熵。基熵的存在也解释了任何事物都存在着各种随机不确定性的状态，这是绝对的，而确定的规律性的状态都是相对的。对于本书来说，也从另外一个角度说明了，在组织系统中，正是由于基熵的存在，组织行为中差错行为的存在才是必然的，正确行为则是相对的。无论采取多么严厉的手段、措施和制度，也消除不了组织情境中差错行为的发生。

（2）熵增原理与最大熵原理。熵增原理是指一个孤立的系统，其熵值会不断地增加，且能达到最大熵并保持不变。处于最大熵值状态下的孤立系统同时处在最无序、最复杂的状态，此时该系统的效率低下。如果想提高系统的有效性，则必须降低系统的熵值，即熵减，使系统从相对混乱无序和低效的状态，转变为相对有序和高效的状态。一般来说，熵减的方法包括对系统增加新的约束条件，调整或重构系统组成要素，或者从外部向系统注入负熵等，见表 3-1。

表3-1　熵增、熵减和负熵的特征

熵的状态	特征	解读
熵增	混乱、失序，且导致系统功能减弱或失效	如人的衰老、组织的滞怠是自然的熵增，表现为功能逐渐丧失
熵减	更加有效，导致功能增强	如通过摄入食物、建立效用机制，人和组织可以实现熵减，表现为功能增强
负熵	带来熵减效应的活性因子	如物质、能量、信息是负熵；新成员、新知识和简化管理等是组织的负熵

（3）熵与组织有序的关系。熵增原理与最大熵原理也为我们研究组织差错提供了新颖的视角，组织无序和混乱是熵增的结果，组织有序和良好运转是熵减或注入负熵的反映。因此，结构合理、运转良好的组织系统将能最大限度地发挥组织效能。保证组织有效运转的条件是组织在结构维度和时空运转维度上有序。要求组织系统中的 MEI 系统（王浣尘，1997）在决策能力、系统结构、组织能力、信息能力、控制能力等维度上有序、高效。

（4）系统的正反馈和负反馈。一个系统由很多要素组成，而且一定的内外环境是支持系统存在的必要条件。这些要素、要素间相互作用以及内外环境间的相互作用、相互影响是系统在时间轴上发生的事件，相互作用和相互影响的表现形式包括正反馈、负反馈、缓冲、临界变量及指示变量等。

系统中的正反馈是指某已知变量的增加引起该变量进一步增加；反过来，其下降会导致更大的下降。正反馈往往破坏系统的稳定性，一个正反馈控制的多变量系统很容易变得杂乱不堪。系统中的负反馈则是指一个变量的增加引起另一个变量的减少，反之亦然。这种负反馈倾向于维持现状，保持系统内部的稳定，如果出现某种扰动，它会使系统重新恢复平衡。

一个包含许多变量，由负反馈调制的系统，是一个缓冲性能良好的系统，可以吸收大量的扰动而不致失稳。但是负反馈系统需要消耗物质、能量和信息才能维持正常的运转。系统中的临界变量是同系统中大量的其他变量相互作用的那些变量。它们是关键变量，如果我们改变这些变量，就会对整个系统的状态施加较大的影响。指示变量则依赖于系统中许多其他变量（表征系统状态的变量），自身对系统施加很小影响的那些变量可提供重要的线索以帮助我们评估系统的相关状态（德尔纳，2010）。

3.3.2　差错行为的熵理论解释

（1）差错与蝴蝶效应。蝴蝶效应是一种混沌现象。任何事物发展均存在确定的方向（定数）和不确定性的方向（变数），即事物在发展过程中，一方面，它的发展轨迹有规律可循，另一方面，也存在不可测的变数。这个变数有时候也会影响全局，即一个微小的变化能影响事物的发展，说明了事物的发展具有复杂性。从前面差错的定义可知，组织差错是偏离组织目标和运作方向的一类行为，可以看作组织系统所产生的扰动，在组织多个层面或剖面上，层面是纵向的结构层次，剖面则是横向子系统或作业流程。如果在差错正反馈的机制作用下，被逐级放大，差错对于组织系统的扰动动能将呈现幂指数的增长，可能对组织系统产生较为严重的后果，就会形成混沌学中所指的蝴蝶效应。差错是导致组织无序状态和组织熵增的原因之一，而当熵增达到临界点以致被突破的时候，组织差错后续效应，及其严重后果就会发生，如组织失败、事故、突发事件的发生。

（2）差错后果与负熵的注入。在组织系统中，差错是无法避免的，但可以采取应对措施以降低差错后果可能带来的损失，或者利用差错信息，向组织系统注入负熵，或进行熵减，恢复至有序和平衡的状态。一方面，可以产生负反馈效应，减少差错产生的扰动；另一方面，可以通过结构和流程的优化，实现组织系统层面上的更新，使得组织基熵降低。负熵包括资金的投入、人员的重组、信息的注入、设备和技术的更新、能源的优化、组织结构和运转流程重构等。

图 3-6 描绘了熵理论对组织的差错发生过程中两种不同的反馈路径与对应结果之间关系的解释。整个体系分为三个区域：第一，组织系统产生差错的因素，分为个体层面和外部因素（相对于个体层面的因素），在前面有详细阐述；第二，差错反馈系统，又可划分为正反馈系统和负反馈系统，这里以电子线路中放大器

的反馈方式来隐喻差错产生后，组织处理差错的输出效应；第三，差错后果，组织处理差错策略不同，其产生后果可能带来不同的输出。其中，负面的后果根据严重性分为事故未遂、临界事件、失败、事故等。正面的则是指通过差错学习组织实现知识增长、制度完善、组织结构变革和产品创新等。

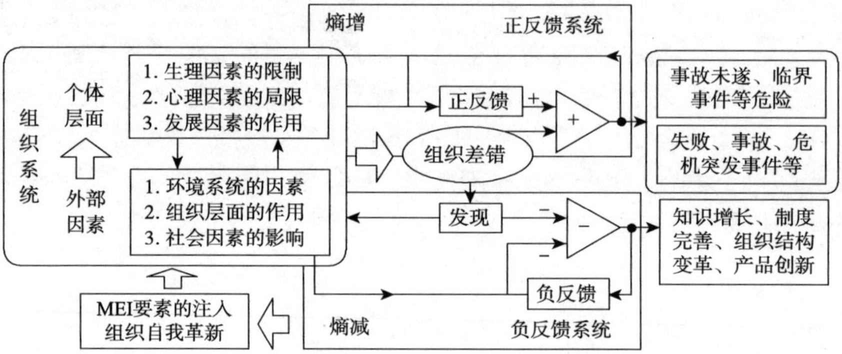

图 3-6　组织差错熵增与熵减路径示意图

从熵理论视角来看差错反馈路径，分为两条：熵增和熵减。首先，如果组织差错发生后进入了“熵增区域”（图 3-6 中上部）带有正反馈的“放大器”中，这个放大器相当于组织系统中各个层面的“差错窗口”（图 2-8）多级串联耦合在一起，由于没有发现和纠错，导致前面差错行为的重复和增多，相当于正反馈部分，进而使得差错效应呈幂指数放大，熵值膨胀至临界点，导致严重后果的发生，这是组织差错导致熵增的路径。其次，如果组织差错发生后进入“熵减区域”（图 3-6 中下部），组织差错的发生并没有直接进入后续流程，而是进入一个“过滤层”，结果被发现了。然后，一条支路进入负反馈装置中，用以消除差错带来的熵增效应，并朝着组织正常的目标运行；另一条支路进入组织系统，经过学习（信息负熵）的注入，在组织层面，从外部环境中注入 MEI 要素（物质、能量和信息），并注入负熵，或者进行组织机构层面的变革（实现组织更新，基熵的降低）。这两条支路均可实现“熵减”目标，由于更多信息注入组织中，从而促进了组织知识体系的构建、制度层面的完善和组织全方位的创新。

3.4　差错信息资源管理

信息资源管理的过程可以根据信息生命周期划分如下：用户信息需求分析、

信息源分析、信息的采集和转换、信息组织、信息检索、信息资源的开发和利用、信息资源的传播和服务（马费成和望俊成，2010）。差错信息是信息全集中的子集，因此差错信息是信息资源管理的对象，差错信息资源的管理流程环节与信息资源管理是相同的，但在某些环节也有其特殊性，这里把差错信息资源开发和利用部分与差错学习相结合进行阐述。

3.4.1　用户需求分析和差错信息源分析

差错信息需求分析主要是为了了解不同层次的用户差错信息需求，不同层次的用户对差错信息的需求层次也不尽相同。用户可能是组织中的个体，如操作一线的员工，其迫切需要了解其操作岗位上哪些地方最可能出差错，会产生哪些差错，哪些信息表明差错的发生，对这些差错信息应采取哪些处理措施，等等；用户也可能来自组织中的某个部门，如人力资源管理部门，在进行员工培训和组织学习中，需要就相关岗位的操作、管理等规范性流程进行指导和培训，也需要将差错信息资源作为重要学习内容让员工掌握；用户也可能是更为复杂的组织系统，它必须掌握更为系统的组织运作、管理方面的差错信息资源，以改革组织操作规范，甚至是流程再造。通过掌握差错信息资源，明晰组织行为边界，寻觅组织改革和创新的机遇，最终借此增强组织竞争力、生命力。

差错信息源是指差错信息的来源。差错信息源分析阶段的主要任务是确定差错信息源的分布，如在差错发生之前、之后以及发生时的相关主体状态信息、设备仪表指示数值或图示信息、情境信息、组织信息等。确定差错信息源时不仅要考虑组织内部的信息源，也要关注外部环境中其他组织的差错信息源，既要重视组织在历史中的差错信息源，也要关注正在进行的生产和管理中产生的差错信息源。差错信息源的确定能够为进一步采集差错信息和转换工作打下基础。

3.4.2　差错信息的采集和转换

确定了差错信息源也就明确了差错信息采集的对象，即将从哪些方面或层次获取差错信息资源。信息采集涉及差错信息采集的工具和方法，如自动侦测方法：采用的软硬件在不干扰主体状态的情况下自动捕获，一旦发现作业参数偏离目标，即发出警报，作业者就可中断操作，并对作业流程、产品或服务进行检查。再如差错报告系统，由一线作业者自我报告（或报告他人）差错发生时的作业状态、情境信息，该系统的应用需要组织内具有相应的差错报告激励制度和良好的差错管理文化氛围。差错信息的转换是指差错信息采集完成之后，对差错信息的记录符号和格式的转换，如将模拟格式转换为数字格式，或者类型间的转换，以及文本、表格、图片、视频、音频等格式间的转换，为进一步处理提供了便利，并由专业人员进行操作。

3.4.3 差错信息的组织和检索

差错信息组织的目的是使杂乱无章的差错信息成为有序的信息资源，以方便用户更好地利用和共享信息资源。该阶段主要的工作是序化和结构化，序化是把无序的差错信息整理为有序的差错信息资源，通过信息组织，使得差错信息资源成为组织信息资源的一部分，进而为个体、组织所应用。由于差错信息的独特性，差错信息的序化一般以案例或按某主题进行组织，如按照操作顺序进行整理或按照差错发生的时序进行整理。结构化是在有序化的基础上将其进一步逻辑化并贮存到特定平台或系统中。一般地，对于差错案例可按照某种逻辑结构构建差错信息资源库，从而为后面的差错信息检索和利用奠定基础。

差错信息的检索和差错信息组织恰好相反，主要是在前者的工作基础上检索出用户想要的差错信息资源，包括差错信息资源的检索方法、检索工具、检索策略、检索步骤、检索结果及其评价。在信息技术高度发达的今天，差错信息检索其实就是在差错信息资源库中进行检索，而差错信息资源库则是在差错信息组织阶段中建立的数据库。由于差错的独特性以及检索者的个体差异性，要求数据库检索功能具有较强的适应性、智能性，从而满足不同用户的检索需求，如一线作业者可能希望获取某类差错的触发情境信息、应对措施等，而管理者则关注整个生产环节中容易产生的差错，从而在组织培训中予以重视，或者在作业规程中予以规避和制度化安排。

3.4.4 差错信息资源的传播和服务

差错信息资源是个体、组织乃至社会的重要财富之一，通过传播可使更多的主体获得这种资源，其实质是实现组织隐性知识的扩散（差错信息可升华为差错知识）。通过知识共享机制和平台，使差错信息资源转换成主体所需的知识，促进差错学习，改善其行为绩效。差错信息资源服务其实就是以差错信息资源为中心向信息需求者提供各种便利的活动，社会和组织通过这类服务可以提高员工解决问题的能力，差错学习能够有效促进新员工向专家型员工转变。

差错行为是个体或组织活动中不可避免的现象，差错虽然可能导致很大的失败和事故，但也可以成为改革和创新的机遇。如何防止差错？如何从差错中获得改革和创新的机遇？本书认为可以运用信息资源管理的一般理论和方法来指导差错信息资源的开发和利用，包括差错信息资源的获取、组织、检索、开发、利用、传播和服务，从而改变个体、组织的绩效水平，并改变社会决策水平。

当然，这里只是进行了一个框架性的初步探索，未来还需要做进一步深入的研究。主要包括以下几个方面：首先，差错信息的收集。组织中主要采取的是差错信息报告系统，由于差错的负面效应，自我报告中的差错信息不够全面，他人差错信息相对偏少。其次，差错信息的传播和服务。差错信息包含了个体付出与投入，这是问题解决的经验和智慧。因此，差错知识传播和服务的动机有待于进一步激发和保障。

第 4 章　组织差错学习及其绩效影响因素模型

学习是指个体在社会实践过程中逐渐产生行为或潜能上持久性的变化。组织学习则是组织管理情境中将个体学习内涵延伸至团体乃至更大的组织作为主体的行为或潜能的持久变化。组织差错学习也是如此，源于个体差错行为的发生、发现、纠正、反思、提高的过程。在组织情境中，个体差错经验和知识在团体或组织范围内交互、分享、理解，形成共识，成为团体知识乃至嵌入组织规范或制度中，也就成为团体（小组）学习和组织学习的对象。组织差错学习过程发生在组织情境中，与组织差错管理和知识管理等过程是相关联的，一方面，组织差错学习是学习行为、管理行为的交替循环的过程；另一方面，组织差错学习也是信息流、知识流在不同主体间交互共享的过程。本章拟通过相关研究，建立组织差错学习绩效影响因素模型，并运用 SEM 方法验证该模型，从而为后续章节介绍组织差错学习过程模型和机制的构建提供基础。

4.1　组织差错学习概述

波普尔（1996）在其《通过知识获得解放》中谈到了差错、知识、理论、不确定性等相互间的关系。

> 人孰无过。一切人类知识都难免出错，因此是不确定的。由此可见，我们必须严格区分真理和确定性。人孰无过不仅意味着我们必须不断地与错误搏斗，而且意味着，甚至当我们最小心谨慎的时候，也不能完全确信我们没犯错误。

> 在科学中，我们犯的一个错误——一个差错，本质上在于我们把不正确的理论看作正确的。……一旦我们认识到人类知识难免有错，也就认识到我们不会完全确信我们没有犯错误。

如果从本章研究视角去理解波普尔所指的科学特征，即差错是人类认识世界和改造世界过程中必然存在的行为，而试错是我们获得知识的重要途径，试错的过程便是差错学习的过程。

4.1.1　组织差错学习的概念和特征

（1）关于学习的界定。显然，我们提及学习一词时，多指一般意义上的含义。首先，关于学习的概念。目前较为广泛接受的概念是“学习是个体在特定情境下由于联系或反复经验而产生的行为或行为潜能的比较持久的变化”（陈琦和刘儒德，1997）。由此可以看出，学习是与个体知识、技能和态度的变化紧密联系的，通过自主学习和体验获得知识；是保持和运用知识、技能、能力、态度和观点的艺术；是基于经验的行为改变（Gilley et al.，2002）。其次，学习的过程。不同学习理论的观点也有所差异，行为主义学习理论认为“学习是刺激（stimulation）和反应（reaction）的连接，即学习=S—R”；认知主义学习理论认为“学习是主体认知参与的结果，并不是简单的刺激与反应的连接，即学习=S—O—R，其中，O 是有机体 organization”；信息加工学说将学习隐喻为信息加工的过程；建构主义学习理论则认为学习是学习者主动的意义建构，学习者借助新、旧知识经验的相互作用，以形成、丰富和调整其认知图式结构的过程；人本主义学习理论则坚持以人为本的观点。罗杰斯从人本主义的学习观出发，认为作为教育者要创造一个适当的学习情境，帮助学习者发现自我，帮助其实现自我的需要，并使之成为能够完善自我的人。主张教学应该以学习者为中心，教师与学生应进行广泛的情感交流，力求创造出一种情感融洽、气氛适宜的学习情境。教师的角色是促进学生的学习，促使学生自己成为学习的主宰（刘宣文，1999）。这些学习理论虽以个体为学习的主体，说明了学习过程，但是若干个体组成的团体，甚至是组织，其学习也始于组织中的个体，并通过交流、分享、理解达成共识，实现团体学习，进而实现组织层面上的学习。

（2）学习情境的分类。提起学习情境，人们易联想到学习的几种情境：首先，学校教育情境中的学习。这可能是最为普遍和常见的学习，学习者对经过前人积淀和系统化的学科知识进行体系化地学习，学校教育情境中的学习，主要目的是储备个体知识和技能，为个体走向职场和社会奠定基础。其次，工作场中的学习。主要指在组织情境中，主体学习与工作岗位相关知识或技能，如职业培训，一般多指在正式入职前进行有组织、有计划的知识和技能训练，属于正式学习。从成功中学习，但它更多地关注和识别企业的成功或最佳实践，通过学习这些成功或最佳实践使良好的行为得到固化。从差错、失败或事故中学习也属于工作场中的学习，通过修正原有的工作差错，形成新的作业程序规范，或者通过对他人差错的反思学习，获得差错（处理）的经验、知识和能力。工作情境中的学习，其主要目的是解决实际问题，是为了提高作业绩效水平，提升组织竞争力和绩效。

（3）组织差错学习概念。何为组织差错学习？组织差错学习，简称为差错学习，是指在组织情境中，以自身或他人的差错行为为资源，通过体验、反思、学习等过程以解决导致差错相关的问题，并完善相关主体的差错知识体系、能力体系，提高绩效水平的过程。

从概念术语本体来看，组织差错学习包含了以下几个要素：首先，学习情境是在组织环境中，可能是在组织培训的专门机构，也可以是在组织工作场；其次，学习的客体对象——其知识来源于组织差错，既可以是组织中的显性差错知识，也可以是组织中的隐性差错知识；最后，组织差错学习的目的是进一步完善组织知识体系，提高组织差错识别能力、问题解决的能力，并获得创新能力和组织改革机遇等。

Zhao（2011）从问题解决的视角认为差错学习是一个过程，具有以下几个特点：个体通过它反思他们产生的差错；定位差错的根本原因所在；在工作场中培养自己对于行动—结果关系的知识和这些关系效应的理解；利用这些知识去修复或改变他们的作业或决策方式，即差错学习是富有成效的行为，包括对差错进行有针对性的反思和分析，并且将新知识应用到决策和行动中。虽然 Zhao 的观点主要是基于个体视角来阐述的，但是，这些特点也适配于团体（部门），以及整个组织层面。组织差错学习的定义也是一个过程性定义，阐述了组织差错学习过程：在工作场中主体（个体、团体和组织）通过对差错产生过程的梳理，包括问题探寻及原因分析，应对和处理过程的回溯，以及总结和反思，使个体、团队和组织的知识水平不断地提高，并在学习中发掘创新机遇，从而改善组织绩效。

（4）失败学习、事故学习、差错学习与组织学习间的关系。在组织情境中，组织学习的客体类型多样，如成功、事故、失败等具有标志性结果导向的事件。它们常作为组织学习的对象，产生基于行为目标导向的组织学习，目标是获得成功的经验或避免失败和挫折的教训，如从成功中学习、从事故中学习和从失败中学习等，也是个体与组织解决问题和提高绩效水平的重要途径。成功学习是将自己或他人总结的成功经验作为学习对象，以提高再次成功的可能性。组织失败会给主体留下深刻的负向记忆，通过总结、反思和归因，并固化为一种历史经验，从而成为组织学习的重要来源和知识载体。胡洪浩和王重鸣（2011）认为，失败学习其实就是组织对内、外部失败的教训进行集体反思，并以个体工作行为方式的调整来降低未来遭遇类似失败的概率，从而提升组织绩效的过程。由于失败的产生已经对个人或组织产生了实质损害，所以，失败学习归根结底是一种亡羊补牢式的学习，用以弥补个人或组织知识结构体系中的漏洞。从事故中学习与失败学习类似，但事故的发生更具偶发性、出乎预期、后果严重等特征，一般与个体或组织的作业或决策程序存在重大主观失误相关（明知可能产生严重后果，但仍存侥幸心理）。

根据以上概念内涵范围大小的差异，可以通过图 4-1 来界定它们之间的相互包含关系（Xie et al.，2014）。从图 4-1 中可以看出，组织学习涵盖组织中一切形式的学习形态，既包括常规理论和技能学习、规章制度学习、作业流程学习等，也包括差错学习、失败学习和从事故中学习，其中失败学习和从事故中学习是组织（特别是高可靠性组织）比较重视的学习形式，因为通过这样的学习能够规避组织不必要的成本浪费，甚至能从中寻找创新机遇。但是差错也是组织决策、计划、生产、管理和服务中的常态行为，由于没有产生严重的后果，在一些组织中，差错学习并没有受到相应的重视。主要原因在于两个方面：首先，已经发现的差错一般已经被处理过了，便小事化了，既没有产生个人记忆，也没有产生组织记忆（Walsh and Ungson，1991），从而无法产生累积性创新；其次，组织中能够发现的差错数量只是冰山一角，更多潜在的差错、未被发现的差错犹如海平面下面的冰山一样庞大和复杂，因而不具有失败和事故的个案典型性的特点。目前，事故、失败和成功为人们所熟悉和关注，从事故中学习、失败中学习和成功中学习等研究较多（陈国权和宁南，2009；于晓宇和蔡莉，2013）。虽然差错作为组织行为中非常普遍的现象为人们所熟知，然而在组织学习中差错作为组织行为中重要的体验源还没有受到应有的重视。

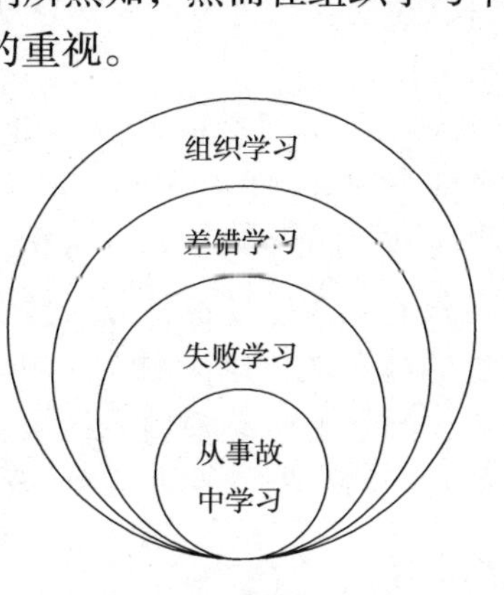

图 4-1　几种学习概念外延大小关系图

4.1.2 组织差错学习的分类及对象

（1）依据差错学习的层次分类。从组织的管理层级划分，可分为微观层次、中观层次和宏观层次的差错学习。微观层次的差错学习是指员工个体根据其作业范围、性质、流程和操作规范等内容对自己作业中的差错或他人的差错进行探究和反思，并获得应对与处置差错知识的过程。微观层次的差错学习是提高员工绩效，促进其向专家型员工发展的途径之一。中观层次的差错学习是一种小型组织（团体）的差错学习，或是大中型组织中某个团队（或某部门）的差错学习，它建立在微观层次的差错学习之上，个体差错成为整个团队（部门）所有成员探究和反思的对象，并对团队中存在的问题进行探究和反思，继而成为群体性知识，从而提高团队的知识水平和创新能力。宏观层次上的差错学习则是指在组织层面上的差错学习，建立在微观层次和中观层次的差错学习之上，并对照组织自身的组织结构、制度体系、知识体系的缺陷进行完善、更新，甚至是创新和重构组织结构、体制机制、知识体系，并进行流程再造。

（2）依据差错学习的目的进行分类，可分为促进差错管理的学习和防止差错再现的学习。对于前者，差错学习的目的是促进差错管理，通过差错学习搞清楚差错是如何发生的，完善组织规则体系和知识结构；通过差错学习重构组织系统和作业过程，使这些差错不会再发生（Reason，2000；Guchait et al.，2012）。简单地说，差错管理通过差错学习促使组织的结构和作业流程优化，其关键在于组织应营造良性的组织差错文化。对于后者，差错学习的目的是防止差错的再次发生，使差错者吸取教训，其手段是采取严厉措施追究其责任，使之不再重犯类似差错，同时要求他人也应引以为戒，但并没有进一步去探询差错背后的原因，这类组织氛围多为责备与纠错文化。

（3）依据学习的组织来划分，学习有正式学习和非正式学习，正式学习主要是指在学校里接受学历教育的学习和参加工作后的继续教育（组织培训、脱岗培训等）。非正式学习是指在正式教育（学校教育）或继续教育之外，可能发生在一些工作、生活、社交等时间和地点，通过各种方式接受新知的学习方式（杨欣和于勇，2010）。维果斯基提出的社会文化建构主义学习理论常被看作非正式学习的理论基础，其主要观点为：人类学习活动根植于社会的、文化的、历史的情境之中，与正式学习相比，非正式学习具有情境性、社会性、非组织性等特征（赵蒙成，2008）。

基于此，差错学习也可分为正式差错学习和非正式差错学习。一般地，正式差错学习发生在组织培训中，培训者将组织自身或其他组织中发生的差错作为典型案例来促使新员工学习，帮助其获得相关差错知识和技能。正式差错学习也会出现在相关经验教训总结会议中，通过已发生的组织差错为组织带来的严重后果或创新机遇的典型事例，要求其他职工加以学习。非正式差错学习多发生在工作场中（Harteis and Bauer，2014），而不是日常生活中的非正式学习。

（4）依据学习主体来分类。我们一直强调本书中差错学习情境是组织情境。因此，从广义上来看，发生在组织情境中的差错学习皆可认为是组织差错学习，但是，在学习主体上却存在一定的差异，并且差错知识转移、扩散次序也有相应的不同。因此，根据主体的规模，差错学习可分为：个体差错学习、团体或部门的差错学习和组织差错学习。在组织工作情境中，个体产生了差错行为后，通过发现、分析、纠错、反思和总结，获得避免或解决类似差错的方法，或者是发现新的创新机遇，这便是个体差错学习；如果个体在团体（小组或部门）内对差错知识进行共享、转移和扩散，并进一步形成共识和团体规范，即发生了团体或部门的差错学习；如果在组织体系内对差错知识进行检视、融入组织规章制度等组织知识框架中，则属于组织范围内的差错学习。

4.2　组织差错学习的理论框架

4.2.1　学习理论视角下的差错学习

（1）杜威“做中学”理论。这源自他对学校教育的改革倡议，“人们最初的知识和最牢固地保持的知识，是关于怎样做的知识，如怎样走路、如何谈话……”（单中惠，2002）。他从学校教育视角探讨在真实情境中的体验对于学习的重要性。同样地，在组织培训和生产管理中，在“做中学”中体验（包括在经历差错过程中所获得的各种信息）既是组织学习的途径之一，也是组织知识积累的渠道之一。体验是不能直接“教”给他人的，而是通过“做中学”来获得，组织中的体验包括差错、事故、失败、惯常性工作任务、成功等。其中差错学习是从“做中学”的重要源泉之一，差错体验的积累，成为经验和知识，进而成为组织学习的对象，再通过差错学习扩散这种经验和知识。在一些组织培训中，鼓励新员工犯错，并改正错误，使其掌握了处理类似差错的经验，这既是差错学习，也是“做中学”，是获得隐性知识的过程。

（2）皮亚杰的认知发展理论。认知发展理论认为认识起源于主客体的相互作用，并强调主体对于客体的作用，充分强调人的主观能动性，认知图式、同化、顺应和平衡是该理论中解释学习的非常重要的几个概念。认知图式是人们为了应付某一特定情境而产生的认知结构。同化就是把指定的对象整合到一个已经存在的结构（框架）之中，甚至可以是按照基本格局（框架结构）组成一个新结构，即个体将外部刺激所提供的信息融入自己原有认知结构中的过程。相对应地，顺应是指由于外部环境发生了改变，原有认知结构（框架）无法同化新环境提供的信息，这时将可能引发主体认知结构产生重组与改造的过程（越人，1987a，1987b）。同化和顺应有助于主体认知结构达到平衡，即主体的结构顺应于呈现的新客体，而客体同化于主体的结构（王锡伟，2001）。

根据皮亚杰的认知发展理论，在组织情境中，差错的出现使外部环境状态发生了变化，偏离了预定或常规状态，使主体原有的认知图式产生不平衡，并通过差错学习的同化和顺应两个过程达到再平衡，具体过程如下：①差错知识的同化是把差错信息（包括差错发生的状态信息、情境信息和应对信息等）进行过滤或改变后融入主体的原有认知结构中，从而达到新的平衡。②当差错产生时，原有认知结构无法同化新的组织情境中的差错信息，会引起差错主体认知结构产生重构和改造以适应外部环境变化，从而达到新的平衡，这就是差错学习的顺应。认知发展理论为厘清差错学习主体内在认知结构发生变化机理提供了新的视角。这里的主体可以是组织情境中的个体、团体和组织。

4.2.2 组织学习视角下的差错学习

在组织学习理论中，一些学者对于组织学习的界定其实就是差错学习的另一种表达。如 Argyris 提出："组织学习是所有组织均应开发的一种能力。卓越的组织一直在学习怎样才能更好地发现并纠正组织中存在的错误（差错），同时探究它们何时能发现和纠正这种错误（差错）。"并且认为，组织学习越有效，组织就越能持续创新，并能找到创新的障碍所在。Argyris 认为组织学习是组织发现并纠正错误的一种技能，这里的错误也可认为是差错，是指计划与实际执行之间的任何不匹配之处。Marquardt 等指出：在组织学习过程中，个体获得的新知识和洞察力改变了他们的行为和举动；只有当学习者意识到一个问题的时候，即发现一个差错，并且有改正差错和解决问题的学习的动力时，学习才会发生（员巧云和程刚，2009）。这些学者在组织学习理论中所提到的"错误"，有的是指组织情境中的组织差错，有的则是指组织失败甚至是生产事故。当然组织学习的对象并不仅局限于这些，还包括其他学习对象，如生产流程、生产技术和基本理论等。

一些学者对组织学习过程进行了阐释，如 Huber（1991）认为：学习可以被定义为一种信息的处理过程，包括四个方面，即知识的获取、信息的分配、信息的解释、组织记忆。知识的获取途径之一就是差错学习，任何一个员工技能水平的提高不可能仅在理论层面上获得，更为重要的途径是在实践中学习，只有在真实情境中才会遇到各种问题和差错，在解决这些问题和差错过程中，得到经验和教训，获得知识。信息的分配就是将自己获得的差错隐性知识与他人分享。信息的解释是每个成员对他人分享的差错隐性知识加以内化，进而成为组织知识的一部分。

Argyris 和 Schön（1996）将组织学习过程划分为四个阶段：发现阶段——发现实际结果与预期目标间存在一定的差异，发现了差错或问题。发明阶段——寻找解决问题的方案。执行阶段——执行所制订的解决方案。推广阶段——将成功的经验推广到组织的各个部门，使之成为组织的规范、惯例和政策（杨智等，2004）。在发现阶段中提及的差异是指结果或过程路径与预期目标之间存在着差异，差错就是与计划和目标相偏离的行为，因此，发现阶段中的差异包括差错。发明阶段就是寻找差错解决办法，并在执行阶段去验证差错解决方案，之后再推广至组织的相应部门，成为组织知识体系的组成部分。Daft 和 Weick（1984）认为组织学习就是一个解释系统，组织学习分为三个阶段：扫描（收集数据）、解释（赋予数据意义）、学习（采取行动）。Daft 和 Weick 的解释系统和差错学习关系更为密切，当组织情境中出现差错时，组织将启动解释系统：首先，通过扫描，收集与差错相关的各种数据；其次，对收集的数据进行分析，寻找与问题对应的原因所在；最后，在学习阶段，运用相应的对策，采取行动，解决问题，形成经验，成为知识。

4.2.3　知识管理视角下的差错学习

（1）差错知识。本书第 2 章和第 3 章分别对于差错行为、差错信息进行了界定，差错是人们工作情境中偏离预先目标的行为，差错发生与处理过程中将伴随各种信息的出现，可称为差错信息，即在差错行为触发的过程中主体以及与之相关客体的运动状态和状态变化方式的自我表述、自我显示。对差错信息进行分析、整理、系统化，就可以使之成为对个体、团体和组织具有价值的差错信息资源，如果再从差错信息资源中汲取知识给养、寻找创新机遇，就能够提升个体的知识和技能、组织绩效及竞争力（张家年和谢阳群，2014）。

我们认为，所谓差错知识，就是对差错信息进行处理、融合、分析，从而上升为经验、价值观、情景信息和专业洞察力。通过对差错处理过程进行反思，对相关差错信息进行加工从而成为差错经验和知识——形成一种处理某类差错时的能力（包括差错分析、差错处理等）。如前所述，差错知识开始的形态是个体隐性知识，之后通过知识共享、转移、扩散，成为团体知识，当在组织情境中共享和扩散后，将转化为组织的差错知识。

（2）知识管理与差错学习。当一些突发事件情景信息与差错发生时的情景信息相似时，差错的情景信息就能够为突发事件的预处理提供应对策略。如果员工在工作中经历的差错越多，那么其获得处理差错的经验将越丰富，其专业洞察力能力可能越强，从而从新手逐渐成长为熟手，乃至专家型员工。但是，这类差错知识均为隐性知识，固化于某个员工个体，难以成为团体差错知识以及组织差错知识的组成部分。

从信息链和知识链来看（图 3-1 和图 3-3），组织中的知识管理就是为企业实现显性知识和隐性知识共享提供新的途径，知识管理是利用集体的智慧提高企业的应变和创新能力（陈志祥和陈荣秋，2000）。简单地说，知识管理便是如何将组织中的各类数据、信息转化为知识，进而演化为能力，形成智慧，从而改善个人作业绩效和组织绩效的过程。知识管理过程顺序如下：知识的形成与创造过程→知识的共享与扩散过程→知识的转化与应用过程。

知识管理与差错学习关系是非常密切的。首先，从前面差错知识的概念来看，差错知识的形成过程，其实质就是差错学习的过程。对差错行为中的各种数据、信息进行加工、整合、分析等，既是信息链前端逻辑演化，又是主体认知图式发生改变的过程，并形成和创造了差错知识（隐性知识）。其次，在差错知识共享和扩散阶段，知识管理实现的手段或方式是差错学习，通过学习才能实现对外部差错知识的同化和顺应，而知识共享和扩散的结果则体现为个体、团体和组织的知识数量与质量在提升。最后，知识的转化与创新应用过程，即“做中学”。差错知识的转化，则是指在组织情境中将知识转化为解决问题的能力、技巧和经验，并在工作场中灵活创新，差错学习也发挥着重要的助推作用。

4.2.4　差错管理视角下的差错学习

差错管理理论是研究关于应对组织差错的措施、方法、态度和实践框架。首先，差错管理理论认为差错可能给产品、服务和管理的质量带来问题，甚至产生严重的后果，同时也认为差错会给组织带来学习、变革和创新机遇（Keith and Frese，2008）；其次，差错管理理论采用系统方法激起对于差错的建设性讨论和分析，这其实是差错归因的过程，也是寻找导致差错问题的根源；再次，差错管理理论认为在组织管理中应积极地处理差错，解决差错或减轻由差错带来的不良后果，同时鼓励员工间进行差错信息的交流，从而在组织内产生更为深入的理解和反应（Reason，1995）（这也是组织学习和知识管理的过程）；最后，差错管理采用无责方法积极营造组织安全文化从而推动组织学习，避免或降低由差错产生的负面效应，同时完善组织生产、服务和管理中的知识体系，提高绩效（van Dyck et al.，2005）。无责方法是差错管理理论所推崇的差错文化构建的策略，认为对于失败和事故，应当去追责担责主体，而差错行为不可避免，并不能等同于失败和事故，应当以系统的方法去探寻引起差错的原因。

从差错管理理论核心观点看，差错管理与差错学习既相互区别，又存有交集。差错管理的目标是组织通过资源、战略和工具等以减少差错，或者以避免由差错进一步引发事故征候、事故和失败的发生。差错学习，其目标是提升组织中相关主体的差错知识、差错能力和差错智慧，以促进组织差错能力的整体性提高。二者间的关系是后者是前者的手段，前者是后者的基础，即差错学习提高了组织差错知识和能力，因为差错学习必然会降低差错行为发生的概率，从而进一步减少了由差错引发的失败和事故。同时，差错管理为差错学习提供了学习的对象、学习的环境、学习氛围以及各种支持资源等，是差错学习的必要条件。

应该指出的是，本书差错管理、差错学习、差错知识管理在组织情境中，并非都是独立的过程。换言之，它们分别属于组织管理、组织学习的组成部分或某个方面。虽然主题是差错研究，但是问题应是相互联系的，差错管理与组织管理的各个方面是普遍联系的，不能只是孤立地应对和处理差错；差错学习属于组织学习的组成部分，差错培训并不是只让员工以差错为题材进行专门学习，而是组织培训的一种方式，即把操作规则、规章制度等借助差错这一载体，使组织培训更有效，更贴近真实的组织作业情境；差错知识管理也是知识管理的组成部分，可以建立差错信息库、差错知识库、差错策略库等。最后，强调一点，差错管理、差错学习和差错知识管理，三者之间也并非完全分开的，相互间是彼此联系的，甚至同为组织管理过程中的并发行为，当差错发生后，差错管理、差错学习和差错知识管理过程就同时启动了，这也在后面的模型验证中得到确认。

4.3　组织差错学习绩效影响因素间关系假设模型及变量选择

4.3.1　组织差错学习绩效的影响因素

（1）主体学习的影响因素。影响学习的因素甚多，相关研究也不尽相同。但是从各种学习的界定中可以看出，无论学习主体是谁、学习形式如何、学习环境在哪等，其学习要素一般包括学习情境（问题情境）、学习者（主体）、学习对象（客体）、学习结果（输出）。有学者认为有效学习活动发生的五个条件包括：以真实问题为起点；以学习意愿为动力；以学习活动的体验为外显行为；以分析性思考为内隐行为；以指导、反馈为外部支持（黄荣怀等，2010）。如果将影响学习的因素进行归类合并的话，那么主体学习发生的条件可以确定为三个方面：学习的动机（问题或需要）、学习的对象（知识或技能）以及学习行为发生的环境，具体见图 4-2。

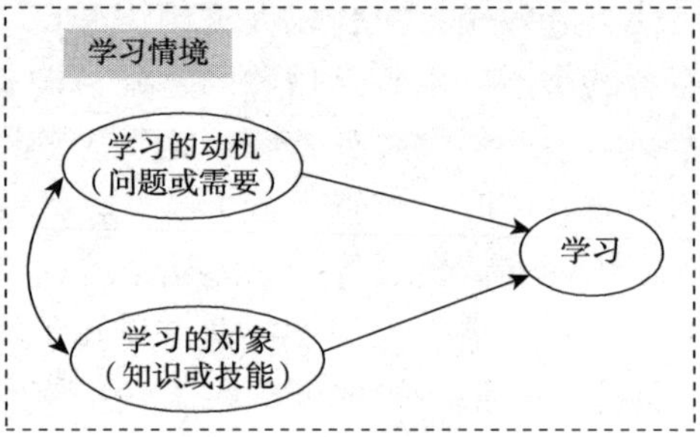

图 4-2　学习发生的影响因素示意图

（2）组织差错学习绩效的影响因素。如前所述，学习绩效影响因素主要包括学习动机和学习对象。显然，对于组织差错学习来说，它属于组织学习以及学习的子类。首先，组织学习环境已经隐含于概念之中——组织情境中，见图 4-3 的虚线框，即差错发生在组织情境中，差错学习主要发生在学习情境中。其次，组织差错学习的主体是组织中的各类主体，包括个体、团体和组织。最后，影响组织差错学习能否发生的条件主要包括两个方面：差错管理和知识管理，见图 4-3。

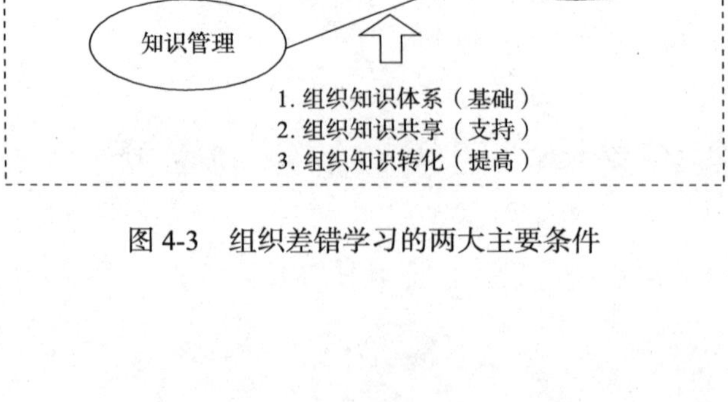

图 4-3　组织差错学习的两大主要条件

这里的差错管理既代表组织对于组织差错进行的管理，也涵盖组织差错管理文化，或者组织差错管理氛围，也包括组织中有关差错管理的规章制度、操作规范等。一方面，以组织差错（问题）为中心，监测差错、发现差错、分析差错、纠正或利用差错、反思和总结差错的过程，是一个解决问题的过程；另一方面，更为重要的是，通过差错管理为组织差错学习营建一个积极的差错文化氛围，同时为组织差错学习提供学习动力和学习需求——差错需要解决，激励主体产生学习的动机，即差错管理是差错学习动机的来源，这方面的研究已经被国内外相关研究成果所体现（洪自强，2000；王重鸣等，2008；van Dyck et al.，2005；Heimbeck et al.，2003）。在 2.1 节、2.2 节、2.3 节以及本章的前几节中，对相关内容有所阐述，较为清晰地描述了组织差错管理与差错学习的关系。

第一，组织差错管理与组织差错学习绩效。学习绩效是学习的输出情况，即通过学习，主体在经验、知识、技能上的获得，及其在工作上实现工作业绩的提升、问题解决能力的提高、创新机遇的把握等。同样地，组织差错学习绩效输出可以从学习的直接效果来评价差错知识和差错能力的提升，以及通过组织差错学习的间接效果来评价工作中绩效和创新能力的提高。组织差错管理能够对组织差错学习的动机产生影响，那么，对组织差错学习绩效是否也会产生相应的影响？见图 4-4，如果将差错学习替换为差错学习绩效，那么差错管理能够对差错学习产生影响的因素是否同样对于差错学习绩效输出产生影响，如环境因素、差错管理文化氛围等。但是，差错管理对组织差错学习绩效输出是否产生影响，这方面尚未得到相关研究者的关注。如果从已有研究成果出发认为组织差错管理对于差错学习的发生产生影响，是否差错管理对于组织差错学习绩效输出也会产生影响。因此，本书期待对此进一步深入研究，于是提出假设 1，见图 4-5。

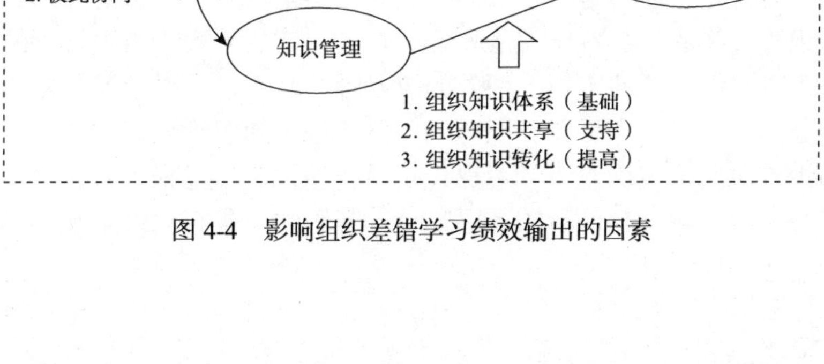

图 4-4　影响组织差错学习绩效输出的因素

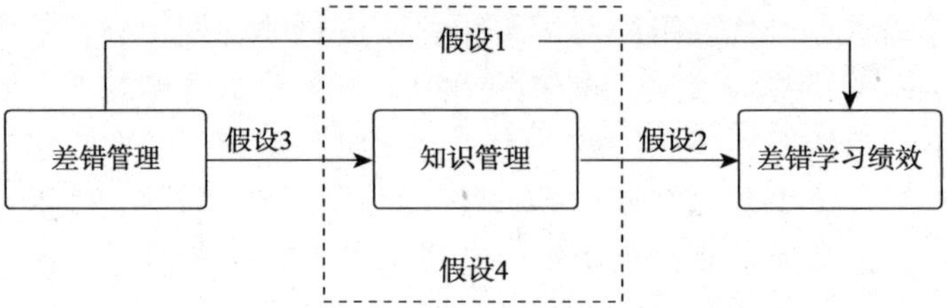

图 4-5　组织差错影响因素模型概念框架

假设 1：差错管理与组织差错学习绩效呈显著正相关。

第二，知识管理与组织差错学习绩效。在第 2 章的 2.3 节、2.4 节中，已经就知识管理和组织学习进行了论述，知识管理以组织知识为中心，可促进组织中的知识转移、扩散、融合和转化，并以提高组织中各级主体的知识和能力为目标。由此可以发现，知识管理过程的实施必然与组织学习绩效相联系，组织学习是实现组织知识管理的重要手段和方法。在第 3 章，从情报学视角阐述差错信息、差错知识的来源、利用和管理，提出差错知识是组织知识管理的重要对象，也是组织差错学习资源。在本章的 4.1 节、4.2 节，阐述学习发生的条件，指出知识和技能是学习的重要内容，而通过知识管理将为组织差错学习提供学习对象和学习资源——差错信息、差错知识和差错技能。因此，组织知识管理对于组织差错学习绩效输出应该有正向的作用。由此，本书提出假设 2。

假设 2：知识管理与组织差错学习绩效呈显著正相关。

（3）差错管理与知识管理。①差错管理属于组织运作流程的管理。在前面 2.1.2 小节中，通过差错溯因可知，个人经验、知识和能力的不足往往是差错发生的重要原因之一。而且差错是在组织情境中发生的，是人—环境的交互作用下产生的差错行为。因此，组织作业流程、管理环节等存在着差错，这是组织差错的重要方面，也是往往被忽视的问题，说明组织知识体系不完善。②知识管理主要是对组织中的信息、知识和技术等相关要素的管理。在 2.2 节中，提出了在组织知识结构体系中存在着结构洞，阻碍了组织的知识传播与扩散。第 3 章中论述了差错行为产生了各种数据和信息，差错可带来总结和反思，均是组织知识的来源。在 2.4 节中，我们论证了知识管理就是不断地推动组织中各级主体知识的传播与扩散、迁移与转化、融合与创新等。③二者间相互关系。基于前面的分析，差错管理和知识管理间的关系就比较清晰了。首先，它们同属于组织管理的范畴，共同目标是保障组织目标的实现、绩效的改善等；其次，差错学习是差错管理过程中解决问题的重要工具和手段。同时，差错管理为知识管理提供了数据、信息、经验和知识等对象。组织差错学习也正是组织知识管理过程中将差错知识进行共享、迁移和扩散、融合与创新的重要过程。基于此，我们提出假设 3 和假设 4，

图 4-5 为组织差错影响因素模型概念框架。

假设 3：差错管理与组织知识管理呈显著正相关。

假设 4：组织知识管理在差错管理和差错学习绩效之间起着中介作用。

4.3.2 差错管理、知识管理与差错学习绩效的表征维度

（1）表征差错管理的结构性维度。差错是任何组织不可避免的行为之一，且差错又是多种事故、事故征候、失败的前因之一。因此，组织，尤其是高可靠性组织对于差错管理非常重视，如核电企业、医院、煤矿、交通等。差错管理是组织管理的重要组成部分，涉及组织的各个层面、流程和要素的管理。

测量或评估组织差错管理的影响因素怎样确定，虽然国内外相关研究成果很多，但是这些研究将差错管理的某一个方面代表差错管理的所有要素，如差错取向（Rybowiak et al.，1999；Arenas et al.，2006；李敏和杜鹏程，2014）、差错管理取向（Korsten et al.，2004；王重鸣等，2008）、差错动机（Keith and Frese，2005；Schell，2012）、差错管理文化（van Dyck et al.，2005；剧晓红等，2017）、差错管理氛围（Cigularov et al.，2010；尹奎等，2016）、差错管理体制（陈文沛，2013）等。在这些研究中涉及差错管理的要素包括差错能力、差错学习、差错风险、差错张力、差错评估、差错掩盖、差错沟通、差错反思、差错胜任、差错文化、差错报告、差错领导、差错管理体制……。如此之多的范畴、概念或领域，毫无疑问，这不是单个术语或概念所能涵盖的。例如，取向往往代表的是主体对某件事情（或现象）在价值、情感上的判断，一般在认知和态度上反映出来。动机是由一种目标或对象所引导、激发和维持的个体活动的内在心理过程或内部动力，是人类大部分行为的基础。管理文化是基于企业管理而形成的核心价值观、行为准则、精神和理念，主要体现在组织理念（包含认知、态度和动机）、组织规章制度、组织氛围中。国内不少学者使用组织差错文化、组织差错氛围、组织差错气氛、差错管理氛围、差错管理气氛等概念，从本质上来看，具有同一性。因此，本书采用差错管理文化变量来涵盖这些范畴。管理体制主要是组织管理系统的结构和组成方式，属于保障体系。管理操作则是针对组织中具体事务采取的方法和策略等。

这些研究在差错管理的结构维度划分上既有共性的地方，但也有分歧。分歧主要表现在相关属性内涵上的理解有差异，或以偏概全，即以差错管理中子领域覆盖整个差错领域。或是误归了概念的属性范围，如将差错处理放置于差错取向

范畴内；或将与某领域有交叉的领域划归于该领域，如差错学习是组织学习或培训系统的重要方面之一，差错管理的主要任务是差错侦测、发现、探询、处理和总结。因此，本书在综合已有各种差错量表和问卷基础上，从差错管理的结构维度出发，对差错管理中相关领域进行合并或重新归类，并与相关领域专家进行咨询，最终将差错管理分为三个维度：差错文化（error culture，EC）、差错体制（error system，ES）、差错处理（error operation，EO），具体见表 4-1。其中，差错文化主要涉及组织理念、制度、氛围构建层面；差错体制主要涉及管理层及管理系统的建设层面；差错处理则涉及具体差错处理流程层面，包括差错学习的促进。如前论述，本书将组织差错学习单独作为一个领域进行分析。

表4-1 结构维度上差错管理指标项的选择与解释

<table>
<tr><th>变量</th><th>指标项</th><th>相关研究者的成果</th><th>指标项解释</th></tr>
<tr><td rowspan="9">差错管理（EM）</td><td rowspan="3">差错文化（EC）</td><td rowspan="3">（Rybowiak et al.，1999）
（Korsten et al.，2004）
（王重鸣等，2008）</td><td>差错认知：能够知道并理解差错行为的本质、原因、可能带来的挑战与机遇</td></tr>
<tr><td>差错态度：对于差错持有的倾向，是否能积极对待差错，是否带来压力或紧张，如何判断差错</td></tr>
<tr><td>差错氛围：组织内工作环境是否有利于差错的处理（是否有歧视），人际关系是否有利于差错信息的传播或差错的解决等</td></tr>
<tr><td rowspan="3">差错体制（ES）</td><td rowspan="3">（Zhao and Olivera，2006）
（陈文沛，2013）
（李晓翔等，2016）
（李忆等，2015）
（Putz et al.，2013）
（Bauer and Mulder，2007）</td><td>差错制度：组织上是否制定了完备的差错管理的规章制度，工作场操作手册是否有规范、详备的操作步骤，是否有相应的差错处理规范流程</td></tr>
<tr><td>差错报告：差错报告系统的建立，差错报告系统的使用</td></tr>
<tr><td>差错领导力：组织管理层是否重视组织差错，对差错预警、响应、处理、总结和反思的领导能力</td></tr>
<tr><td rowspan="3">差错处理（EO）</td><td rowspan="3">（Rybowiak et al.，1999）
（洪自强，2000）
（Putz et al.，2013）
（Keith，2011）</td><td>差错处理方法：积极的差错处理，差错信息交流和传播，差错纠正方法的共享和探讨</td></tr>
<tr><td>差错归因反思：差错归因主要是从系统视角、环境视角、组织视角、知识系统等多维度探查，不追责某个体</td></tr>
<tr><td>差错学习：强化差错培训；激励相关主体进行差错学习</td></tr>
</table>

（2）表征知识管理（knowledge management，KM）的过程性维度。国内外关于知识管理测度或评估的研究成果非常丰富和多元，但是针对知识管理过程的测度相比较而言不多。而且本书中知识管理着重在于差错知识管理，或者说管理对象为差错知识，具有一定的特殊性，也是差错知识管理的关键。主要内容包括①差错知识的形成。差错知识创造过程虽然遵循信息链的形成过程，但是其过程更为复杂，它是主体通过试错、纠错和反思获得的。②差错知识的转移和扩散。差错知识多属于隐性知识，不易通过言语或书面表述出来，更不易于分享和转移。这两个方面恰是本书知识管理所要重点关注的。

关于知识管理过程，差异性较大。Spender（1996）认为知识管理过程包括三个过程：知识创造、知识转移和知识利用。Alavi 和 Leidner（2001）认为知识在组织内流动的四个过程包括知识创造、知识储存和检索、知识转移、知识利用。韩维贺等（2006）在综合国内外相关研究成果的基础上，认为知识管理过程包括知识创造过程、知识组织过程、知识转移过程、知识应用过程，并开发出了相应的测量量表。本书关注的焦点是差错知识管理，包括差错知识创造（knowledge creation，KC）过程、差错知识组织（knowledge organization，KO）过程和差错知识转移（knowledge diffusion，KD）过程，见表 4-2，并对相关知识管理测量维度和项目进行调整。

表4-2　过程维度上知识管理的指标项的选择与解释

变量	指标项	相关研究	指标项解释
知识管理（KM）	知识创造（KC）	（Nonak，1994）（Choi and Lee，2002）	共同化，即主体进行经验分享，并由此创造具有共同心智模式和技能等相关隐性知识的过程
			表出化，是将隐性知识转化为显性知识的过程，一般可用比喻、类比、概念、假设或模型等方式将隐性知识转化为显性知识，这个阶段是知识创造的核心
			联结化，是指将各种概念进行综合形成知识体系的过程。这个过程包括将不同的显性知识联结在一起，如组织制度、操作规程等
			内在化，是显性知识内化为隐性知识的过程，而“做中学”就是很重要的方法之一
	知识组织（KO）	（Alavi and Leidner，2001）（Stein and Zwass，1995）	存储，是指以某种形式、体系对各种知识进行保存，并形成组织知识库
			检索：支持对知识库中各类知识进行快速、准确和全面的检索
			维护：定期或不定期对知识库进行更新、新增、删除、备份等操作
			保护：保护属于组织的核心知识产权、拥有专家知识的专家
	知识转移（KD）	（Davenport and Prusak，1998）（Darroch，2003）（Huber，1991）（Szulanski，1996）	获取：知识的获取途径、方式和成本等
			扩散：知识在组织内各类主体间的传播
			吸收：知识在组织内被相关主体内化至知识结构或能力结构体系中

基于上述维度的分析，本书对于知识管理影响因素的考察，主要从差错知识的创造、差错知识的组织、差错知识的传播三个维度进行测度。

（3）表征差错学习输出（learning from errors，LFE）的结果性维度，见表 4-3。差错学习属于组织学习的一个子类，差错学习过程是主体内部的心理认知过程，是内隐的，难以直接去测量差错学习绩效的具体情况。但是，我们可以通过其外显行为、行为表征或行为输出结果来测度，而差错学习的输出主要表现在三个方面，分别如下：完善组织差错知识（knowledge of errors，KOE）体系、提升组织差错技能（competencies of errors，COE）、提高组织绩效与创新（performance and innovation，PI）水平。目前，对于差错学习绩效输出的结果测度主要体现在差错知识和差错技能层面，而在绩效与创新层面，相关研究不多，我国部分学者探讨了差错管理氛围或文化对于创新行为、创造力的影响（朱颖俊和白涛，2011；张宁俊等，2015；尹润锋，2012a）。在此基础上，本书拟结合相关研究成果确定绩效和创新水平的测度指标（表 4-3）。

表4-3　结果维度上差错学习输出指标项的选择与解释

变量	指标项	相关研究	指标项解释
差错学习输出（LFE）	差错知识（KOE）	（Rybowiak et al.，1999）（Putz et al.，2013）（Zhao，2011）	差错知识，即通过差错培训和学习，获得差错知识
			差错经验，即通过对他人或自己的差错总结、反思或学习，获得经验或教训
	差错技能（COE）	（Rybowiak et al.，1999）（Chiva et al.，2007）（Ivancic and Hesketh，2000）	差错感知能力，即能够在早期发现差错出现的能力
			差错分析能力，即在差错发生后具有对之分析的能力
			差错纠正能力，即能够在差错发生后及时纠正差错
			差错反思能力，即能反思发生的差错，发现新的技能
	绩效与创新水平（PI）	（March，1991）（Jiménez-Jiménez and Sanz-Valle，2011）（Rybowiak et al.，1999）（van Dyck et al.，2005）（张宁俊等，2015）（尹润锋，2012a）（朱颖俊和白涛，2011）	绩效改善，即通过差错学习，个体、团体和组织绩效得到有效改善（差错减少，避免了事故和失败）
			流程再造，即通过差错学习，组织结构、流程和管理战略等体系得到了改善和优化
			创新机遇：通过差错学习，实现了产品创新、过程创新、管理创新

4.3.3　问卷设计

（1）问卷项目的设计。在 4.3.2 小节中，分别从组成要素的结构视角分析了表征差错管理的变量以及相应的研究依据。从过程视角分析了表征知识管理的变量和已有的理论研究。从绩效输出视角分析了表征差错学习的变量以及主要研究根据。依照变量的内涵以及已有相关研究成果，特别是将已有不同研究中测度量表作为参考，结合本书的目标，确定了三个构念维度：差错管理、知识管理和差错学习绩效。其中，考虑到在不同研究成果中，将差错文化与差错氛围分开研究，为了验证我们前面的理论判断（差错文化和差错氛围属于同一内涵的变量），差错管理影响因素设置了差错文化、差错氛围、差错体制和差错处理等 4 个变量 18

个测度题项；知识管理影响因素设置了知识创造、知识组织和知识传播等 3 个变量 15 个测度题项；而差错学习绩效因素则是从差错学习的绩效输出（包括直接输出和间接输出）方面设置了差错知识、差错技能和绩效与创新 3 个变量 15 个测度题项。

这样，构建了影响组织差错学习因素的初始问卷，共 10 个变量，48 个测度题项。问卷填写采取利克特五点量表，被访者可根据自己的理解和认识来选择这些题项所描述的符合程度，其中“1”代表“非常不符合”、“2”代表“不符合”、“3”代表“基本符合”、“4”代表“符合”、“5”代表“非常符合”；有的题项则是以“重要”替代“符合”，次序赋值不变。

（2）问卷的预测。初始问卷的预测是利用在线问卷平台进行，邀请在教育、企业、政府、医疗等性质的单位员工 82 人参与测试，最终回收有效问卷 71 份。问卷的信度是检验各变量衡量题项的可信度，问卷的 Cronbach's α 值达 0.869，除去两个题项信度较低，其余题项信度均达到 0.8 以上，说明问卷题项具有良好的内部一致性。在问卷的效度分析上，KMO（Kaiser-Meyer-Olkin）值为 0.865，说明问卷可以做因子分析。

（3）问卷的调整。在结合 SPSS 的分析之后，邀请三名专家分别对问卷进行咨询（通过网络联系形式）。通过专家的问卷反馈，并结合对初测问卷的信度效度分析和因子分析，对问卷进行相应的处理和调整：首先，对于信度小于 0.5、因子特征值大于 1、在两个或两个以上因子上负荷比较高等因子筛选标准进行判断。通过分析发现，差错氛围和差错文化与同一个因子相关，且也得到相关专家的认可，所以，将二者合并为一个维度——差错文化。其次，“组织差错输出绩效”维度中“绩效与创新”变量包含着两个不同方面（直接输出和间接输出）的内容，因此，修正为差错（学习）绩效和组织改革创新两个子变量。再次，相关几个测度题项在测试中所得结果差异性很大，专家认为：测度题项设计本身存在问题，并进行了修改。例如“组织不应责备出差错的员工”，这旨在测试无责备差错文化是差错管理的重要理念，易误导受调查者，改为“当组织中出现了差错，但并没有产生恶性影响时，不应处罚出差错的员工”。最后，有两个题项与其他题项在内涵上有重复或相关分析指标值达不到要求，删去。

为使研究结论更为可靠、有效，每个潜在因素至少要有 3 个测量试题，5~7 题为佳（Herbert et al.，1998）。因此，二、三、四部分对每一个测度指标均编制了至少 3 个测量试题。另外，考虑到一些受调查者不了解组织差错学习，因此，在调查问卷指导语之后有三点解释，即对差错概念、差错学习概念、测试题选项的选择进行了说明。研究证实五点量表法在利克特量表中具有较高的内部一致性（吴明隆，2000），所以问卷二、三、四部分采用利克特五点量表法，被试可根据实际情况选择对应程度的选项：非常不符合、不符合、基本符合、符合、非常符合；或者选择：非常不重要、不重要、基本重要、重要、非常重要等选项。经过处理后，差错管理影响因素设置了差错文化、差错体制和差错处理方式等 3 个变量 15 个测度题项；知识管理影响因素设置了知识创造、知识组织和知识转移等 3 个变量 14 个测度题项；而差错学习绩效因素则从差错学习输出（包括直接输出和间接输出）方面，对变量进行了调整，设置了差错知识、差错技能、差错绩效与改革创新 4 个变量 14 个测度题项。这样，形成了影响组织差错学习因素的正式问卷，共 10 个变量，43 个测度题项，具体见表 4-4。

表4-4　组织差错学习绩效影响因素问卷测度题项一览表

变量	子变量	编号	测量题项
差错管理（EM）	差错文化（EC）	EC1	我觉得差错会给组织带来较为严重的问题或后果
		EC2	我认为差错也会促进我们工作的改善
		EC3	我认为积极的差错态度将有效缓解差错带来的紧张或压力
		EC4	我认为当出现差错时，应向组织提供自己或他人的差错信息（便于组织及时地处理差错）
		EC5	我认为当出现差错时，管理者不应只是责备员工，而应积极了解具体情况
		EC6	我认为坦诚的差错问题交流和合作的氛围有助于差错管理
	差错体制（ES）	ES1	对于差错管理，我觉得建立差错培训体系是必要的（对员工进行差错培训）
		ES2	对于差错管理，我觉得制定相应的规章制度和操作说明书是必要的
		ES3	对于差错管理，我觉得建立与使用差错报告系统是必要的
		ES4	对于差错管理，我觉得领导应具备积极的态度和相应的差错处理知识与能力
	差错处理方式（EO）	EO1	对于差错处理，我认为员工应具备一定的差错处理方法
		EO2	对于差错处理，我认为组织应该建立收集差错信息的系统
		EO3	对于差错处理，我认为需要从员工和组织等方面出发寻找差错发生的原因
		EO4	对于差错处理，我认为与差错处理相关的信息资源可以成为组织的学习资料
		EO5	对于差错处理，我认为组织应鼓励员工和团体从差错中学习
知识管理（KM）	知识创造（KC）	KC1	我觉得组织应积极鼓励员工从各种渠道收集差错信息（差错类别、特征、解决方案等）
		KC2	我觉得组织应该鼓励员工探索差错解决的策略和办法
		KC3	我觉得组织应鼓励举行各种差错相关的经验交流活动
		KC4	为了减少差错的再次发生，我觉得组织应及时更新其规章制度、操作规程
		KC5	我觉得组织应该鼓励有经验的员工帮扶（带徒弟的方式）新员工或经验不足的员工
	知识组织（KO）	KO1	为了收集差错信息、知识等，我认为组织需要建立差错信息管理系统
		KO2	我认为组织应帮助员工检索和使用信息系统中的差错知识
		KO3	我认为组织应指派专人定期整理差错信息系统，形成指导性的工作文件（如工作手册或者规范等）

续表

变量	子变量	编号	测量题项
知识管理（KM）	知识转移（KD）	KD1	员工愿意将差错相关经验和技能通过多种形式分享给他人
		KD2	员工能够用恰当的形式将差错相关经验和技能分享给他人
		KD3	员工愿意接受其他员工传授的各种差错处理的知识和经验
		KD4	员工具备接受其他员工传授的各种差错处理的知识和经验的能力
		KD5	员工愿意向传授差错知识和技能的员工或组织进行积极地反馈
		KD6	员工具有向传授差错知识和技能的员工或组织进行反馈的能力
差错学习输出（LFE）	差错知识（KOE）	KOE1	通过差错学习，我觉得员工会改变对于差错和差错资源的态度
		KOE2	通过对他人或自己差错的反思，我觉得员工能获得差错经验
		KOE3	通过差错培训或学习，我觉得员工会掌握差错相关的知识
		KOE4	通过差错学习，我觉得会提高整个组织的知识水平
	差错技能（COE）	COE1	通过差错学习，我认为能够提高员工早期发现差错的能力
		COE2	通过差错学习，我认为能够增强员工差错原因的分析能力
		COE3	通过差错学习，我认为能够提升员工及时纠正差错的能力
		COE4	通过差错学习，我认为能够提升整个组织的差错能力（发现、分析和纠正差错的能力）
	差错绩效（POE）	POE1	我觉得差错学习能够有效减少员工差错行为的发生
		POE2	我觉得差错学习能够有效减少员工失败、事故等情形发生
		POE3	我觉得差错学习能够有效改善员工和单位的工作绩效
	改革创新（R&I）	R&I1	通过差错学习，我认为能够推动组织生产流程的改革
		R&I2	通过差错学习，我认为能够促进组织管理结构的优化和改革
		R&I3	通过差错学习，我认为能够推动组织创新（包括产品、过程和服务上的创新）

4.4　组织差错学习绩效影响因素统计分析

4.4.1　运用 SEM 进行分析

（1）基本原理。SEM 是一个基于统计技术的新颖研究方法及量化研究范式，对变量关系的处理更具弹性，能够同时处理多个潜变量数据，以及能够处理模型的假设、评价、验证。SEM 的重要特性是检验模型中潜在构念之间内在的结构关系。一般来说，一个完整的 SEM 包含两种模型：测量模型与结构模型，前者可验证观察变量与潜变量之间的关系，单独使用时为验证性因素分析；后者则用来估计潜变量之间的关系，单独使用时则为传统的路径分析模型（邱皓政和林碧芳，2009）。同时包含这两个模型的 SEM 则称为统合模型。

（2）样本估算。SEM 可以处理变量关系更为复杂、变量数目众多的任务，但是需要使用大样本数据，样本数量会影响结果的稳定性和配适指标的适用性。一般地，当样本数量低于 100 个时，SEM 分析结果则表现不够稳定。高可靠性和大样本能够减少整体误差，提高参数估计的精确度和置信度（Iacobucci，2010）。有学者认为观察变数与样本数之比应在 1:10~1:15，且样本数量为 200~400 个较适合（邱皓政和林碧芳，2009）。

（3）SEM 流程。SEM 分析包括两个阶段，执行流程见图 4-6。主要步骤包括：①理论发展，主要是对相关模型的理论基础进行梳理和分析。②模型界定，基于文献梳理和理论假设建立理论模型，并将模型及假设转换成可识别的 SEM 技术语言。③模型识别，模型识别包括对整体模型、测量模型、结构模型、潜在变量的识别。④抽样与测量，根据统计测量的相关理论和要求，进行测试，获取数据。⑤参数估计，选择合适的方法估计各参数，如最大概次法、一般化最小平方法等。⑥模型拟合评鉴，以支持虚无假设的形式评估 SEM 假设模型与观察数据是否适切，包括卡方检验、适合度指数、替代性指数、残差分析指数四种拟合指数。⑦模型修饰，当 SEM 与数据拟合度不理想时，可从数据、模型、变量、方法等着手提高模型的拟合度或估计参数值。

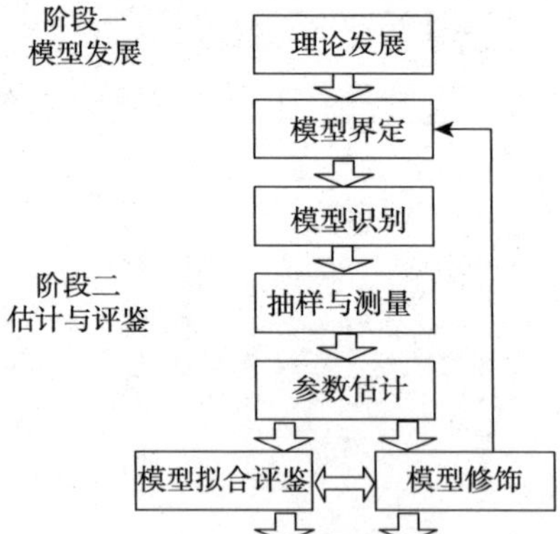

图 4-6　SEM 执行流程

（4）中介效应。在对 SEM 的结构模型进行路径分析时，可能存在潜在干扰变量或观察干扰变量 Mo，它对自变量 X 与因变量 Y 有调节作用，改变 X 与 Y 之间相关的强度或形式，具体分为单一因子中介模型、二因子有因果关系中介模型、二因子无因果关系中介模型、多因子中介模型，依据不同类型选择对应的检验方式（Shrout and Bolger，2002）。本书主要判断知识管理在差错管理与差错学习绩效输出关系上所产生的作用。

4.4.2 问卷统计调查的实施

4.3.3 小节中，在问卷的预测分析和专家咨询的基础上，对预测问卷进行修改和完善。删去不符合统计学测度标准的题项；修改或调整相关语言表述，消除语言表述模糊或易产生歧义的题项，构建出组织差错学习绩效影响因素问卷，问卷选项采用利克特五点量表法。问卷的基本信息收集，选择了性别、年龄、工龄、学历、职称、职位等六个方面。完整的问卷分为四大部分：基本信息、差错管理影响因素、知识管理影响因素、差错学习绩效输出表征因素等。10 个变量：差错文化、差错体制、差错处理、知识创造、知识组织、知识转移、差错知识、差错技能、差错绩效、改革与创新。共 49 个题项：基本信息 6 个题项，其余 43 个题项分布于各维度，同一测度指标的测量试题放置一起，以减轻认知负荷。完整调查问卷见附录。

问卷主要在某网络问卷平台发布，通过邀请填写的方式进行作答。尽管差错是任何组织中均可能发生的组织行为，但是，由于组织类型的差异，在差错问题的态度上也有显著的不同，一般地，高可靠性组织更为重视差错管理、差错学习。基于此，我们在调查对象上，有针对性地选择组织类型，如医院、化工、煤矿、电厂等企业类型，然后再采用偶遇抽样（朱远程等，2003）的调查方式，就是通过网络通信软件，如微信、QQ 等方式，邀请特定对象群体参与问卷调查。同时，我们还考虑更广泛地邀请各类组织的员工参与网络问卷调查，以获得普遍性的数据。问卷发放的主要途径有四个：第一，分别委托江苏省南京市和安徽省合肥市两家医院的两位专家在各自内部微信群或 QQ 群中邀请医生或护士填写；第二，通过浙江省知名企业科技发展部经理邀请化工企业职工参与填写；第三，通过某矿务局负责煤矿和电厂安全培训的工作人员，邀请相关学员填写问卷；第四，邀请同学或同事（他们一般在大型企业、政府、事业单位等），填写问卷。

在本次问卷调查中，首先，依据样本选取标准，本书预发放网络问卷 300 份。与预测问卷实施方式相同，借助问卷星发放网络调查问卷，共回收问卷 316 份，以被试填写问卷时间（“80 秒及以下”）、重复填写的 IP 地址、答案同一性等为筛选条件，其中有效问卷占 310 份，无效问卷占 6 份，有效回收率 98.1%[①]，310 份问卷符合 SEM 大样本分析的要求。

① 这里的有效问卷百分比，是指在问卷平台中有效的回收问卷数量与总的回收问卷数量的比值。

其次，模型界定。①模型中有 43 个测量变量、10 个一阶潜变量、3 个二阶潜变量，每个测量变量仅与某一阶潜变量相对应；②模型中 43 个测量残差的变异量自由估计、相互独立。本书的 SEM 包含了测量模型与结构模型，且潜变量的估计是建立在多个测量试题所形成的测量模型之上的，因此组织差错学习绩效影响因素的 SEM 属于典型的统合模型。

最后，在组织差错学习绩效影响因素 SEM 中，组织差错管理和组织知识管理对组织差错学习产生影响，而组织差错管理又影响组织知识管理，即组织知识管理可能是组织差错管理与组织差错学习二者之间的中介变量，因此，该模型属于因子中介模型。此外，鉴于 AMOS 软件应用广泛、功能完善，因此利用 SPSS 16.0 及 AMOS 21.0 绘制组织差错学习绩效影响因素的 SEM，并利用问卷数据验证研究模型及假设。

4.4.3　样本基本特征分析

（1）描述性统计。对本次调查的样本人口学特征的描述性统计分析结果表明（表 4-5），以男性居多，为 196 人，占比 63.2%，这符合社会对男女角色的期望与定位；被试年龄、工龄及文化程度覆盖范围较为广泛，每一区间内均有参与被试，其中年龄在 26~35 岁者居多，为 149 人，工龄在 10 年以上者居多，占 53.2%，文化程度为本科者最多，为 175 人。另外，所调查的职工对不同层次的职称和职位皆有所涉及，包括从无职称到高级职称，从领导者到一线员工。鉴于以上分析，本次调查样本具有相当的代表性，他们对于组织内的差错管理、差错学习、知识管理具有清晰的认知，所得到的问卷数据可信且可靠，组织差错管理、组织知识管理、组织差错学习三者之间确实存在一定的影响关系，且其因果关系或中介效果值得进一步研究和证实。

表4-5　描述性统计分析结果

调查维度	选项	样本数/人	百分比
性别	（A）男	196	63.2%
	（B）女	114	36.8%
年龄	（A）25 岁及以下	7	2.3%
	（B）26~35 岁	149	48.1%
	（C）36~45 岁	81	26.1%
	（D）46~55 岁	68	21.9%
	（E）56 岁及以上	5	1.6%

续表

调查维度	选项	样本数/人	百分比
工龄	（A）2 年及以下	13	4.2%
	（B）3~6 年	39	12.6%
	（C）7~10 年	93	30.0%
	（D）11 年及以上	165	53.2%
文化程度	（A）高中及以下	30	9.7%
	（B）专科	43	13.9%
	（C）本科	175	56.5%
	（D）硕士	54	17.4%
	（E）博士	8	2.6%
职称	（A）无	94	30.3%
	（B）初级	72	23.2%
	（C）中级	104	33.5%
	（D）高级	40	12.9%
职位	（A）一线员工	9	2.9%
	（B）基层管理者	75	24.2%
	（C）中层管理者	84	27.1%
	（D）领导者	142	45.8%

（2）正态分布检验。当利用 SEM 进行统计分析时，要求数据是连续型数据且呈正态分布，因此看调查样本是否符合正态分布。已有学者指出，当每一个题项偏度及峰度的绝对值分别小于 2 和小于 5 时，可以认为抽样数据服从正态分布（Curran et al.，1996）。从表 4-6 可以看出，样本中所有变量对应测量题项偏度的绝对值均小于 2、峰度的绝对值皆小于 5，数据呈正态分布，说明本次调查问卷结果适合进一步做 SEM 分析。

表4-6　正态分布检验结果

变量	题项	均值	标准差	偏度	峰度
差错文化	EC1	3.54	0.916	−0.169	−0.110
	EC2	3.69	0.864	−0.409	0.010
	EC3	3.82	0.923	−0.535	−0.141
	EC4	4.19	0.799	−1.155	2.235
	EC5	4.27	0.855	−1.341	2.212
	EC6	4.32	0.778	−1.405	3.129

续表

变量	题项	均值	标准差	偏度	峰度
差错体制	ES1	4.17	0.828	−0.913	0.958
	ES2	4.16	0.752	−0.832	1.289
	ES3	4.05	0.785	−0.490	−0.224
	ES4	4.33	0.669	−0.814	1.281
差错处理方式	EO1	4.17	0.730	−0.785	1.355
	EO2	4.09	0.727	−0.699	1.307
	EO3	4.26	0.711	−0.867	1.254
	EO4	4.14	0.740	−0.661	0.907
	EO5	4.27	0.727	−0.771	0.599
知识创造	KC1	4.11	0.716	−0.378	−0.298
	KC2	4.16	0.743	−0.703	0.666
	KC3	4.09	0.727	−0.445	−0.094
	KC4	4.15	0.738	−0.674	0.678
	KC5	4.33	0.673	−0.754	0.893
知识组织	KO1	4.13	0.738	−0.691	0.804
	KO2	4.06	0.780	−0.561	−0.002
	KO3	4.05	0.775	−0.667	0.793
知识转移	KD1	4.12	0.739	−0.533	0.274
	KD2	4.07	0.714	−0.475	0.486
	KD3	4.10	0.712	−0.747	1.643
	KD4	4.09	0.688	−0.423	0.521
	KD5	4.06	0.731	−0.541	0.557
	KD6	4.05	0.722	−0.389	−0.110
差错知识	KOE1	4.04	0.716	−0.381	−0.061
	KOE2	4.09	0.730	−0.488	0.315
	KOE3	4.00	0.713	−0.535	1.115
	KOE4	4.06	0.769	−0.755	1.073
差错技能	COE1	4.06	0.735	−0.830	1.674
	COE2	4.10	0.710	−0.582	0.798
	COE3	4.06	0.712	−0.581	0.854
	COE4	4.07	0.704	−0.552	0.825
差错绩效	POE1	4.05	0.736	−0.218	−0.704
	POE2	4.09	0.707	−0.456	0.122
	POE3	4.07	0.727	−0.369	0.001

续表

变量	题项	均值	标准差	偏度	峰度
改革创新	R&I1	4.02	0.739	−0.557	0.871
	R&I2	4.03	0.777	−0.550	0.470
	R&I3	4.02	0.776	−0.704	1.141

4.4.4　验证性因子分析

表 4-1~表 4-3 已经对各个研究变量和相应指标及其相互之间的关系作了详细说明，在此将组织差错管理、组织知识管理、组织差错学习绩效视为二阶潜变量，将差错文化、差错体制、差错处理方式、知识创造、知识组织、知识转移、差错知识、差错技能、差错绩效、改革创新等 10 个测度指标作为一阶潜变量，即涉及阶层测量模型。

本书涉及高阶验证性因子分析（high order confirmatory factor analysis，HCFA），它是对一阶验证性因子分析（confirmatory factor analysis，CFA）的简化，其配适度虽略低于 CFA，但其使得估计参数减少，目的在于简化结构模型（Doll et al.，1994）。当目标系数（一阶因子有相关卡方值、二阶模型卡方值）越接近 1 时，表示二阶模型越具代表性（Lai et al.，2010）。此外，在执行 SEM 之前需要单独对每一个潜变量进行验证性因子分析，修正各潜变量的 CFA 后再构成 SEM，若 CFA 品质不好，则 SEM 执行结果会很差，即好的测量模型是分析潜变量之间关系的前提。加之，James 等（1982）提出了两阶段策略（two-stage modeling）用以分析统合模型，第一阶段是确定测量模型的拟合性，第二阶段则评估结构模型的拟合性，这种做法广为学界采纳。因此，在验证组织差错学习的 SEM 及假设之前，首先需要对每个二阶潜变量进行 CFA 和 HCFA 分析。

第一，利用 KMO 值（用于比较变量间简单相关系数和偏相关系数的指标）及 Bartlett’s 球状检验（一种数学术语，用于检验相关阵中各变量间的相关性是否为单位阵，即检验各个变量是否各自独立）分别判断问卷二、三、四部分因素分析的适切性（吴明隆，2000），度量标准见表 4-7。一般地，KMO 值应该大于 0.7。

表4-7　因子分析适切性标准

KMO 值	因子分析适切性	KMO 值	因子分析适切性
0.90 以上	极适合进行	0.60 以上	勉强可进行
0.80 以上	适合进行	0.50 以上	不适合
0.70 以上	尚可进行	0.50 以下	非常不适合

第二，模型评鉴指数。无论是测量模型还是结构模型，都需要进行模型拟合度检验及修正。模型拟合度指理论模型与观察数据的拟合程度，同时代表参数估计、模型设定等的合理性。归纳并分析不同学者所提出的模型评鉴指数（Bentler，1992；侯杰泰，2004），本书所选取的模型拟合指数及标准见表 4-8，用以评估二阶潜变量验证性因子分析和组织差错学习绩效影响因素的 SEM，具体包括：①χ^2/df（正规卡方值），将模型复杂度考虑在内，理论模型与观察数据间的拟合；②RMR（均方根残差），反映假设模型的整体残差；③GFI（拟合优度指数），表示理论模型解释观察数据的程度高低；④NFI（规范拟合指数），理论模型与独立模型间的卡方差异；⑤CFI（比较拟合指数），其值位于 0 和 1 之间。其值大于或等于 0.95 表示模型可接受；⑥IFI（增量拟合指数），处理自由度和样本大小对 NFI 指数的影响；⑦AGFI（调整拟合优度指数），将自由度纳入后的拟合指数；⑧RMSEA（近似误差均方根），比较理论模型与饱和模型间的差异。

表4-8 模型拟合指数判断标准

拟合指数	判断值	
	理想	可接受
χ^2/df	<3	[3，5）
RMR	<0.05	
GFI	>0.9	[0.7，0.9）
NFI	>0.9	[0.7，0.9）
CFI	>0.9	[0.7，0.9）
IFI	>0.9	[0.7，0.9）
AGFI	>0.9	[0.7，0.9）
RMSEA	<0.08	[0.08，0.1）

第三，模型参数估计值、聚敛效度。从模型参数估计值（非标准化意义）可以看出每一观察变量的显著情况。聚敛效度是指使用不同的方法测量相同的特质或者构念的多个观察变量在该构念上的聚敛程度，若用不同的测量工具去测量同一个个体的结果时，聚敛效度高意味着观察变量在对应的因素构念上会有较高的因素负荷量，且观察变量间有较高的相关性，则聚敛效度高。因素负荷量（factor loading，λ）、组合信度（composite reliability，CR）、平均变异萃取量（average variance extracted，AVE）作为聚敛效度的常用评估方法，需满足条件：①λ>0.55，0.45~0.55 为普通；②CR>0.60；③AVE>0.50，0.36~0.50 为可接受门槛。其中，λ 指项目变异的被抽取量；CR 代表测量变量的变异量被潜变量解释的比例；AVE 是一个潜变量被一组观察变量有效估计的程度（Bagozzi，1981；Segars，1997）。

CR 和 AVE 的公式分别如下：

$$\mathrm{CR}=\left(\sum\lambda_i\right)^2\Big/\left[\sum\theta_{ii}+\left(\sum\lambda_i\right)^2\right] \tag{4-1}$$

$$\mathrm{AVE}=\left(\sum\lambda_i\right)^2\Big/\left(\sum\theta_{ii}+\sum\lambda_i^2\right) \tag{4-2}$$

其中，$\left(\sum\lambda_i\right)^2$ 为负荷加总后取平方之数值；$\sum\theta_{ii}$ 为各观察变量残差方差总和；$\sum\lambda_i^2$ 为各题的因素负荷平方之和。

4.5　研究假设和模型的验证

4.5.1　分析结果

1. 组织差错管理的分析

（1）根据结果数据判断组织差错管理及其维度是否适合进行因子分析，其 KMO 值为 0.902，表明本次调查非常适合进行 CFA 和 HCFA。

（2）模型拟合度分析。组织差错管理变量的 HCFA 结果显示各模型拟合指数χ^2/df=3.516、RMR=0.039、GFI=0.889、NFI=0.851、CFI=0.888、IFI=0.889、AGFI=0.846、RMSEA=0.090，部分拟合指数不佳。因此，利用 AMOS 提供的 MI 指数，分析各残差间的相关关系，以分析修正所降低的卡方值，最终删除题项 EC1 和 EC2。其中，EC1——我觉得差错会给组织带来较为严重的问题或后果；EC2——我认为差错也会促进我们工作的改善。这两个题项的目的是测评组织中员工对于差错的态度和认知，以及利用差错的策略和方法，调查结果见表 4-9。EC1 的结果表明当前组织中员工对于差错呈现的是消极的态度，90%以上的受访者认可差错会给组织带来严重后果。EC2 的结果是 90%以上的受访者认为应对差错加以利用，则说明组织中的员工对于差错的利用持开放的态度，认为应加以利用，促进组织工作效率的提高。这也说明另外一个问题，当前组织员工持有非常明显的矛盾态度，既厌恶和害怕差错的发生，也认为差错可以促进组织工作的改善。

表4-9　EC1与EC2两个题项样本选择分布情况

选项	EC1		EC2	
	人数	百分比	人数	百分比
非常不符合	7	2.20%	4	1.27%
不符合	24	7.55%	23	7.28%
基本符合	128	40.25%	93	29.43%
符合	107	33.65%	146	46.20%
非常符合	50	15.72%	50	15.82%

注：由于数据进行了四舍五入，总和可能不等于100%

在删掉EC1和EC2题项后，对原题项重新按顺序进行命名，并进行数据分析，修正后的KMO值和各配适度值如下：KMO=0.914；χ^2/df=3.204、RMR=0.029、GFI=0.913、NFI=0.891、CFI=0.922、IFI=0.923、AGFI=0.872、RMSEA=0.084，除了χ^2/df、AGFI、RMSEA在可接受区间内，其他数值均理想。修正后的CFA和HCFA分别参见图4-7和图4-8。

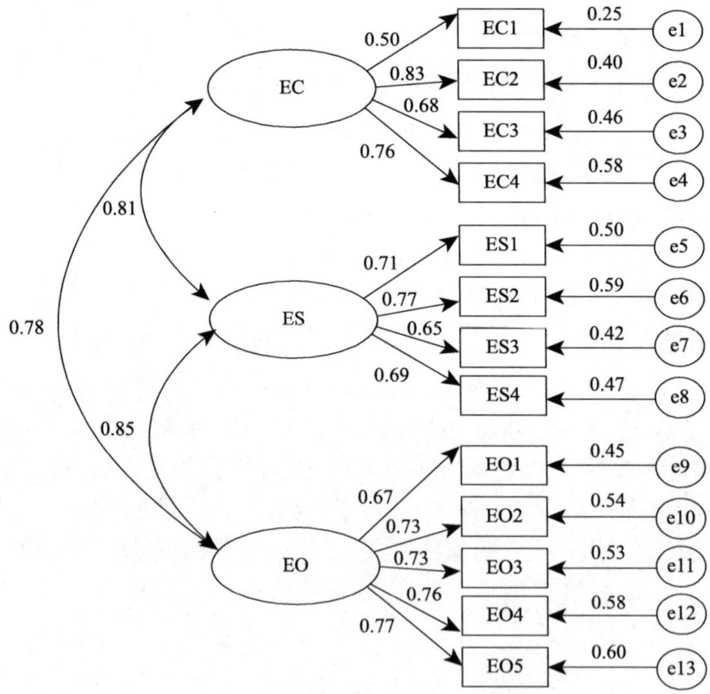

图4-7　组织差错管理的CFA模型

一阶CFA格式=标准化估计，χ^2=198.674，df=62，GFI=0.913，AGFI=0.872，RMSEA=0.084

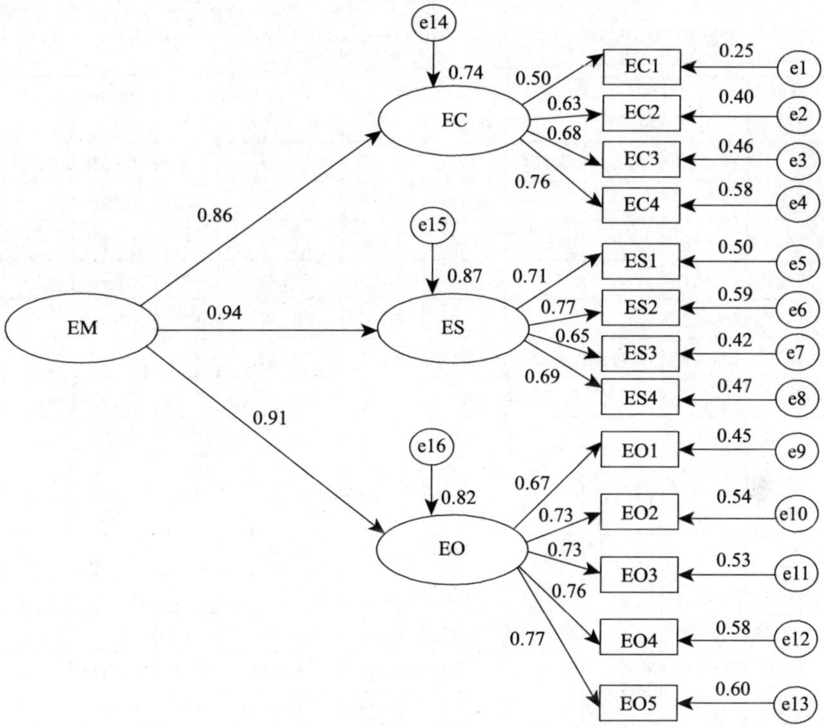

图 4-8　组织差错管理的 HCFA 模型

二阶 CFA 格式=标准化估计，χ^2=198.674，df=62，GFI=0.913，AGFI=0.872，RMSEA=0.084

（3）一阶潜变量分析结果。首先，在潜变量组织差错管理的 CFA 分析中，有三个一阶潜变量：差错文化、差错体制、差错处理方式。它们的组合信度 CR 值皆在 0.7 以上，AVE 均可接受。此外，分别与三个二阶潜变量相对应的一阶潜变量均在中度相关以上，符合二阶 CFA 模型成立的前提条件。其次，组织差错管理的 HCFA 显示，二阶模型收敛效度较高，除了 EC1（原题项 EC2）的标准化λ值略低，其他皆在理想区间内，具体数值见表 4-10。最后，组织差错管理 CFA 模型和 HCFA 模型的拟合优度指数及自由度完全相同，二者间的拟合优劣无从比较，即等值模型。这也验证了先前学者的观点：当一阶因素为 3 个时，HCFA 的简效性并不存在，此时二者之间的差异主要表现在理论上的可能性（邱皓政和林碧芳，2009）。鉴于前面对组织差错管理的分析，故保留组织差错管理的 HCFA 模型。

表4-10　组织差错管理的验证性因子分析结果

题项	一阶验证性因子分析				二阶验证性因子分析						
					模型参数估计值				收敛效度		
	标准化λ	t值	CR	AVE	非标准化λ	S.E	t值	p	标准化λ	CR	AVE
差错文化			0.742	0.424	1.000				0.862	0.929	0.813
EC1	0.501				1.000				0.501		
EC2	0.634	7.412			1.171	0.158	7.412	***	0.634		
EC3	0.681	7.681			1.346	0.175	7.681	***	0.681		
EC4	0.761	8.051			1.370	0.170	8.051	***	0.761		
差错体制			0.797	0.496	1.472	0.205	7.188	***	0.935		
ES1	0.708				1.000				0.708		
ES2	0.766	12.025			0.983	0.082	12.025	***	0.766		
ES3	0.651	10.379			0.872	0.084	10.379	***	0.651		
ES4	0.688	10.921			0.785	0.072	10.921	***	0.688		
差错处理方式			0.854	0.539	1.186	0.169	7.003	***	0.906		
EO1	0.668				1.000				0.668		
EO2	0.733	11.204			1.093	0.098	11.204	***	0.733		
EO3	0.731	11.179			1.066	0.095	11.179	***	0.731		
EO4	0.761	11.565			1.155	0.100	11.565	***	0.761		
EO5	0.773	11.706			1.152	0.098	11.706	***	0.773		

***表示 $p<0.001$

2. 组织知识管理的分析

首先，判断组织知识管理变量进行因子分析的适切性，其 KMO 值为 0.920，表明极适合进行 CFA 和 HCFA。其次，在组织知识管理的 HCFA 中，各模型拟合指数：χ^2/df=3.690、RMR=0.025、GFI=0.886、NFI=0.892、CFI=0.918、IFI=0.919、AGFI=0.838、RMSEA=0.093，仅有 RMR、CFI、IFI 三个指数在理想范围内，因此利用 MI 进行测量模型的修正，删除题项 KC5 和 KD6（并对原题项重新按顺序命名）后修正的 KMO 值和各拟合指数值分别如下：KMO=0.920；χ^2/df=2.839、RMR=0.023、GFI=0.928、NFI=0.931、CFI=0.954、IFI=0.954、AGFI=0.890、RMSEA=0.077，所有拟合指数均有所优化，且 7 个指数处于理想值内，即利用 MI 修正模型是极为必要的。修正后组织知识管理的 CFA 和 HCFA 见图 4-9 和图 4-10。

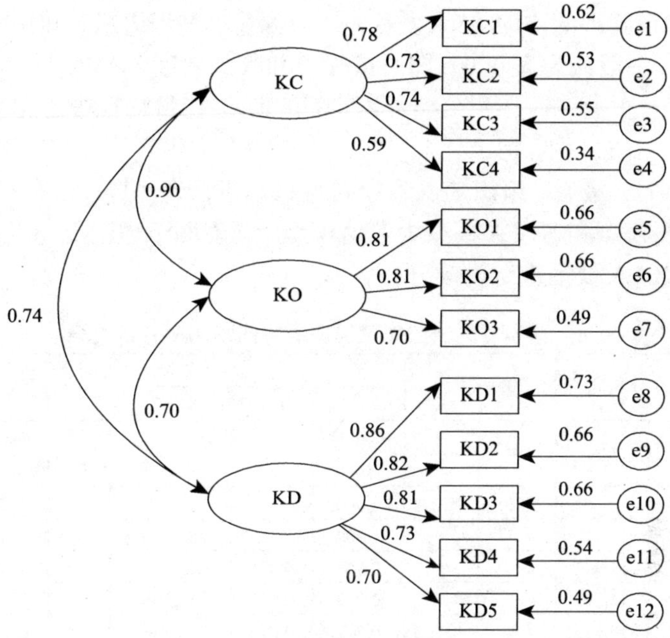

图 4-9　组织知识管理的 CFA 模型

一阶 CFA 格式=标准化估计， χ^2=144.786 ，df=52，GFI=0.928，AGFI=0.890，RMSEA=0.077

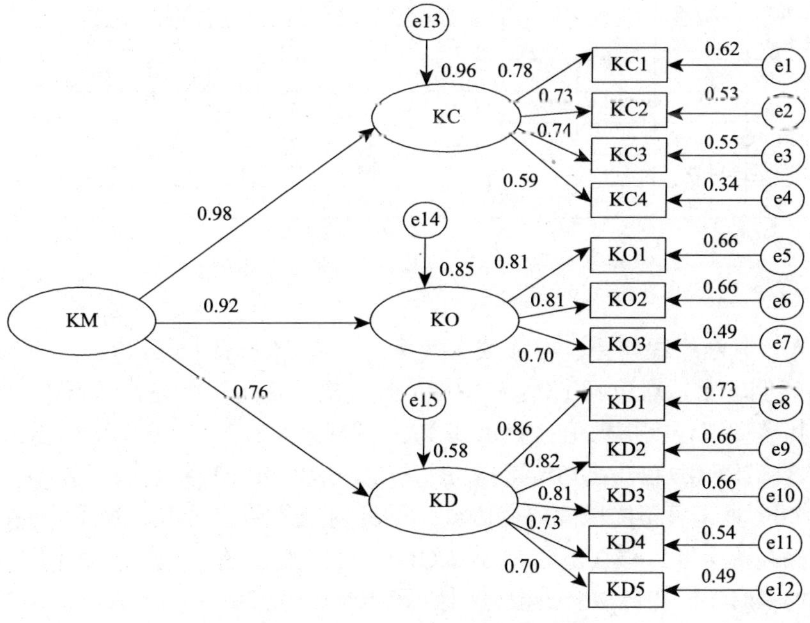

图 4-10　组织知识管理的 HCFA 模型

二阶 CFA 格式=标准化估计， χ^2=144.786 ，df=52，GFI=0.928，AGFI=0.890，RMSEA=0.077

组织知识管理的 CFA 结果显示，知识创造、知识组织、知识转移三个变量的信度（CR，一般认为大于 0.6 即可接受）和收敛效度（AVE，一般认为达到 0.5）皆达理想值，并且与二阶潜变量相对应的一阶潜变量均在中度相关以上；在组织知识管理的 HCFA 中，标准化λ、CR、AVE 均在理想阈值以上，收敛效度非常好，具体见表 4-11。最后，组织知识管理同组织差错管理一样，只有三个一阶潜变量，因此其 CFA 模型和 HCFA 模型为等值模型，同理囿于理论上的考虑，选择组织知识管理的 HCFA 模型进行后续分析。

表4-11　组织知识管理的验证性因子分析结果

题项	一阶验证性因子分析				二阶验证性因子分析						
					模型参数估计值				收敛效度		
	标准化λ	*t* 值	CR	AVE	非标准化λ	S.E	*t* 值	*p*	标准化λ	CR	AVE
知识创造 KC			0.805	0.511	1.000				0.978	0.919	0.793
KC1	0.785				1.000				0.785		
KC2	0.728	12.983			0.964	0.074	12.983	***	0.728		
KC3	0.744	13.293			0.963	0.072	13.293	***	0.744		
KC4	0.587	10.186			0.772	0.076	10.186	***	0.587		
知识组织 KO			0.819	0.603	1.004	0.086	11.719	***	0.920		
KO1	0.812				1.000				0.812		
KO2	0.812	15.155			1.057	0.070	15.155	***	0.812		
KO3	0.701	12.739			0.906	0.071	12.739	***	0.701		
知识转移 KD			0.889	0.616	0.873	0.079	11.068	***	0.759		
KD1	0.856				1.000				0.856		
KD2	0.815	17.228			0.921	0.053	17.228	***	0.815		
KD3	0.810	17.063			0.913	0.053	17.063	***	0.810		
KD4	0.735	14.780			0.800	0.054	14.780	***	0.735		
KD5	0.698	13.761			0.807	0.059	13.761	***	0.698		

***表示 $p<0.001$

3. 组织差错学习绩效的分析

首先，判断组织差错学习绩效潜变量是否适合进行因子分析，其 KMO 值为 0.931，说明非常适合进行 CFA 和 HCFA。其次，在对组织差错学习进行 CFA 处理时，其模型拟合度指数值：χ^2/df=4.172、RMR=0.027、GFI=0.885、NFI=0.912、CFI=0.931、IFI=0.932、AGFI=0.835、RMSEA=0.101>0.10，拟合效果较差，且χ^2/df、GFI、AGFI 处于可接受区间内。因此，同样对组织差错学习二阶模型进行 MI 分析，以提高拟合度，最终删除题项 KOE4，并对剩余题项重新按顺序进行命名。修正后的 KMO 值和各拟合指数分别如下：KMO=0.928；χ^2/df=3.272、RMR=0.021、GFI=0.915、NFI=0.937、CFI=0.955、IFI=0.955、AGFI=0.874、RMSEA=0.086，9 个配适指数拟合情况皆有所改善，修正后的组织差错学习 CFA 模型和 HCFA 模型分别见图 4-11 和图 4-12。

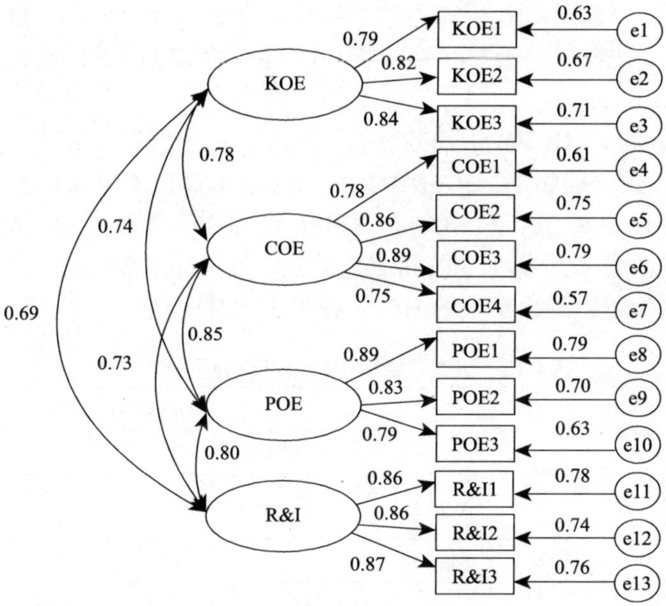

图 4-11　组织差错学习的 CFA 模型

一阶 CFA 格式=标准化估计，χ^2=192.845，df=59，GFI=0.918，AGFI=0.874，RMSEA=0.077

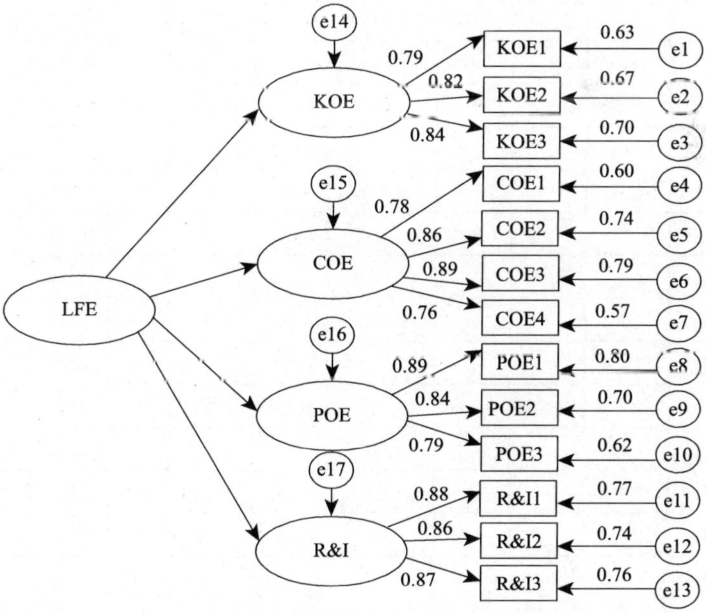

图 4-12　组织差错学习的 HCFA 模型

二阶 CFA 格式=标准化估计，χ^2=199.592，df=61，GFI=0.915，AGFI=0.874，RMSEA=0.086

在组织差错学习的 CFA 模型分析中，四个一阶潜在构面的 CR 和 AVE 都在理想阈值之上，并且分别与组织差错学习相对应的 KOE、COE、POE、R&I 均在中度相关以上。在组织差错学习的 HCFA 中，各一阶潜变量的标准化λ都大于0.80，CR=0.930、AVE=0.769，即聚敛效度很好，具体见表 4-12。最后，组织差错学习的初阶因素数为 4，HCFA 的简效性特点明显，但模型拟合变差，修正后的一阶 CFA 各配适指数分别如下：χ^2/df=3.269、RMR=0.020、GFI=0.918、NFI=0.939、CFI=0.957、IFI=0.957、AGFI=0.874、RMSEA=0.086，除了 AGFI 和 RMSEA 保持不变，其他 6 个指数皆优于二阶相应指数值，且目标系数接近于 1。因此，参照简效法则，认为组织差错学习的 HCFA 模型为最佳模型。

表4-12　组织差错学习的验证性因子分析结果

题项	一阶验证性因子分析				二阶验证性因子分析						
					模型参数估计值				收敛效度		
	标准化λ	t值	CR	AVE	非标准化λ	S.E	t值	p	标准化λ	CR	AVE
差错知识			0.859	0.669	1.000				0.823	0.930	0.769
KOE1	0.794				1.000				0.795		
KOE2	0.819	15.164			1.054	0.069	15.189	***	0.821		
KOE3	0.841	15.579			1.051	0.068	15.525	***	0.839		
差错技能			0.893	0.676	1.310	0.103	12.770	***	0.935		
COE1	0.779				1.000				0.775		
COE2	0.863	16.630			1.074	0.065	16.479	***	0.862		
COE3	0.887	17.187			1.111	0.065	17.090	***	0.889		
COE4	0.752	14.036			0.934	0.067	14.033	***	0.755		
差错绩效			0.877	0.704	1.154	0.099	11.654	***	0.831		
POE1	0.887				1.000				0.892		
POE2	0.834	19.061			0.900	0.047	19.216	***	0.835		
POE3	0.793	17.491			0.872	0.050	17.348	***	0.787		
改革创新			0.904	0.759	1.109	0.098	11.358	***	0.912		
R&I1	0.881				1.000				0.880		
R&I2	0.859	19.966			1.027	0.052	19.909	***	0.859		
R&I3	0.873	20.516			1.042	0.051	20.486	***	0.874		

***表示 p<0.001

4.5.2　信度效度分析

（1）信度分析。信度指测验结果的稳定与可靠程度，反映测验分数的特性。在利克特态度量表中 Cronbach's α 信度系数法使用率甚高，代表一组试题之间相互关联的程度。总测验的信度系数最好在 0.80 以上，0.70~0.80 为可接受范围；分测验的信度系数最好在 0.70 以上，0.60~0.70 为可接受范围（吴明隆，2000）。本书中各二阶潜变量及总测验的 Cronbach's 系数分析结果见表 4-13，由表可知：总测验的 α 系数为 0.964，分别删除每个试题后，各二阶潜变量的 α 系数值均小于总测验的 α 系数值，说明每个二阶潜变量的一组题项间关联度高。各二阶潜变量的 α 系数值皆在 0.70 以上，除了 KC 外，所有二阶潜变量每个题项删除后的 α 值，皆低于其原 α 系数值。KC 变量删除 KC4 后，虽高于原 α 值，但相差甚小且原 α 值仍在可接受范围内，达到可信标准。故保留所有题项，问卷整体信度较高，测量结果较稳定。

表4-13　最终问卷信度分析结果

二阶潜变量	题项	项已删除的 α 系数	α 系数
差错文化	EC1	0.728	0.734
	EC2	0.686	
	EC3	0.649	
	EC4	0.627	
差错体制	ES1	0.742	0.792
	ES2	0.682	
	ES3	0.752	
	ES4	0.777	
差错处理方式	EO1	0.838	0.851
	EO2	0.827	
	EO3	0.823	
	EO4	0.812	
	EO5	0.801	
知识创造	KC1	0.710	0.796
	KC2	0.731	
	KC3	0.724	
	KC4	0.808	
知识组织	KO1	0.721	0.816
	KO2	0.719	
	KO3	0.800	

续表

二阶潜变量	题项	项已删除的 α 系数	α 系数
知识转移	KD1	0.847	0.887
	KD2	0.859	
	KD3	0.857	
	KD4	0.868	
	KD5	0.880	
差错知识	KOE1	0.808	0.859
	KOE2	0.795	
	KOE3	0.805	
差错技能	COE1	0.869	0.888
	COE2	0.841	
	COE3	0.830	
	COE4	0.884	
差错绩效	POE1	0.800	0.875
	POE2	0.803	
	POE3	0.865	
改革创新	R&I1	0.857	0.904
	R&I2	0.868	
	R&I3	0.863	
总测验的 α 系数：0.964			

（2）效度分析。效度指测验准确测出所预测量心理特质的程度，本书采用建构效度考察问卷的有效性。建构效度分为两个判定指标：聚敛效度和区分效度，聚敛效度评估方式已在前面有所阐述，在此主要讨论区分效度相关内容。区分效度指测量同一特质的各维度间呈低相关，某一维度的测验不应出现跨负荷现象（陈维等，2016）。常用评估方法有卡方差异检验法、Bootstrapping 方法、AVE 法。

组织差错学习绩效影响因素 SEM 的聚敛效度分析结果见表 4-14，除了 EC1 的标准化λ略低，差错文化和差错体制的 AVE 值均在可接受范围之内，其他题项及变量的相应数值均达理想状态，即问卷数据整体聚敛效度较高。

表4-14　聚敛效度分析结果

题项	标准化λ	CR	AVE
差错文化		0.742	0.424
EC1	0.504		
EC2	0.642		
EC3	0.671		
EC4	0.761		

续表

题项	标准化λ	CR	AVE
差错体制		0.799	0.499
ES1	0.698		
ES2	0.771		
ES3	0.679		
ES4	0.673		
差错处理方式		0.854	0.539
EO1	0.678		
EO2	0.735		
EO3	0.727		
EO4	0.760		
EO5	0.766		
知识创造		0.805	0.510
KC1	0.774		
KC2	0.740		
KC3	0.719		
KC4	0.614		
知识组织		0.820	0.604
KO1	0.802		
KO2	0.799		
KO3	0.728		
知识转移		0.889	0.617
KD1	0.850		
KD2	0.814		
KD3	0.815		
KD4	0.738		
KD5	0.701		
差错知识		0.859	0.670
KOE1	0.795		
KOE2	0.821		
KOE3	0.839		
差错技能		0.893	0.676
COE1	0.776		
COE2	0.864		
COE3	0.884		
COE4	0.759		
差错绩效		0.877	0.705
POE1	0.891		
POE2	0.838		
POE3	0.786		

续表

题项	标准化λ	CR	AVE
改革创新		0.904	0.759
R&I1	0.876		
R&I2	0.859		
R&I3	0.878		

从表 4-15 中可以看出，10 个一阶潜变量中，任意两个变量之间的标准化相关系数均不为 1，表明各一阶潜在构面之间具有一定的区分性。本书进一步采用 AVE 法验证区分效度，即各变量的 AVE 值均大于各变量与其他变量相关系数的平方。

表4-15　各一阶潜变量间的相关系数

变量	KD	KO	KC	R&I	POE	COE	KOE	EO	ES	EC
KD	1.000									
KO	0.718	1.000								
KC	0.772	0.881	1.000							
R&I	0.532	0.607	0.653	1.000						
POE	0.587	0.670	0.721	0.760	1.000					
COE	0.584	0.667	0.717	0.756	0.835	1.000				
KOE	0.546	0.623	0.670	0.706	0.780	0.776	1.000			
EO	0.728	0.831	0.893	0.616	0.680	0.676	0.632	1.000		
ES	0.605	0.690	0.742	0.511	0.565	0.562	0.525	0.862	1.000	
EC	0.555	0.633	0.681	0.469	0.518	0.515	0.481	0.791	0.657	1.000

从表 4-16 可知，对角线上的数值为该潜变量的 AVE 值，表中其他数值为两变量间相关系数的平方值，表示两个变量间的相似度大小，值越大，则说明两个变量间区分度低。EO 和 EC、EO 和 ES、KC 和 EO、KO 和 EO、KO 和 KC 区分度虽不够明显，但其他变量间的区分都较为显著。鉴于此，各构念间具有一定的区分度，但在个别构念上区分度稍差。根据前面的理论梳理和组织中处理差错方式的差异，相关变量之间的区分度稍低，有其合理存在的原因。

表4-16　区分效度的分析结果

变量	EC	ES	EO	KC	KO	KD	KOE	COE	POE	R&I
EC	0.424									
ES	0.432	0.499								
EO	0.626	0.743	0.539							
KC	0.464	0.551	0.797	0.510						
KO	0.401	0.476	0.691	0.776	0.604					

续表

变量	EC	ES	EO	KC	KO	KD	KOE	COE	POE	R&I
KD	0.308	0.366	0.530	0.596	0.516	0.617				
KOE	0.481	0.276	0.399	0.449	0.388	0.298	0.670			
COE	0.265	0.316	0.457	0.514	0.445	0.341	0.602	0.676		
POE	0.268	0.319	0.462	0.520	0.449	0.345	0.608	0.697	0.705	
R&I	0.220	0.261	0.379	0.426	0.368	0.283	0.498	0.572	0.578	0.759

第一，差错处理与差错文化同属于差错管理构念，组织差错文化一般决定了组织差错处理思维、策略、方式和结果，反过来，组织差错处理模式能够反映出组织差错文化的类型和特征，如无责差错处理方法反映了该组织采取的是差错管理文化，而不是差错惩罚文化。

第二，差错处理与差错体制也同属于差错管理构念。差错体制是组织对于差错行为进行管理的组织架构，包括管理人员结构、组织规章制度、技术指导手册，这些在差错处理流程（差错报告、差错监测、差错纠正、差错反思、差错处罚等）中有一定的关联性。

第三，差错知识创造和差错处理方式则分属于不同构念，前者属于知识管理，后者则是属于差错管理。差错知识创造与差错处理方式也是有一定交集的，差错处理产生的各种信息、经验和智慧与差错知识创造具有一定的同构性。

第四，差错知识组织和差错处理方式也分属于知识管理和差错管理，导致它们之间的区分度偏低的主要原因类似于知识创造与差错处理方式。

第五，差错知识组织和差错知识创造同属于知识管理构念。知识组织和创造是知识管理的两个重要过程，相互之间的关系是非常紧密的。

因此，根据前述理论层面的分析，尽管组织差错管理、组织差错知识管理、组织差错学习绩效三个构念之间本身存在着相应的联系，但是属于这几个构念间较为正常的交叉联系。因此，本书接受表 4-16 中区分效度的分析结果。

4.5.3　模型配适度验证和结果分析

本书利用 AMOS 21.0 软件，采用最大似然法作为参数估计方法，对于模型评鉴指数，前面已有说明，在此仅分析组织差错学习绩效影响因素 SEM 的整体配适情况，见表 4-17。如果各拟合指数的拟合情况均可接受，就不需要再修正 SEM，且研究结论具有可靠性和有效性。

表4-17　模型拟合度检验

拟合指数	拟合值	拟合情况	拟合指数	拟合值	拟合情况
χ^2/df	2.266	理想	CFI	0.895	可接受
RMR	0.030	理想	IFI	0.896	可接受
GFI	0.803	可接受	AGFI	0.777	可接受
NFI	0.827	可接受	RMSEA	0.064	理想

通过验证性因子分析删除题项EC1、EC3、KC5、KD6、KOE4，形成最终问卷，在评估问卷信效度及模型拟合度之后，基于此验证组织差错学习绩效影响因素的SEM及假设。利用AMOS 21.0对研究模型进行路径分析，以检验组织差错学习绩效影响因素SEM的路径关系是否具有统计学意义，其标准化路径系数值见图4-13。

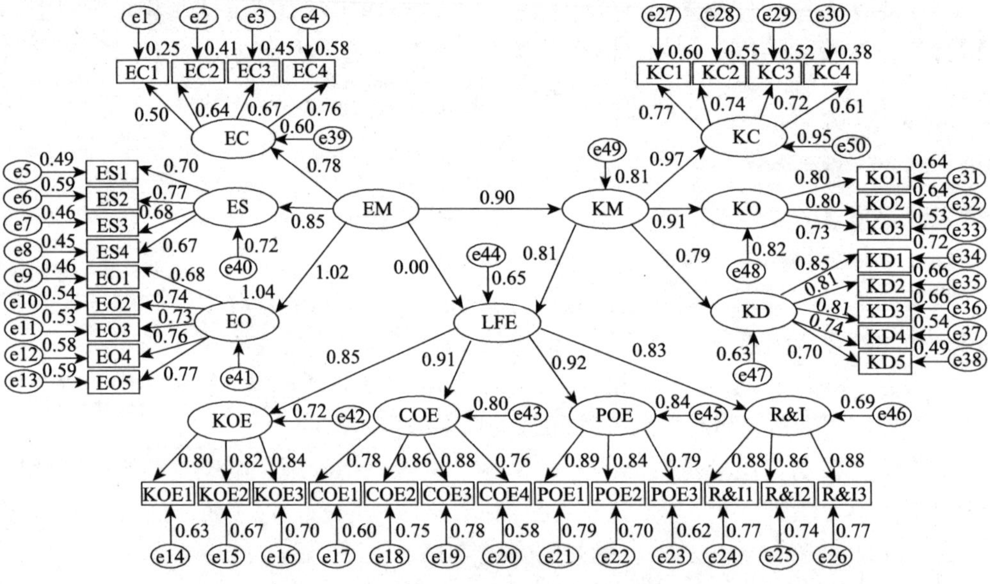

图4-13　本书SEM的标准化路径系数值

χ^2=1477.313，df=652，χ^2/df=2.266，p=0.000，GFI=0.803，AGFI=0.777，RMSEA=0.064

所有路径的标准化路径系数均为正值，说明变量间皆存在正向影响关系。模型中各假设关系的路径系数及显著性参数，见表4-18。由此可见，除了LFE←EM路径外，其他路径关系均达到显著程度。在KM←EM、LFE←KM、LFE←EM三个假设关系中，EM直接显著影响KM，KM直接显著影响LFE，然而EM对LFE的影响不显著。

表4-18　路径分析结果

路径	标准化λ	非标准化λ	S.E.	t 值	p	显著性
KM←EM	0.901	1.438	0.197	7.303	***	显著
LFE←KM	0.807	0.725	0.151	4.813	***	显著
LFE←EM	0.001	0.002	0.218	0.009	0.992	不显著
EC←EM	0.776	1.000				
ES←EM	0.846	1.447	0.209	6.912	***	显著
EO←EM	1.019	1.492	0.208	7.172	***	显著
KC←KM	0.973	1.000				
KO←KM	0.905	0.993	0.077	12.940	***	显著
KD←KM	0.793	0.924	0.075	12.277	***	显著
KOE←LFE	0.851	1.000				
COE←LFE	0.912	1.073	0.091	11.790	***	显著
POE←LFE	0.916	1.239	0.094	13.184	***	显著
R&I←LFE	0.83	1.108	0.092	12.039	***	显著

***表示 $p<0.001$

组织差错学习绩效输出是组织差错学习效果的重要表征，主要包括直接的结果——知识和能力的提高，间接的结果是创新和改革的驱动力。尽管差错管理对差错学习的影响不显著，说明组织差错管理与差错学习绩效输出的结果关联不大，但这并不等于组织差错管理与差错学习之间没有相关性。事实上，组织差错管理与差错学习是紧密联系的，即差错管理对差错学习过程是存在重要影响的。这从本书中差错管理的题项 13 与题项 21 的受访者选项结果可获得相应支持理由，这两个题项分别用于探究组织差错管理对组织差错培训及组织差错学习（从宏观上来看，组织差错培训属于组织差错学习范畴之内）的影响，两个题项的题干如下。

题项 13：对于差错管理，我觉得建立差错培训体系是必要的（对员工进行差错培训）。

差错管理的题项 13 中，接近 98%的受访者赞成建立组织差错培训体系，实施组织差错学习方案，促进组织差错学习，相关数据见表 4-19。

表4-19　差错管理题项13的受访者选项统计结果

选项	小计	比例
非常不重要	4	1.27%
不重要	5	1.58%
基本重要	52	16.46%
重要	132	41.77%
非常重要	123	38.92%

题项 21：对于差错处理，我认为组织应鼓励员工和团体从差错中学习。

差错管理的题项 21 中，接近 99%的受访者认为组织应鼓励员工和团体从差错中学习，获得差错知识和差错能力。相关统计数据见表 4-20。

表4-20　差错管理题项21的受访者选项统计结果

选项	小计	比例
非常不重要	2	0.63%
不重要	2	0.63%
基本重要	39	12.34%
重要	142	44.94%
非常重要	131	41.46%

因此，差错管理与差错学习绩效输出结果之间路径系数并不明显，也说明差错管理只是为差错学习提供相应的组织差错管理文化氛围，是组织差错学习的必要条件，并不是其充分条件。差错管理也不是为了提高组织差错学习绩效的，更多的是为了促进组织降低更多类似的差错发生率，降低由差错而引发的事故或失败的概率，它们之间并不存在直接的相关性。因此，相关结果也是符合相关理论内涵的。

4.5.4　模型修正和中介效应检验

（1）模型修正。上述路径分析结果显示，组织知识管理与组织差错学习之间的关系假设不成立，故删除该路径关系，为了检验修正后的 SEM 路径关系是否具有显著意义，再次对各假设关系进行路径分析。修正后的路径分析结果见表 4-21，所有路径关系均达到极其显著的水平。

表4-21　修正后的路径分析结果

路径	标准化λ	非标准化λ	S.E.	t 值	p	显著性
KM←EM	0.901	1.438	0.197	7.305	***	显著
LFE←KM	0.808	0.727	0.068	10.634	***	显著
EC←EM	0.776	1.000				
ES←EM	0.846	1.447	0.209	6.912	***	显著
EO←EM	1.019	1.492	0.208	7.172	***	显著
KC←KM	0.973	1.000				
KO←KM	0.905	0.993	0.077	12.942	***	显著
KD←KM	0.793	0.924	0.075	12.281	***	显著

续表

路径	标准化λ	非标准化λ	S.E.	t 值	p	显著性
KOE←LFE	0.851	1.000				
COE←LFE	0.912	1.073	0.091	11.789	***	显著
POE←LFE	0.916	1.239	0.094	13.184	***	显著
R&I←LFE	0.830	1.108	0.092	12.039	***	显著

***表示 $p<0.001$

（2）中介效应检验。假设 4 提出，组织知识管理在差错管理和差错学习绩效之间存在着中介作用，三者间构成潜在变量中介效果，且属于单一因子中介模型。从以上分析可知：KM←EM、LFE←KM 二者关系均显著，表明中介效果存在，但 LFE←EM 关系不显著，故 KM 为完全中介效果，对三者关系的理解如下：EM 对 KM 为直接效应，EM 对 LFE 为间接效应，KM 为中介变量。采用 Bootstrapping（信赖区间法）评估间接效果的强度是否具有统计的显著性，其有两种估计方式：

Bias-corrected Percentile Method（偏差校正法估计）和 Percentile Method（百分位数法估计）（Bollen and Stine，1990），选取 95%CI（95%的置信区间：样本推算总体时，有 95%的可能性包括总体），数据处理结果见表 4-22。总效应、间接效应的 Bias-corrected 95%CI 和 Percentile 95%CI 都不包含 0，即总效果和间接效果均显著；直接效应的 Bias-corrected 95%CI 和 Percentile 95%CI 均不包含 0，即不存在直接效应，再次证明了 LFE←KM←EM 为完全中介效应。

表4-22　Bootstrapping中介效果分析

路径	效应值	偏差校正法估计 95%CI		百分位数法估计 95%CI	
		下限	上限	下限	上限
LFE←EM	总效应=1.045	0.720	1.484	0.748	1.531
LFE←EM	间接效应=1.043	0.585	1.961	0.609	2.081
LFE←EM	直接效应=0.002	−0.703	0.602	−0.813	0.536

（3）假设检验。通过路径分析去除不显著的假设关系，得到简洁、理想的组织差错学习绩效影响因素的 SEM，且剩余路径关系均显著。其中，在区分效度部分已经说明了 EO 分别与 EC、ES、KC 的区分性以及 KO 分别与 EO、KC 的区分性不是特别明显，因此 EO←EM、KC←KM 两条路径的标准化系数值略高，且依然将 EO 和 KC 分别视为影响组织差错管理和组织知识管理的最为重要的因素；在组织差错学习的四条路径关系中，影响力从大到小依次如下：POE、COE、KOE、R&I；KM←EM、LFE←KM 两条路径皆呈正向显著影响关系。分析结果表明，变量 EC、ES、EO 正向影响 EM 且关系显著；变量 KC、KO、KD 正向影响 KM 且

关系显著；变量 KOE、COE、POE、R&I 正向影响 LFE 且关系显著；LFE←EM 不显著，故假设 1 不成立，假设 2、假设 3 成立；中介效应检验结果显示，组织知识管理在组织差错管理和组织差错学习之间起着中介作用，且为完全中介作用（Shrout and Bolger，2002；Judd and Kenny，1981；温忠麟等，2004）。组织差错学习绩效影响因素的最终关系图，如图 4-14 所示。

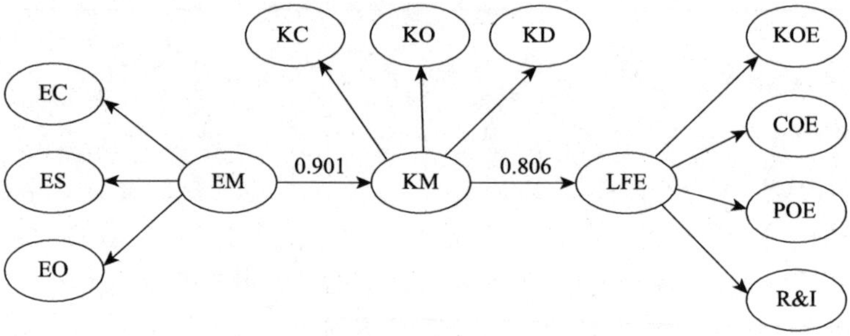

图 4-14　组织差错学习绩效影响因素的最终模型

4.5.5　研究模型的结果讨论

本章以学习理论、组织差错管理理论、知识管理理论、组织学习理论等理论为依据，通过组织差错管理、组织知识管理以及组织差错学习绩效影响因素的因子分析、相关性分析和回归分析，对 4.3 节提出的研究假设，采用实证分析的方法逐一进行了验证。通过结构方程软件 AMOS 对受访数据进行分析，证实了假设 2、假设 3、假设 4 成立，但未能证实假设 1 的假设关系成立。

结论 1：组织知识管理正向显著影响组织差错学习绩效。

结论 2：组织差错管理正向显著影响组织知识管理。

结论 3：组织知识管理是组织差错管理和组织差错学习绩效间的中介。

假设 1 未能通过参数验证的原因之一，前面已从学习理论角度进行了解释。原因之二，该模型结构已经演变为：知识管理是组织差错管理和差错学习绩效的中介，见图 4-14。根据结论 3“组织知识管理是组织差错管理和组织差错学习绩效的中介”，在该回归模型中只有一个中介变量知识管理，而且变量组织差错管理与中介变量知识管理存在因果关系，同时，知识管理又与变量组织差错学习绩效存在因果关系。如果没有中介变量知识管理，组织差错管理与组织差错学习绩效可能存在因果关系。当变量知识管理进入后，组织差错管理和组织差错学习绩效之间的因果关系不再保持，组织知识管理为完全中介作用。

这三个变量在组织中的功能指向也能给予合理的解释：首先，组织差错管理可在组织管理中保障组织生产、服务和管理中各主体行为目标不偏离组织预期目标，即为了监测差错、发现差错、分析差错、纠正差错、反思差错。组织差错管理最终目标是降低差错发生率，避免由差错行为可能导致的事故和失败。其次，组织差错学习在组织中的直接功能指向是差错知识的提升、差错能力（发现差错、分析差错、纠正差错等方面的能力）的提高、各类主体（个人、团体和组织）绩效的改善；间接功能则是组织获得创新发展、竞争力提高、组织结构和管理得以优化等。最后，组织差错知识管理的功能指向，一方面，收获差错管理中处理差错的副产品——发现差错的方法、分析差错的流程、解决差错的策略等，即差错经验、差错技能、差错知识、差错智慧等；另一方面，差错知识管理需要为知识转化、转移和扩散等提供专门性的支持与帮助，是组织差错学习的前提，没有差错知识管理，差错学习也就不会发生。

经过实证分析，我们还可以得到以下几个方面的结论。

结论 4：组织差错管理主要由组织差错文化、组织差错体制和组织差错处理三方面因素组成。

结论 5：组织差错知识管理主要与差错知识创造、差错知识组织和差错知识转移三方面因素相关。

结论 6：组织差错学习绩效输出主要与组织差错知识、差错技能、差错绩效和改革创新四个方面的因素相关。

第5章　组织差错学习过程模型的构建

我们已经对差错学习理论进行了详细地梳理、分析和论证，初步建立起了差错学习的理论框架。并且在第4章中，通过问卷调查，基本构建了差错学习的影响因素模型，确立了在组织情境中，知识管理、差错管理与差错学习间的结构关系，以及影响差错学习的相关要素和表征差错学习输出绩效的主要指标。但是，上述研究只是为我们提供了组织差错学习绩效影响因素的静态模型。为此，在本章中，我们将从动态和融合的视角来分析组织情境中差错管理流程、差错知识管理流程和差错学习流程之间的关系，并以知识管理过程为视角，拟建立一个整合性的组织差错学习过程模型，从而为组织差错学习实践提供具体的参考。

5.1　组织差错学习的流程

所谓模型或模式，是指通过主观能动性将抽象的理论具象化，抑或是指对于某个实际当中的问题或客观存在的事物、规律进行抽象后外在的形式化呈现方式（孙水裕和王孝武，2004）。模型实质上既是对实践经验的一种抽象化，也是理论应用的具体化，模型解决了理论过于抽象、难以理解的问题，同时解决了实践过于情境化难以把握的困境，兼具理论与实践的特质，因而是理论与实践的桥梁和中介，具体见图5-1。

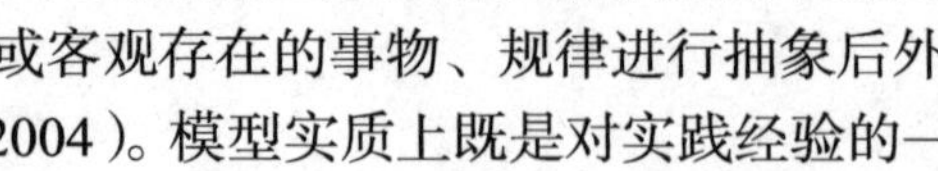

图5-1　理论、模型与实践三者关系示意图

模型构建需要两方面的条件：其一，具有清晰的模型要素结构和关系结构，这部分在第 4 章中已经就差错学习的因素模型进行了研究，运用 SEM 量化并确定了差错学习的影响因素；其二，具备明确的模型各要素的作用阶段、功能转换、输入输出流程等动态性的逻辑过程，这是在本节中需要重点解决的问题。一般地，在组织实务操作中，差错管理、知识管理和差错学习是属于不同层面和业务范畴的行为，并没有形成紧密联系和接续关系，正如第 4 章 SEM 中路径分析的结果，差错管理对于差错学习绩效输出并没有呈现显著正相关，与我们的研究预期有着很大的落差。虽然，很多理论研究表明，差错管理对于差错学习具有一定的影响，但是，我们的研究结果则说明了组织管理实践中条块分割、责权分属、作用显现滞后而导致差错管理对于差错学习影响并没有呈现明显的相关性。基于前面章节已有研究成果，在组织中差错管理实践、知识管理实践、组织学习实践的流程分析基础上，以行为流、事件流为路径，以信息流、知识流为载体，刻画出组织差错学习的流程。

5.1.1　行为流与事件流视角下的组织差错学习流程

（1）差错行为与差错事件的流程。在组织行为中，差错行为是发生在工作情景中，员工与特定的情境交互作用下产生的偏离组织目标或中断正常工作的行为。差错事件往往是指由某个差错行为引起的，且对相关员工（部门或组织）产生比较大的影响的事情，显然差错事件是围绕差错行为而形成的一个多要素相互作用的时空过程，且按照一定时间序列渐次演化和具有前后因果关系的逻辑过程。差错行为并不一定都会被发现或意识到，是因为有的差错行为发生了，虽偏离了目标，但在后续行为中被防御或纠正，即没有与其他差错行为产生耦合（差错串联叠加，见图 2-8）。但是，差错行为一旦被（自己或他人）发现，由于担心差错行为可能会引发较为严重的后果（事故或失败），便发生一系列对自己（差错者）或他人（甚至是组织）有影响的后续行为，如差错监测、差错发现、差错隐瞒、差错掩盖、差错报告、差错分析、差错处理、差错反思、差错学习（从自己的差错中学习、从他人的差错中学习）等。然后，便是这样的螺旋上升的循环过程。由此可知，差错学习并不是孤立的行为，而是一系列行为中的组成部分。

（2）行为视角下的差错学习过程模型。Tulis 等（2016）曾就个人差错学习过程构建了过程模型，见图 5-2。首先，一般地，差错行为的发生始于某个体的工作情境中，由于个体的特征（如个人信念、先验知识、学习策略等）存在差异，在与相应特定情境（如任务特征、情境特征、组织文化氛围等）交互过程中，有的个体会产生差错行为，有的差错行为会被个体经验或知识预警发现，但是有的差错并不一定能被发现（主体不知道已经产生了差错行为）。其次，个体对于差错行为的后续反应，包括直接反应和间接反应。当个体评估自己的行为后，发现偏离了预先设定的目标或行为规范标准，发生了差错行为，可能会产生各种较为直接的情绪反应；而间接反应则是对已经发生的差错行为再次进行评估，有助于改变其当前与任务相关的动机和行为，以便于修正偏离目标的差错行为。再次，在强烈的情感和动机的控制下，个体开始了学习过程，发生了各种反思活动，如认知活动，包括元认知活动、认知策略与资源的获取等，并产生学习行为。最后，学习结果，体现在绩效输出、知识习得、技能改善等方面，并又能反馈于其个体的认知结构中。

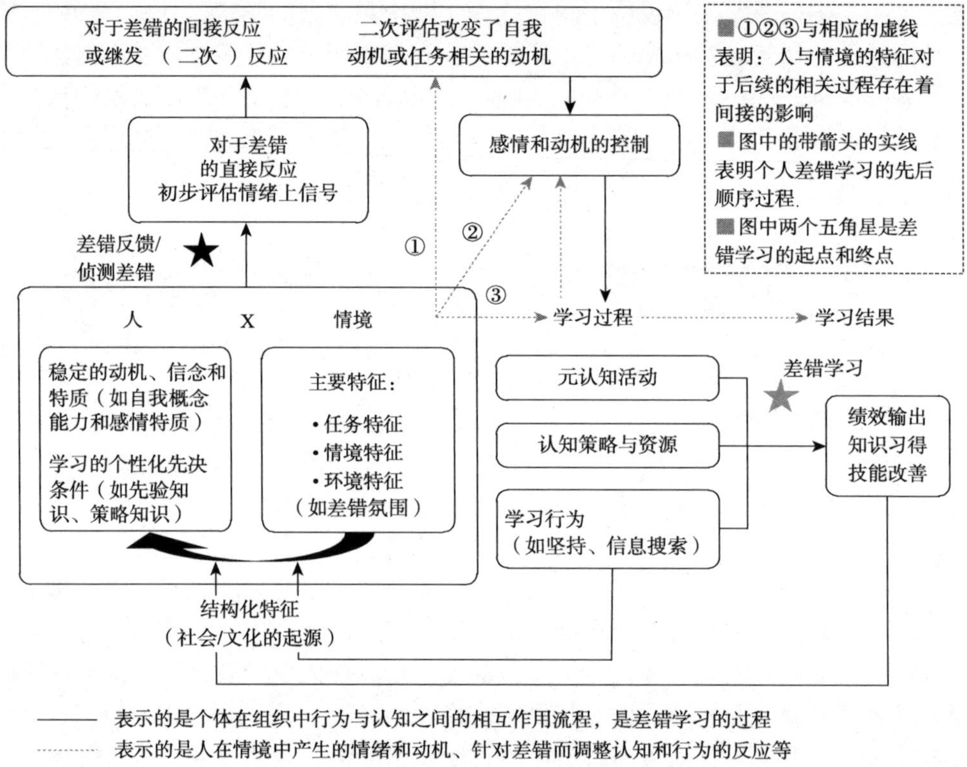

图 5-2　个体差错反应及其差错学习的过程模型示意图

正如 Tulis 等（2016）所指出的，在已有的各类差错学习研究中，人们更多地关注外部环境中因素的影响，缺乏一个关于感知差错的且充分、详细的模型作为自我调节的起始点，而且也无法充分解释个体差异对于具体差错上表现出来的情绪和自我动机的不同。他们把心理学中学习心理嵌入个体差错学习模型当中（图 5-2）。

（3）事件流视角下差错学习过程。从差错的发生到差错学习的发生，中间过程由一系列的事件组成，同时需要相应的学习环境的支持。Gillingham 等（1997）

从事件流组成的链条，及其产生输出的原因或结果，较好地解释了积极差错管理文化氛围（积极的学习环境）构建对于组织差错学习的重要性，积极的学习环境关键特征包括少惩罚、鼓励学习、正向地强化改善、深度调查事故原因以及清晰的目标导向，见图 5-3。

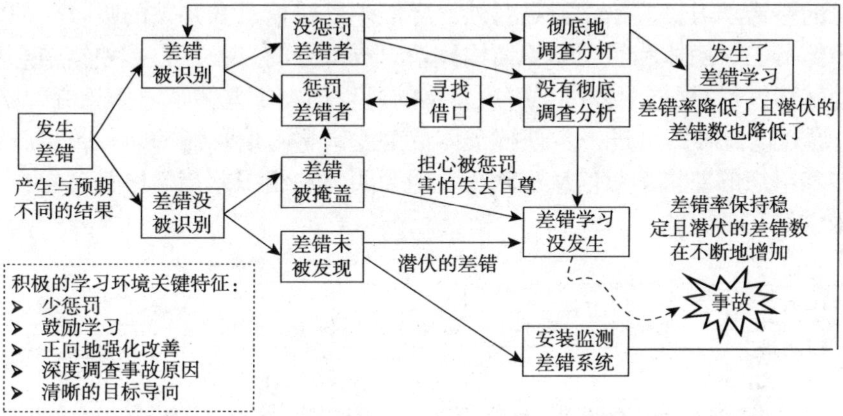

图 5-3　事件流视角下组织差错学习发生的条件与过程

从发生差错到差错学习的发生，其事件流如下：发生了差错—差错被识别—没惩罚差错者—彻底地调查分析—发生了差错学习。差错管理氛围：少惩罚、鼓励学习、正向地强化改善、深度调查事故原因以及清晰的目标导向。

但是，应该看到，其他诸多路径是组织中经常出现的事件流路径，事故往往顺着这些事件流而产生。这些路径是个体与组织作业环境之间交互作用形成的，而且最终指向是"差错学习没发生"的节点，即差错学习并没有发生，甚至使差错率和潜伏的差错数增加了。实施差错惩罚的组织文化氛围往往是差错学习没有发生的主要原因。

5.1.2　信息流与知识流视角下差错学习过程

在组织活动过程中，离不开物质、能量和信息三维系统，其中，信息是组织前后活动联结的纽带，是人际交流和沟通的桥梁，也是组织学习的中介。因此，从信息管理和知识管理的过程来分析，组织差错学习的过程实质上是组织中差错信息与知识流动的过程。差错信息在本书的第 3 章中已经阐述得较为详细，这里不再赘述。下面主要从知识流的视角来分析组织差错学习过程。

（1）个体员工的差错学习与信息流。在 5.1.1 中，主要从行为流与事件流的视角描述了个体差错学习过程（图 5-2），并凸显了个体心理因素在个体差错学习中的作用，如元认知活动、认知策略和资源的获取等。

这里尝试从信息流视角探讨个体员工差错学习的流程。根据差错学习发生的时间顺序以及主体的转换，组织差错学习应先发端于组织情境中的个体，然后依次是个体员工的差错学习、团体（小组、项目或任务团队）的差错学习以及组织层面上的差错学习。差错学习是对外部环境中差错信息和知识的吸收，使之内化成为个体员工、团体和组织知识结构体系组成部分的过程，也是差错信息和知识的流动转移过程。根据个体员工解决差错的过程构建了差错学习信息流的路径（图5-4），通过该流程图可进一步理解个体员工差错学习信息流的路径，也就容易识别团体和组织的差错学习信息流路径，因为团体和组织差错学习是建立在个体员工差错学习基础上的。

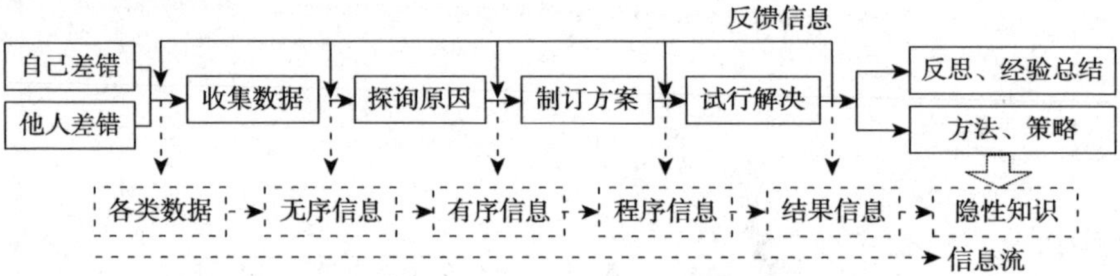

图 5-4 个体差错学习过程中的信息流示意图

从图5-4中可知，个体员工差错学习的本质是一个差错（问题）解决的过程，是由一系列行为构成的逻辑流程（见图5-4中实线框及其实线部分），其主要路径如下：差错发生、收集数据、探询原因、制订方案、试行解决、反思和经验总结、方法和策略，差错的纠正如果未达到目标，可能会多次循环或回到相应阶段节点再次重复，直至问题解决。伴随差错解决的过程中，差错解决的逻辑顺序也是各类数据流和信息流的演化与转变路径，是从数据到隐性知识转化的过程，即信息流。图5-4中虚线条和虚线框部分组成了信息流和信息转化的路径：首先，对与差错相关的各类数据经过收集整理后，成为与差错相关的各方面无序信息；其次，经过整理、加工和序化，使之成为有序信息；最后，对有序信息进行分析、找出原因，形成差错处理的方案，成为程序信息，经过试行解决得到的是差错处理的结果信息，经过主体总结和反思形成隐性知识，这个过程就是信息流的路径。结果是在个体认知结构中形成了隐性知识（差错知识）。这里应强调的是，上述过程是个体员工在组织情境中的差错学习过程和差错知识的形成过程，是组织差错学习的源头，是差错知识的起始点。

（2）团体、组织差错学习与知识管理。从图5-4可以看出，个体差错学习输出的是与差错解决相关的隐性知识，它存储在员工的大脑认知结构中。由于隐性知识在外显表达、传递以及理解上存在相应的障碍，一般难以直接地外显被共享并转移、扩散和融入组织其他主体的知识结构中，有着较为复杂的过程及外部环境的要求。前面在第 2 章理论基础中知识管理部分，提到了日本著名知识管理专家 Nonaka（1994）提出的 SECI 知识螺旋模型。该模型能较好地解释组织情境中差错知识的转化（隐性知识与显性知识）、转移（不同主体间差错知识）和扩散的过程，也能解释组织差错学习的过程。

团体和组织差错学习的前提是差错知识被显性化或共同化。显性化是他人能够运用语言的交流、资料的阅读等方式将差错知识编码出来；共同化则是编码后的差错知识是建立在他人能够理解的范围之内（传播学中共同经验原理），再形成团体内的共有知识，通过正式文档保存或被执行而成为组织内的公有知识。这些被显性化或共同化形成的公有知识在组织中常常是以差错报告、事故调查报告、差错案例库、经典差错影音记录、技术手册、操作程序规范等形式存在的，是组织差错学习的资源之一，如美国的休斯航空航天公司建立了一个知识管理系统——“知识高速公路”（林东清，2005），该系统就整合了教训学习知识库，这些教训中就包含曾经出现的各种差错、差错信息、差错处理策略等。

因此，从知识管理的过程来看，团体和组织的差错学习属于隐性知识和显性知识相互转化的过程，根据差错知识可编码的程度，分为隐性差错知识和显性差错知识，是差错知识连续谱系，见图 5-5。图中左侧为隐性差错知识，如差错能力是指个体所具有的差错诊断、差错发现、差错纠正等方面的能力，差错技巧是指在差错行为过程中，个体拥有更有效的差错诊断、发现和纠正的技术等。右侧为显性差错知识，是组织以各种文档、程序、规章制度、宣传标语等形式存在的差错知识，如技术操作手册既是相关设备、流程操作的规范，也是解决各种差错问题的参考文档，差错宣传标语往往是作业环境中将典型性的差错、差错后果及纠正方法用最为简洁且通俗易懂的语言表达，易被一线作业者所熟记。当然，显性差错知识和隐性差错知识之间并没有严格的分界线。特别是跨域分界线的知识兼具显性和隐性特征，而且差错知识的显性与隐性也会与个体的知识基础、工作经验、学习能力和认知能力等有很大关系。

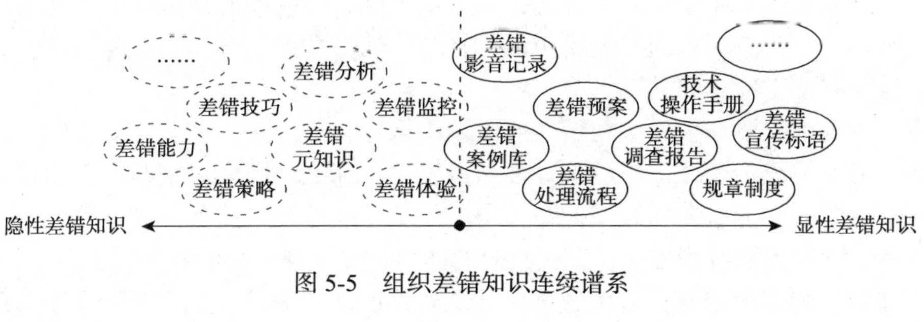

图 5-5　组织差错知识连续谱系

在组织差错学习过程中，差错知识如何在组织成员间进行转化、迁移和扩散，并创造新的差错知识，这既是差错知识管理过程，也是差错学习的螺旋上升过程。本书在 SECI 模型基础上，结合组织差错知识的转化和扩散的过程来研究组织差错学习过程，见图 5-6。

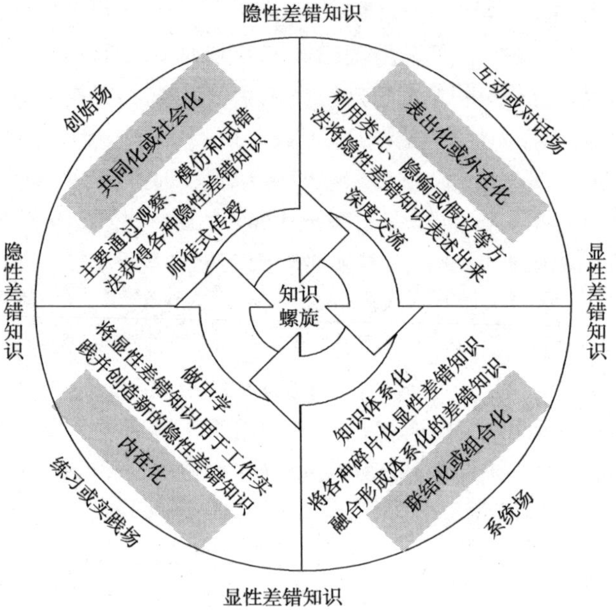

图 5-6　基于 SECI 螺旋模型的组织差错知识创造过程

图 5-6 是在 SECI 知识创造螺旋模型基础上，结合差错知识的创造、转移和扩散的过程，揭示了组织的差错学习流程。首先，在差错知识共同化或社会化阶段，差错知识实现了组织中个体间的转移和扩散，属于个别化的差错学习，一般通过师徒式的非正式教与学形式，即观察、模仿的形式实现隐性差错知识的转移。其次，在差错知识表出化或外在化的阶段，差错知识实现由隐性状态转化为显性状态，可以为更多个体所认知、理解，如采用类比、隐喻或假设等方法，而常用的途径则是通过较为深入的交流或访谈，将个体的隐性差错知识转化为显性差错知识，从而有助于理解和共享。

以上两个阶段一般发生在团体或组织结构中，使得个人的隐性差错知识通过差错学习形式成为团体或组织的显性差错知识。那么，团体和组织的差错学习如何进行呢？如果拥有差错知识的员工与其他员工通过师徒式的互动，其他员工通过观察、模仿和练习等方式，形成共同的体验，可实现个体隐性知识（差错知识）到团体隐性知识的转移。或者通过该员工的再次加工编码，用语言、文字等编码形式将隐性差错知识表达为大家都能接受的新的概念知识，转化为显性知识，然后才能为团体或组织内的其他成员所共享。

在差错知识体系化阶段，差错知识表出化过程中，各个员工差错学习的结果是碎片化、零散性的，或基于特定差错的知识。但是，为了提高组织差错学习效率，以及促进组织绩效、竞争力与创新能力的提升，将组织差错知识体系化，融入组织的规章制度、技术操作手册、差错案例库等组织结构中。组织差错知识内在化是指将组织中显性差错知识应用于个体在组织情境工作当中，结合新的差错问题和自身元认知能力与策略，创造出新的隐性差错知识，这个过程便是“做中学”。

在图5-6中，还有四个“场”，这些内容将作为组织差错学习过程的要素在5.2节中进行分析。

5.2 组织差错学习过程的要素

根据第4章的调查分析，可以看出组织差错学习过程所涉及的主要要素包括差错信息资源、差错学习的组织情境、差错学习的主体、差错学习的文化氛围等。本节将对这几个要素做重点分析。

5.2.1 差错信息资源与组织差错学习

在3.4节中，专门阐述了差错信息资源的形成、获取、存储和管理等问题。当然，差错信息资源管理并不是目的，而只是手段，最终目的是对差错信息资源进一步开发和利用。差错信息资源的开发和利用可提高员工与组织的知识水平和技术能力，进而提高员工和组织的绩效水平与创新能力，这才是目的，也是差错信息资源的积极作用所在。差错信息资源开发和利用有两个层次：差错防范和差错管理，差错防范提出零差错目标，采用差错侦测、报告、纠正、责任追究并惩罚等措施；差错管理则采用无问责方法来积极营造组织安全文化从而推动组织学习，避免或降低由差错产生的负面效应（Provera et al.，2010）。从方法上来看都是为了解决差错及差错可能产生的不利后果，但要实现差错防范和差错管理则需要将差错信息资源管理和差错学习融合，融合框架见图5-7。

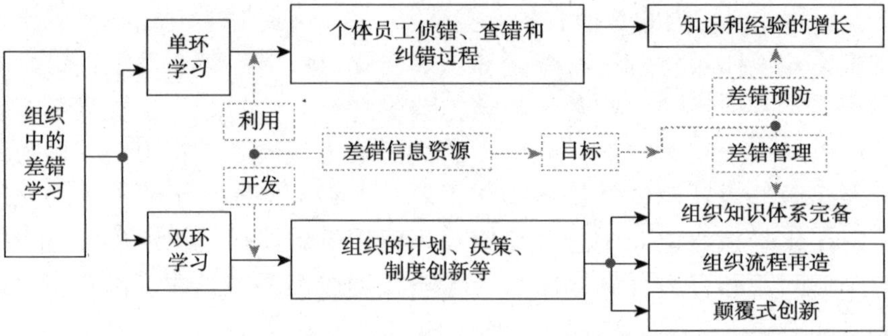

图 5-7　差错信息资源管理与差错学习融合框架示意图

从图 5-7 中可以看出组织中的差错学习分为两个层面：单环学习和双环学习。单环学习的重点是获得信息以确保现有系统的稳定，在这些系统中，重点在于发现错误与纠正错误；双环学习则更深入些，它涉及质疑系统本身及为何失败或成功。双环学习深入洞悉组织的规范和结果，可以看出差错学习与组织中的单环学习和双环学习有着密切的联系。

首先，在单环学习中，个体员工利用差错信息资源为其工作过程中的侦错、查错和纠错提供有益帮助，其目标是防止差错，以保证组织的正常运转。善于进行差错学习的员工，其知识和经验会同步增长，逐渐成长为熟手或专家型的员工，这在一些技术型员工的成长经历中是屡见不鲜的，从差错学习的角度来看，单环学习就是个体员工的差错学习。

其次，在双环学习中，正是由于把差错看成系统（组织）本身的问题所在，因此，有必要对差错信息资源进行深度开发和挖掘，在此基础上把组织制度、流程和规则作为改革的对象，如在组织培训中将组织差错信息资源作为组织培训和学习内容的组成部分，以提高组织培训针对性。最后，在组织的培训、计划、决策、制度创新上，对其他组织或本组织已有的差错信息资源进行挖掘、整理，从而可以提高组织决策的科学性，计划制订的针对性和制度设计的完备性。差错信息资源在双环学习中的目标是差错管理，具体包括：实现组织知识体系的完备；发现组织生产和服务流程中的问题，并进行组织流程再造；甚至是发现创新机遇，实现组织的颠覆式创新，增强组织的竞争力。

从图 5-7 中可以看出，组织差错学习是以差错信息资源为基础的，而且差错信息资源在单环学习和双环学习中不可或缺，通过差错信息资源管理实现对差错信息资源的利用和开发，促进组织中单环学习和双环学习的有效开展，因而能促进员工知识和能力的提高，同时实现组织绩效的提升和竞争力的提高。因此，差错信息资源无论是在单环学习中还是在双环学习中的作用，其实质都是为了组织绩效的改善和竞争力的提升。

5.2.2　差错学习的组织情境

员工在差错行为发生及其处理过程中获得各种信息和体验，可能成为他们处理类似差错的知识。当这些体验、知识、关于处理差错的报告、技术手册等成为组织学习对象的时候，组织中的差错学习就发生了。组织差错学习是发生在组织情境中的学习，其最直接目的就是解决差错问题和避免可能由差错而引起的严重后果，维持组织的绩效水平，其间接目的分为两个方面：一方面，通过个体的差错学习——单环学习，从而促使员工个体或团体知识和技能水平的提高；另一方面，组织层面的差错学习——双环学习，可促进组织颠覆性创新的机会出现（张家年和谢阳群，2014）。相关过程见图 5-7。

差错是发生在组织情境中偏离目标的工作行为，或称为工作差错（生活中差错不在我们研究范畴之内）。主体（包括个体、团体或整个组织）的差错侦测、发现、分析、处理，以及经验总结、反思并扩散的过程，即差错学习的过程，也是在组织情境中学会解决差错、获得差错知识的过程。因此，组织情境是组织差错学习过程中的要素之一，是组织差错学习模型以及组织差错学习机制建立的重要条件。差错学习的组织情境是一个动态变化的过程，涉及组织环境（物理环境）、组织文化氛围、差错者、学习者等诸多因素，所以，研究组织差错学习应当从组织这一系统性的情境入手。

5.2.3　差错学习的主体

在组织差错学习机制中，学习主体根据组织中参与学习的人数的不同，一般分为以下几种情况。

（1）个体员工的差错学习。个体员工的差错学习指在员工个体对自己或他人产生的差错进行反思、总结，并找到差错解决的措施。Argyris 和 Schön（1996）认为：当组织内的个体遭遇疑难情境，并代表组织展开调查时，组织学习就发生了。组织中个体员工的差错学习属于组织学习的情形之一，员工如果善于差错学习，其差错知识和经验将不断累积。从差错学习的本质出发，单环学习就是组织中个体的差错纠正，个体差错学习主要是解决其在组织情境中所遇到的差错。

（2）小组、项目或任务团队的差错学习。在组织中经常由小组、项目或任务团队去执行一个中等规模的任务或项目，在任务或项目执行过程中，如果偏离预先目标，则产生了差错，在解决差错过程中，整个小组、项目或任务团队都将从中汲取经验和教训，进行反思，这就是小组（团体）差错学习。这类差错学习的发生条件是群体内部存在容错氛围、愿意报告差错、分享差错处理的经验，并通过团体的差错学习有利于团体知识的增长、经验的积累和团体（部门）绩效水平的提升，也有助于提升团体协作能力和意识，如在一些组织中，项目开发或营销未达预期，在项目总结过程中，成员反思项目推进过程中的失误，分析原因，从而提升项目组的知识和能力层次。

（3）组织差错学习。组织差错学习是指差错学习主体为整个组织成员，在组织中展开大规模全员差错学习，其特点是整体性、组织主导性、强制性等。目的有两个：首先，通过差错学习使全员明确防范某类差错的发生，以免给组织带来负面的后果或危险的局面，并提升和完善组织知识体系，如完善组织操作规程；其次，通过组织差错学习，组织层面上实现变革、创新，包括组织的体制创新、制度创新和机制创新，以提升组织的绩效水平和竞争力。这种组织差错学习又属于双环学习，正因为双环学习视差错为组织（系统）自身存在的一种问题，因此，主动向内部进行深度开发和挖掘差错信息资源，在此基础上把组织制度、流程和规则作为改革的对象（张家年和谢阳群，2014）。如 2013 年 6 月以来，中国共产党在全国范围内开展的群众路线教育实践活动，活动的总要求是“照镜子、正衣冠、洗洗澡、治治病”，这要求每个党员干部对自身工作中的差错进行反思和学习，提高自己党性修养，自觉纠正工作中出现的各种问题（主要是差错）（共产党员网，2013）。2018 年 5 月，中共中央办公厅印发了《关于进一步激励广大干部新时代新担当新作为的意见》，明确要求各地区、各部门建立健全容错纠错机制（人民网，2018）。这里“容错纠错”中的“错”指的就是“差错”，而不是“错误”，更不是明知故犯地违法犯罪。中央提出要建立容错纠错机制，说明了出现差错是可以允许的。提出建立健全容错纠错的机制，目的是深化改革，为推进新时代中国特色社会主义建设营造改革、创业、创新的积极氛围和健康环境。

5.2.4 组织差错学习文化氛围

1. 组织差错学习的场与组织差错学习情境

学习理论的重要观点之一，即脱离情境的学习是没有效果或只获得无用的知识。因为脱离情境的学习者难以有效将信息融入其自身知识结构中，所获得的信息是主体知识结构之外的，难以在组织的真实情境中被提取出来，或称为游离态的信息。差错是高度情境化的行为，差错学习的发生也必须与差错情境相联系，脱离差错情境的差错学习将不会有迁移效应，因此，组织差错学习情境对于差错知识转化、转移和扩散起着关键性的作用。

正如在 5.1.1 小节中分析指出，如果没有组织差错学习情境，那么，组织差错学习将很难发生。根据野中郁次郎的观点，知识创造需要真实的情境，即“场”，它是创造及运用知识的动态的共有情境，是为主体（间）进行知识转换过程即知识螺旋运动提供能量、物质及场所的集合（Nonaka et al.，2000）。野中郁次郎和绀野登（2012）进一步解释如下：“场”是一种群体共享的情境，简单来说，即知识应用和创造以及相关资产配置过程的基地（或平台），是一种以虚拟性、心理上，或实体性的场所为存在母体的一种相互关系网。包含两个重要层面：第一，“场”是一种环境状况；第二，“场”是一种相互联系的网络。“场”的概念相对比较模糊，带有一定哲学意蕴。在创造知识的过程中，单凭一个“场”是不足的，应有多种形式存在的“场”，而且应将这些“场”有机地连接在一起，这决定了创造出来的知识的质量。

“场”是知识管理中的重要概念，是组织知识转化、转移、扩散的重要依托要素，从组织差错知识转移、扩散、组合、创造的过程，以及对组织差错学习的支持来看，本书中视“场”与组织差错情境为同一性的内涵，即基于组织情境而形成的一类物理或虚拟的系统（平台、网络或环境）。因此，我们认为员工作业环境、差错发生情境、差错处理情境、差错反思情境、差错交流情境等都是差错学习的“场”，也即组织差错学习是与“场”高度相关的。这些“场”具有一定的连续性，缺少其中之一，差错知识转化过程就中断了，组织差错学习也可能中断，或者脱离情境的组织差错学习，其学习获得的知识是不能在真实情境中解决类似差错的。因此，组织差错学习是与上述“场”紧密联系的，它们也决定了差错知识的质量。

在图 5-6 中，基于 SECI 螺旋模型的组织差错知识的创造过程，有一个重要的因素——场。根据 SECI 知识创造螺旋模型的阶段，可分为四个场：创始场、互动或对话场、系统场和练习场或实践场。它们在组织差错学习中的主要作用以及构建策略如下。

（1）创始场。它是差错知识创造过程中的起点，属于共同化或社会化阶段。在差错发生后，组织中人际相互信任、相互支持、相互帮助对隐性差错知识的移转、扩散与转化十分重要。因此，创始场应支持这种学习情境的创设，支持师徒式隐性差错知识的转化策略。

（2）互动或对话场。它是隐性差错知识表出化或外在化阶段。一般先发生在小组、团体或部门内部，成员在互动或对话空间中交换自己的差错经验或知识，要求小组、团体或部门成员持相互信任、开放、支持的态度，促进成员间的隐性差错知识共享，从而转化为显性差错知识。

（3）系统场。它是碎片化显性差错知识的联结化或组合化的阶段。在对话场中形成的显性差错知识，多为围绕特定差错问题解决的知识，因此，多为孤立的、游离态的形式，未能形成序列化、系列化或分门别类的组合和体系。系统场支持组织采取一定的措施和策略使各种碎片化的显性差错知识体系化，最终形成差错案例库、差错指导手册、常见差错技术指导……。

（4）练习场或实践场。在工作场中，个体将显性知识与实践工作相结合，内化并创造出新的隐性（差错）知识。同时，在工作场中进行差错知识的转化、扩散和创造，即组织差错学习的螺旋循环。

2. 组织差错管理气氛

一般来说，组织差错管理气氛指的是与差错有关的组织实践、程序和态度，简单来说，是指组织处理差错的策略和方式（王重鸣和洪自强，2000）。差错的发生会给员工带来心理压力、精神紧张、情绪低落、自责等负面影响，这些都会影响差错的进一步处理及差错学习的进程。组织差错管理气氛的不同会加剧或削弱这些负面因素的影响，如在采用问责制的组织中常常有一种消极的组织差错管理气氛。当产生差错的时候，员工担心被问责，一般不愿意向其他员工透露自己差错发生、处理的过程，可能会瞒报、漏报差错信息，从而可能延宕差错处理时机，也不利于差错知识管理（差错知识转化遇阻），进而可能给组织带来严重损失。与其对应的，无责氛围则是一种积极的组织差错管理气氛，产生差错的员工能以积极的态度应对差错、主动报告差错、积极搜集差错信息、探询差错产生的原因，并积极参与差错的后续处理、总结和反思，从而提高进一步应对类似差错的能力水平，同时也乐于与他人分享自己获得的差错知识，促进差错知识的扩散和转移（李阳等，2013；李忆和马莉，2014）。

5.3 多维视角下组织差错学习模型

5.3.1 模型构建

（1）知识管理视角下组织中的个体、团体学习过程。组织知识创造过程与组织学习过程是密不可分的，我们将 SECI 知识创造螺旋模型与组织学习过程相结合，构建了组织学习过程模型，见图 5-8。首先，在创始场中，个体间师徒式学习产生了共同经验，即实现了隐性知识的转移和扩散；其次，在互动或对话场中，个体通过各种编码形式将隐性知识转化为显性知识，从而被其他个体（通常为同一团体内）所能理解和学习；再次，在系统场中，一般地，在组织层面将各个团体碎片化、非系统的显性知识进行整理、归纳、分析和综合，形成系统化、体系化的显性知识，这些显性知识通常以组织制度规范、技术指导手册等形式出现；最后，在练习场或实践场中，将所获得（组织学习或培训）的知识与具体的组织工作实践结合起来，并创造新的实践性、隐性知识。如此往复，不断循环。

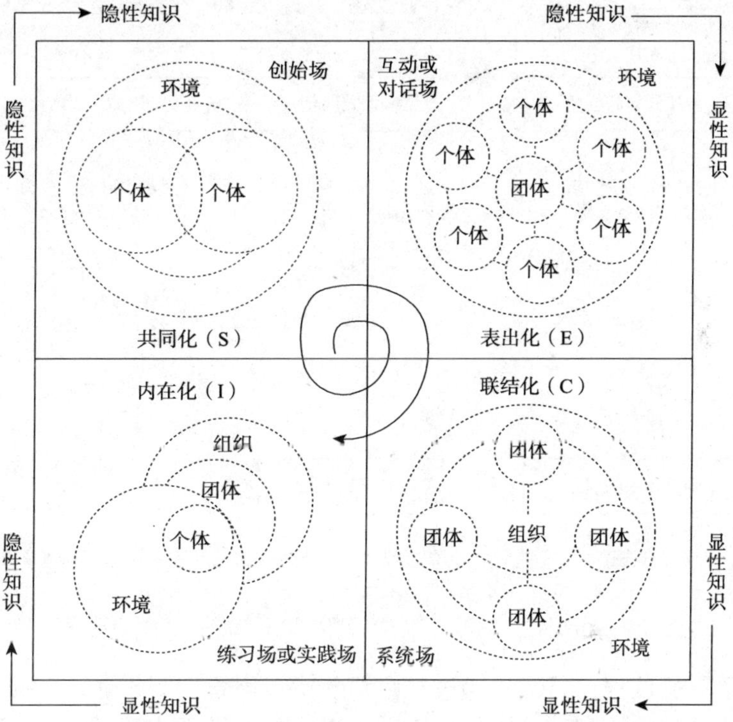

图 5-8　知识创造螺旋模型下的组织学习过程示意图

（2）组织差错学习过程模型。从前面组织差错学习过程的分析可看出，组织差错学习实质是组织中差错知识的转移和扩散，最终目的是提高组织差错问题的解决能力以及发现组织创新的机遇，也是组织知识管理的过程。因此，为了更好地厘清组织中差错学习、信息流和知识流的转移及知识管理之间的关系等，我们以知识管理过程为基础，将野中郁次郎的 SECI 知识螺旋进化模型（Nonaka and Toyama，2003）与差错学习流程融合在一起，构建组织差错学习、知识管理和知识流路径的框架模型（图 5-9）。

从图 5-9 可以看出，组织知识管理分为两个层面：其一，从员工个体来说，组织希望通过知识管理实现其个人关于差错学习所获得的隐性差错知识向显性差错知识的转化，从而进一步为团体或组织内部知识共享提供知识源，而差错知识共享的过程就是其他员工在组织的不同场中，通过各种学习方式（正式或非正式）

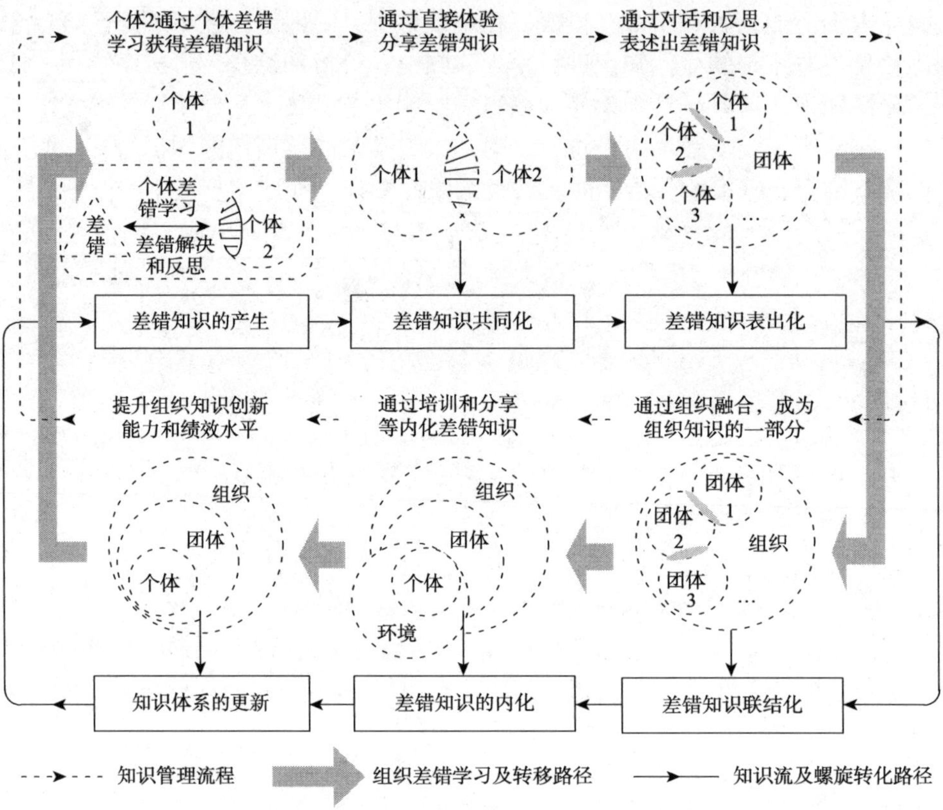

图 5-9　组织差错学习、知识管理及知识流路径的框架示意图

进行差错学习的过程；其二，通过对组织差错知识管理，整理、挖掘、聚焦、聚合等产生新的知识、智慧，创造出创新机遇，并提供了改革组织的制度、结构和管理框架的契机，从而提高了组织竞争力。SECI 知识创造螺旋模型对于知识的转换、迁移，个体、团体和组织间知识的迁移给出了很好的模型结构，下面将从该模型结构的路径和具体过程两个方面进行分析。

5.3.2　差错学习、知识流、知识管理和差错管理的路径

（1）组织差错学习的路径。在图 5-9 中，灰色且带箭头的宽条所组成的闭环路径标示了组织中差错学习的路径，即个体差错学习→团体差错学习→组织差错学习→个体差错学习，是一个不断循环往复、螺旋上升的过程。而且在这个过程中，随着时间的推移，个体差错经验不断积累，知识不断增长，一些善于差错学习的个体将从职场新手逐渐成长为职场熟手，乃至成为专家型员工，各行各业中“状元”

的成功经历也印证了差错学习的魅力。组织差错学习是建立在个体差错学习和团体差错学习基础之上的，通过联结化，使差错知识融入组织知识系统中。

在差错学习过程中，无论是个人还是组织，其知识结构体系变化包括两个方面：同化和顺应。当差错知识嵌入个人知识结构中时，这个过程称为同化；当差错知识与个人原有知识结构体系发生冲突，无法同化时，个人知识结构依据差错知识重构其知识结构，这个过程称为顺应。组织知识结构体系的变化也有类似的同化和顺应过程，同化即组织知识结构体系的累积更新，顺应则是组织知识结构体系的重构。

（2）组织中差错知识流的路径。组织差错学习过程也同时伴随着知识流的移动和扩散，图 5-9 中带箭头的、外围的细实线所组成的闭环所标示的路径，即组织中差错知识（信息）流的路径。知识类别在隐性差错知识和显性差错知识间不断转换：隐性–隐性→隐性–显性→显性–显性→显性–隐性。在转换的过程中，差错知识的类别在不断地转变，同时差错知识也在不同的主体间进行转移，从而实现组织中差错知识的转移和扩散。当然，应该强调的是这个路径不是一条线段，而是一个螺旋曲线，不断螺旋发展。

（3）组织差错知识管理的路径。组织差错知识管理通过隐性差错知识和显性差错知识之间的转化，以促进组织知识创新和知识共享，实现组织绩效和竞争力的提升。在组织差错学习过程中，也嵌入了差错知识管理。差错知识的产生→共同化→表出化→联结化→内在化→组织知识体系的更新过程中，组织知识管理系统在支持这一转变，最为重要的是连续“场”的建立，即创始场、互动或对话场、系统场和练习场，在本章 5.2.4 小节中已有详细分析。

（4）组织差错管理的路径。应该说差错管理的路径在图 5-9 中没有明确标示出来，但这并不表明不存在这样的路径。差错管理是组织管理中的组成部分，因此，差错管理路径便是组织管理的路径。从某种意义上来说，组织差错管理并不是单一的管理行为或过程，更是一种组织对待差错的态度、方式、策略和文化，融于或体现在组织生产、服务、管理和学习的各个层面上。既包括差错管理机制体制的建立、容错纠错制度和过程的制定、差错学习或差错培训的安排，又包括构建积极的差错管理气氛等。它往往决定了组织差错学习能否发生，以及是否有效与高效。积极的差错管理气氛将有助于差错知识的扩散、分享和转移，从而使个体差错知识显性化、组织化。关于差错管理在前面章节中均有不同程度的论述和分析，这里不再赘述。

5.3.3 差错学习、知识流、知识管理和差错管理的过程

差错学习、知识流、知识管理和差错管理的过程是不可分割的，是统一的整体，它们分别是从不同视角解释差错学习的，缺少其中之一，差错学习、知识流、知识管理和差错管理都将不会发生。从组织管理的角度来说，差错学习、知识流、知识管理和差错管理是并发的进程，甚至是同一进程，因此，难以将它们割裂开来。

（1）组织差错学习起点。组织差错学习的起点是建立在个体员工差错学习并获得差错隐性知识基础之上的，见图 5-9 中左上角的虚线圆角矩形。个体 2 产生了差错，在差错解决过程中，通过差错反思，获得差错隐性知识，这是个体差错学习的过程（在本章 5.1.1 小节中有详细阐述），也是差错知识的起源。从组织学习的层次来看，个体 2 通过差错学习获得差错知识，其差错学习过程是一种单环学习，其主要目的是解决差错，以及预防以后工作中类似的差错发生。在此阶段，组织应创设有利于个体 2 差错学习的创始场，而惩罚差错文化的组织是缺失创始场的，因而差错被隐瞒，差错学习就没有发生，差错知识也就没有产生。

（2）共同分享差错知识。个体 1 在工作情境中可能也遇到类似于个体 2 的差错现象，或者希望获得类似的差错解决经验。有了这样的动机，组织同时也提供员工间互动或对话场，还应包含相应的激励和保障机制，以促进差错知识的转移和扩散。在个体 1 与个体 2 交流（师徒式对话、观察或模仿）过程中，个体 1 借助示范、模仿等工具，也发生了个体差错学习，这是非正式学习过程。个体 1 通过直接体验、分享个体 2 的隐性差错知识，这样的过程在组织中持续多次进行，进而为团体内更多成员所掌握，在此期间知识表现形式仍只是隐性知识，这是差错知识的社会化过程。

（3）协商表述差错知识。通过共同分享差错知识，某个团体中多数成员获得了隐性差错知识。然后，在团体范围内，通过对话和反思工具，使用成员都认可的概念或术语、程序、原理或公式等表述出差错知识（通过编码形成显性差错知识），使之成为团体的共有知识（狄克逊，2002）。这个过程是差错知识表出化的阶段，其输出的是显性知识。

（4）联结成为组织知识。组织是由许多类似于次一级单位，即团体（子组织、职能部门、项目组等）组成。组织发现了前述团体中的显性差错知识在相关团体绩效改善中发挥了重要的作用，在系统场支持下，鼓励它们通过收集和整合、整理和扩散、编辑等手段将各类碎片化的显性差错知识进行体系化、系统化，并融入组织知识结构体系中。同样这个过程也不断地发生在其他团体中，使得组织中各类差错知识融入组织知识体系（显性知识）中，进而使得组织知识生产不断扩

大，创新能力和竞争力也随之提升。

在这个过程中，组织差错学习分为两种形式：一种是单环学习，单环学习是为了维持组织生产、服务和管理的正常进行，预防其他员工类似差错再次发生。在单环学习过程中，组织知识体系的更新是一种累积式创新，其目标是维持组织的绩效水平。另一种是双环学习，组织把差错看作组织结构体系中存在的问题，从而对组织进行颠覆式改革（创新），实现组织知识结构体系、制度体系、生产流程等颠覆式的创新，寻找组织创新、变革的机遇。

（5）经过体验内化组织知识。对于组织中的个体员工，在接受组织培训过程中，将组织差错知识应用于生产、服务和管理中，用于处理类似差错，因而通过直接的体验内化了组织知识，并成为自己的经验（处理相关差错的经验，是一种隐性知识），如组织新员工培训、在岗轮训、升职培训等形式中，都可以将组织中的差错知识作为培训内容供员工学习。

（6）组织知识更新：经过（1）~（5）的过程，组织知识体系得到了一次升华，也是组织差错学习的结果。组织在不断地运转中，因此这个过程必然也会不断地循环下去，且循环的过程并不是原地踏步，而是螺旋发展，即组织知识体系在不断地创新，并持续支持组织绩效的改善。同时，在实际工作中，员工再将差错知识应用于新差错问题情境中，在组织练习或实践场的支持下，进行新一轮的知识创造。

5.3.4　组织差错学习的保障条件

总之，本节从知识管理视角，以信息流和知识流为纽带把组织学习理论、知识管理理论和组织管理理论等多学科理论融合到组织差错学习领域中，以整体性的框架把组织差错学习、组织学习、知识管理过程融合在一起，把个体差错学习纳入组织差错学习之中，构建了组织差错学习模型，从而为组织差错学习实践应用提供了一个新的视角。

当然，组织差错学习是一个系统性工程，首先，需要组织具有一个积极的容错文化氛围，让员工无后顾之忧，且乐于报告、分享差错信息和差错处理的经验，为差错学习提供资源性条件；其次，提供组织差错学习平台，即各种差错学习情境，如在组织培训中，可以把差错嵌入培训中，鼓励尝试错误，而不是简单地告诉新员工正确地做什么；再次，差错学习应与其他组织学习相互协调，以达到组织学习的最佳效果；最后，组织差错学习的有效实施和促进，需要从组织层面提供相应的激励和保障，这将在第 6 章组织差错学习机制的建立中详细分析和论证。

第 6 章　组织差错学习机制的建立

在第 4 章中，我们主要论证了影响组织差错学习的主要因素以及组织差错学习绩效输出的表征。在第 5 章中，从多个视角出发构建了组织差错学习的过程模型。抓住差错学习的主要因素，就掌握了差错学习的静态性框架与结构；确立了差错学习过程模型就可为我们提供清晰的学习路径。尽管知晓组织差错学习的静态框架与结构以及动态的学习路径和过程，但这些并不是组织差错学习的充分条件，并不能保证组织差错学习的自动发生。为此，还需要建立组织差错学习机制，促进组织差错学习的发生和保持，以保障组织差错学习的绩效。机制是指依据相应的组织生产、运行和管理的原则与规律，而形成的组织体制和制度的安排，主要包括两个方面：一方面，通过对组织机构、职能、资源等进行协调、划分和配置；另一方面，通过规章制度、作业规范以及组织文化的建立，目标是优化组织的绩效输出。本章主要阐述保障组织差错学习的各种机制：报告与信任、合作与共享、知识转移与知识扩散、组织容错与冗余以及激励与保障机制等。

6.1　基本概念及内涵

6.1.1　组织学习机制

在生态学中，机制原指有机体的结构、功能及其相互关系，后来被广泛应用于社会学、管理学等领域。组织学习机制就是组织一种程序性的布置与安排，使得组织像一个独立个体那样进行学习的制度化框架，通过该结构或者程序，组织可以系统化地收集、储存、转移、共享知识（郭涛力和肖冬平，2011）。从组织层面上来分析，组织学习机制是能促进特定信息的收集、分析、储存和扩散的一种制度化、体制性的安排，并且用以改善个体和组织的绩效（Popper and Lipshitz,

1998）。从这两个关于组织学习机制的界定可以看出，组织学习机制的实质就是通过组织制度化的安排促进组织中各种知识的转化、转移、增殖和增值。

6.1.2　组织差错学习机制

从知识管理的视角来看，差错知识正是组织中特定知识信息的一部分，差错学习就是组织中知识创新的过程，是差错知识迁移、扩散的过程，是差错知识的两种形态——隐性知识和显性知识相互转化的过程，是促进组织绩效和竞争力提高的过程。同样地，组织差错学习机制并不是独立于组织学习机制之外的机制安排，而是寓于组织学习机制中的一类特殊情形的安排。当组织差错或差错学习发生时，组织学习机制就成为组织差错学习机制并发挥其作用，但鉴于差错学习的特殊性，组织差错学习机制也有其特殊性，如组织差错学习氛围与一般意义上经验学习、知识扩散时的组织氛围是有很大差异的，而且差错知识与其他类型知识的学习具有高度情境依赖的特点。借鉴组织学习机制的概念，我们认为组织差错学习机制就是组织中一种嵌入式的形式、制度化的安排、结构化体制的建立，以及组织差错文化氛围的营建，其目标是促进组织中差错学习动力的产生，差错知识转化、转移，同时以避免差错发生或不利后果的出现，提高组织绩效，抓住创新机遇。由于组织差错学习机制涉及的因素比较复杂，如组织中差错处理、学习和管理等方面的人员、对象、信息和组织规章等。下面主要从差错报告与信任机制、差错学习中共享机制、知识转移与扩散机制、组织容错与纠错机制、组织激励与保障机制等方面进行阐述。

6.1.3　行为工程模型视角下差错学习机制的内涵

组织差错学习的落脚点在于组织学习绩效的输出，在组织中影响组织差错学习的因素甚多，在第 4 章中，通过定量分析研究，从宏观上来看，主要分为差错管理和知识管理。在第 5 章中，我们从行为过程、信息和知识流程分析了差错学习的路径与过程。但是，以上只是揭示了组织差错学习的要素及过程，还未能系统性地从机制上进行分析。Gilbert（1978）在其著作 *Human Competence: Engineering Worthy Performance* 中，描述了一系列可以用于将员工的绩效水平从普通甚至更低的状态提升至杰出层次的技术，其中就提到了行为工程模型，见表 6-1。本书将借助该模型来分析组织差错学习机制的主要内涵。

表6-1 Gilbert的行为工程模型主要内容

影响因素	信息	工具	动机
环境因素	数据	资源	激励
	中肯和频繁地反馈 期望绩效的描述 针对合理绩效的清晰、准确的说明	设计科学的、与人员因素相匹配的工具和材料	金钱激励 非金钱激励 职业发展机会激励
个体因素	知识	能力	动机
	系统化设计的培训 人员配置	灵活的绩效时间安排 辅助手段 塑性 适应性 选拔	工作动机评估 招聘合适的人员

（1）Gilbert 行为工程模型，见表 6-1。表 6-1 上部分的三个模块——数据、资源和激励，分别代表了组织中影响组织绩效的环境因素。当这些支持因素被提供后，员工就可能有非常杰出的表现。但是，当这些支持因素没有被提供的时候，即使员工接受专业的培训，表现也难以达到预期的水准。这里环境的支持因素也可以理解为组织保障和激励机制所提供的支持。在表 6-1 的下方，对应的是员工个体的知识、能力和动机。

Gilbert行为工程模型阐明了缺乏工作环境中的绩效支持因素是员工输出绩效的最大障碍。当探究绩效提升的方案时，本质上就是要查找缺失的支持因素。与传统组织管理理论与实践将“人”作为管理的核心有本质性不同，行为工程模型通常认为“环境因素”更重要。行为工程模型的提出受到了理论研究和一线管理者的欢迎，在研究和实践当中，不断有学者对之加以补充和修正，使之内容更加丰富，更适应于实践操作，如 Chevalier（2003）提出的改进型行为工程模型。

（2）行为工程模型与组织差错学习机制的关系。行为工程模型的目的是通过组织培训解决组织绩效低下的问题，而本书中，组织差错学习机制则是为了保障和激励组织差错学习，提高组织差错学习绩效的输出。在已有差错学习研究中，多从员工个体出发，从心理、认知、知识、能力和动机等方面来促进其差错学习，但忽略了组织环境因素的影响。如果没有组织数据、信息、知识的供给，没有工具、资源的合理配置，没有各种激励措施的推动，组织差错学习必然存在相应的偏差和不足。结合组织差错学习机制的概念，组织差错学习机制应该从员工个体与组织环境相互作用、相互影响的关系，从行为工程模型的三大要素（数据、资源和激励）、六个模块（环境信息、环境资源、环境激励，个人知识、个人能力和个人动机）进行研究，探讨组织差错学习机制的建立。

6.2　差错报告与信任机制

差错信息与差错行为一样，对主体也同样兼有负面和正面的影响。差错信息的负面影响如下：可能影响组织决策，增加组织成本投入，影响组织的形象等。正面影响如下：将有利于降低类似差错再发生的概率，有利于及时地纠正差错，有利于组织差错学习，促进组织创新（谢阳群和李阳，2014）。但是，差错信息一般难以通过组织其他常规性工作机制进行收集，主要原因包括两个方面，一方面，是否有差错信息的收集与传递通道，或者说差错报告机制是否建立，即组织机构中是否具备差错信息的传递通道；另一方面，差错信息与特定主体（差错行为人或旁观者）相关，而相关主体是否有主动报告自己差错或他人差错的意愿。向组织报告自己的差错，可能存在个人隐私、职业安全、道德风险、名誉受损和潜在其他不确定的负面影响；而向组织报告他人差错，除了前面的因素之外，还可能产生使人际关系紧张、相互猜忌、失去信任等外部不可控的后果。这两个方面又恰好与本节内容的差错报告机制和差错信任机制紧密联系。

6.2.1　组织差错报告机制

（1）差错报告的概念与类型。差错报告也称报告差错，在组织中，差错出现后，主体通过相应的途径，向上一级或特定组织管理者（部门）报告，以便于管理者及时纠正差错或其他层面上的利用。差错报告有两个方面的内涵：一个是差错报告的过程——差错信息的获取、整理和传递的过程；另一个是差错报告的结果——差错信息。差错报告在高可靠性组织中，是组织管理的重要组成部分，如航空系统、医疗系统、金融系统、核电系统、危险品储运系统、煤矿生产、审计工作等。但并不是说，普通类型的组织不需要差错报告，实质上，各类组织只是在差错报告管理上、重视的程度上、使用的频度上有所差异而已，如教育教学（如教学差错）、农业管理、服装生产、科学实验等。根据相应的分类依据，差错报告可以形成多种分类结果。常见的分类依据包括：主体的不同、报告者署名与否、差错报告的规范性、差错报告的意愿、差错报告的自动化与否等。

根据主体的不同，差错报告可以分为自我差错报告、他人差错报告、团体差错报告。关于差错报告概念，还没有统一的说法，相关领域的研究比较丰富，如医疗、航空等领域（Gronewold et al.，2013；Zhao and Olivera，2006；Holden and Karsh，2007；Helmreich，2000）。这里分别进行归纳和综合，对相关概念进行厘清。首先，认为自我差错报告是指差错行为主体发现了自身作业中的差错，并按照相应的形式（差错的描述信息）和一定的途径（差错信息的传递途径）向特定对象（可能是人，也可能是设计的系统）发送，目的是进一步纠正差错，也为进一步利用差错信息提供信息资源基础。其次，他人差错报告是指报告者发现其他同事产生了差错行为，将差错相关信息报告给相应的对象。最后，团体差错报告是指多发生在某个小组、部门或子组织，由于群体的知识缺陷产生以群体为主体的差错行为，由他人发现并报告给特定的管理者。

根据差错报告者署名与否，可分为实名差错报告和匿名差错报告。从组织管理来说，实名差错报告真实、可靠，更为管理者所重视，其报告信息往往易得到信任和采纳，差错后续纠正往往会在第一时间得到解决。匿名差错报告是指差错报告中并没有差错报告者的相关身份信息，原因很多，如怕被打击报复、恐被别人误解、担心人际关系变差以及其他负面因素。对于匿名差错报告，组织在采纳前，往往要核实差错信息的真实性，易延误纠错时机。因此，相比较而言，管理者往往由于匿名而怀疑差错报告中信息的真实性，所以，匿名差错报告具有一定的局限性。

根据差错报告的规范性，可分为正式的差错报告和非正式的差错报告。一般地，在高可靠性组织中，对于差错行为明确要求必须按照规范的格式报告差错，以便于管理者准确定位差错，如航空系统（李阳和谢阳群，2015），不仅要对差错行为给出非常细致的界定，而且按规定格式要求对于差错行为及时报告。非高可靠性组织则对差错报告并没有特殊要求，当员工进行差错报告时，其规范性相对较低。

根据差错报告的意愿来分类，包括主动差错报告和被动差错报告。如果组织采用的是“无责备”、非惩罚性的组织差错文化，视差错为组织常态化行为的一部分，视差错为组织潜在的创新机遇。这种工作情境下，员工愿意主动报告差错（Okafor et al.，2015；孙涛和陈宇，2004），报告人发现了自己或他人出现了差错行为，通过组织差错报告系统报告相关差错信息。如果组织采用的是“责备”、惩罚性的组织差错文化，采取高压和惩罚的差错处理机制，使得不报告差错的代价可能高于报告差错带来的代价。因此，当员工出现差错行为，而且难以隐瞒差错时，员工可能选择报告差错。

当然，随着经济、科技和社会的发展，云计算、大数据、物联网、人工智能、移动互联网等信息技术不仅实现了人际互联、人机互联，还实现了物物互联，物理世界与虚拟世界融为一体。越来越多的组织依靠技术进步，实现了组织差错报告自动化，即差错自动报告系统，通过将组织生产作业流程中标准化操作参数嵌入计算机检测程序中，设置各类参数的阈值，对各种渠道输入的数据，包括传感器、终端扫描、音视频监控等设备实时传输的数据，进行比对，当超出阈值时，系统将发出提示或预警信息，从而帮助作业员工、技术专家或管理者及时处理差错。此类系统在医疗系统、航空系统、企业自动化生产线等领域应用比较普遍，如医学影像读片差错智能提醒系统（胡俊峰和胡智慧，2013）、门诊电子处方系统（郁海东，2011）等。但是，构建了自动化差错检测报告系统，并不能够说明组织差错的发现、纠正、减少这些预期的自动实现，或者说就不需要人力差错报告系统。本书认为，差错报告系统应该是差错自动报告系统与人力差错报告系统相融合，客观检测信息与丰富的差错识别经验的结合，这将使组织差错报告体系更加完善。

（2）差错报告的作用与过程。差错报告的作用在于：首先是直接效用，即差错报告可以帮助各级组织管理者获得差错行为的精准信息，对随后的差错进行纠正，预防差错耦合，防止更大范围的事故和失败发生。其次是间接效用，即差错报告后留存的差错信息既可作为差错纠正、差错总结和差错反思的依据，在之后的工作情境中减少类似差错行为的发生，也可将累积起来的差错报告信息进行整理、分析和综合，作为组织差错培训、组织差错学习的案例和知识源，甚至是实现创新的突破口和切入点。

从 3.1.1 小节中差错信息链的视角来看，差错报告的过程就是一个数据收集、整理、转码、提取和传递的过程，是从差错行为（事实）到差错数据收集，再转化为差错信息并输出的过程，具体过程见图 6-1。

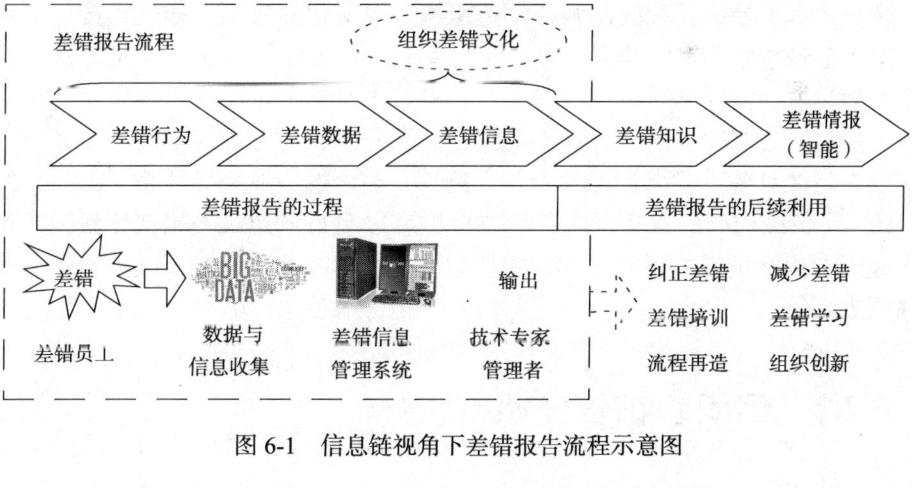

图 6-1　信息链视角下差错报告流程示意图

（3）差错报告机制的建立。在组织中，建立差错报告系统，投资一定的硬件、软件可立竿见影，但是并不是有了差错报告系统，就一定能保证其正常发挥作用。差错报告系统只是差错报告的必要条件，还必须建立组织差错报告机制，才能使得差错报告得到真正地实现。基于前面的分析和图 6-1 中差错报告流程，建立差错报告机制的主要工作包括以下内容。

第一，基于组织结构的视角，建立差错报告管理体系。差错报告，无论是人际间的传递，还是借助信息传输系统在“人—机—人”间传递，关键在于组织中人的角色定位。需要有相应岗位的管理者专任或兼任相应职务，从而形成组织差错报告管理结构体系。我国政府部门也设有应急管理部门或设立应急管理领导小组。2018 年 3 月根据第十三届全国人民代表大会第一次会议批准的国务院机构改革方案设立了应急管理部，主要应对处理突发事件，但也兼顾各类公共安全差错风险报告，如各种安全隐患、缺陷、故障等潜在安全风险。一般情况下，高可靠性组织都会设置相应机构来处理差错报告，如航空领域的组织，设有应急管理部门专门负责差错报告的处理（王少杰，2014）。对于普通组织，在管理层建立自上而下的差错报告管理的责任体系，由相应管理者肩负起差错报告管理的责任。

第二，基于情报学的视角，建立差错信息管理系统。差错信息不仅包括员工差错报告，而且还包括各种传感器、仪表、自动检测设备等，以及物联网、互联网所构建的信息系统传输的信息。同时，差错信息管理系统还应能够根据数据库中差错案例库中的模型进行比较，以确定行为是否达到差错行为参数的阈值，并及时报警。因此，差错信息管理系统的建立为差错信息顺畅地传递至管理者或技术专家提供了信息通道，要求差错信息管理系统（包含差错报告系统）的设计符合组织需要，具有易用、好用、保密等特性。

第三，基于差错管理的原则，营造组织差错文化的氛围。如鼓励员工主动报告差错，准确报告差错，建立“无责备”文化，视差错为组织行为的一种，并且以差错为学习资源和创新机遇等。当然，良好的组织差错文化氛围是建立在完备的组织差错管理制度上的，如扎实的差错培训体系，完善的规章制度（如中国民用航空专门针对差错等出台一系列的规范①），健全的作业指导体系，部门间的无缝对接（降低结构洞的数量，减少差错的发生）。良好的组织差错文化氛围还表现在人际间的相互信任关系的建立，组织扁平化结构改革也有利于减少人际间信息沟通的失真等。

6.2.2 组织差错信任机制

组织信任本身就是组织文化中不可或缺的基因，既是个人在组织中生存和

① 中国民用航空总局职能部门规范性文件制定程序规定，http://www.caac.gov.cn/XXGK/XXGK/MHGZ/201511/t20151102_8445.html.

发展的重要保障，也是组织良好运转的前提。Rousseau 等（1998）认为依靠他人的意愿和抱有积极的期望是定义信任的关键要素，而且信任产生的条件是风险的存在与相互依赖。由于差错行为受负面情绪影响，差错管理、差错报告、差错学习等组织活动的正常开展离不开组织信任的建立。因此，在差错学习过程中，没有信任，就不存在差错报告、差错知识分享等行为，那么，差错学习可能也不会发生。

在组织中，差错报告机制基础之一赖以良好组织差错文化氛围的形成，而且只有员工之间、员工与管理者之间建立了信任联系，自愿或主动差错报告才有可能，即信任是差错报告机制有效的前提。信任也是差错知识分享的基础，是差错解决过程中员工间协同合作的条件。另外，信任也是员工间差错指导和学习的重要桥梁。因此，组织差错信任机制的建立是差错学习的重要保障。

（1）信任的概念。信任总是与自身潜在的风险、安全、不确定性及其脆弱性等相联系。国内外关于信任概念的阐述非常多，人文科学和社会科学相关领域均有涉及，如 Sabel（1993）认为信任就是交往的双方都有认为对方不会利用己方弱点的信心；Moorman 等（1992）认为相互信任就是联盟各方坚信没有一方会利用另一方的脆弱点去获取利益等。本书采用广为学界所认可的 Mayer 等（1995）的研究界定，即信任是指组织内部成员间基于彼此的认知和了解，两个主体间，虽然一方有监督或控制另一方的能力，但是由于期望对方会执行对自身有重要意义的某种行动，因此也愿意接受对方行动可能带来对其自身的伤害。

差错管理中差错文化氛围是建立在差错信任基础上的，根据前面信任的概念，可以进一步延伸至本书的差错信任概念中。差错信任，即在组织情境中，差错行为主体相信其他主体（员工、部门或组织）能够执行对于其自身非常重要的特定行为（帮助、指导并免责等）的期望，而接受自己变得脆弱的意愿。差错信任的含义表现在两个方面：其一，差错信任是主体间在面对差错发生后的不确定性所展现出来的相互间的信赖，正是由于差错信任，差错纠正才得以发生；其二，差错信任也会使相关主体处于一定的风险之中，如在惩罚性差错处理的组织中，主动向组织报告差错，往往会带来责备和处罚。

在组织中差错信任方面，从主体间性上看（吴国林，2001），包括个人间的差错信任、个人与团体（部门）间的差错信任、个人与组织间的差错信任、部门间的差错信任、部门与组织间的差错信任；从差错发生的流程看，差错信任可以分为差错报告的信任（信任报告者针对差错本身作出的报告）、差错处理过程的信任（信任处理者对于差错的处理）、差错知识分享的信任（相信别人的差错知识）、差错学习的信任等。

（2）差错管理与差错学习间的关系。在第 4 章中，已经就差错学习绩效的影响因素进行了研究，从中可以发现：知识管理既是差错学习的前提，同时知识管理也是差错管理的基础。差错信任则是差错管理和知识管理的必要条件，在差错学习过程中，双方必须基于信任的情景下，差错学习才能发生，这充分说明了差错信任对差错学习有着非常重要的影响，其作用机理见图 6-2。

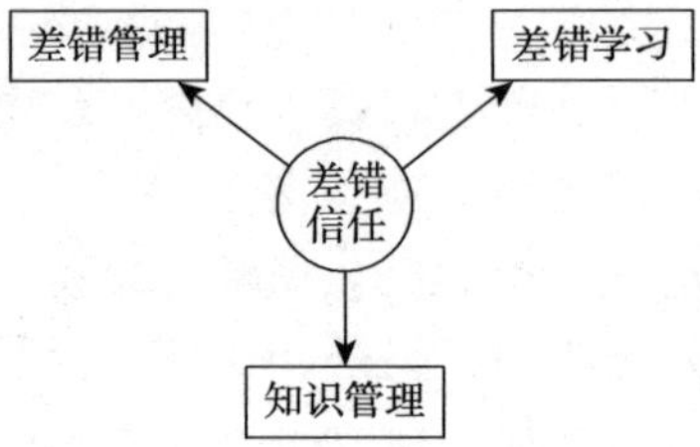

图 6-2　差错信任与差错管理、知识管理和差错学习间的相互关系

（3）组织差错信任机制的建立。差错信任在差错管理、知识管理以及差错学习过程中的地位非常重要，如果差错信任缺失，将可能危害组织差错管理、差错知识管理（分享与扩散）、差错学习绩效等，而且会使组织改变差错处理方式，转而采用差错预防策略，以惩罚机制来预防差错，增加组织资源配置需求，提高管理运营成本，降低组织生产效率和竞争力。因此，在组织中建立长效、稳定的组织差错信任机制是非常重要和必要的。在组织运行过程中，差错信任机制是经过重复博弈（可认为是无限次的）才逐步建立起来的。

基于博弈论的视角，本书采用类似于囚徒困境问题来构造信任博弈结构研究差错管理（陈姣和马君，2005），见图 6-3。具体过程如下：首先，组织可以信任员工，也可以不信任。如果不信任，则博弈结束，此时，即使员工选择信任组织（报告差错），其收益也为−5，进而下一阶段，员工会由信任（报告差错）转为不信任组织（不报告差错），最终，导致双方均不信任对方，组织运营成本上升，员工隐瞒差错。其次，如果组织信任员工，员工无论信任组织与否，其最终选择将由不信任（不报告差错）走向信任（报告差错），收益由 0 变为 5。如果不报告差错，导致事故或失败的发生，员工将承担由差错引发的后果。相反，如果报告差错，组织和员工一起解决差错问题，员工将获得差错知识和技能，组织将获得流程改进或创新的机遇，因此，除去成本，双方均获益（5，5）。最后，综合分析来看，只要双方有一方选择不信任（或不报告差错），都将会导致双方不信任和不报告差错，而且，差错员工选择不报告差错，显然（不信任，不报告差错）是该博弈起始阶段的纳什均衡策略，虽然此次博弈收益为零，没有损失，但是，潜在的后续事故或失败发生，则是其难以承受的。

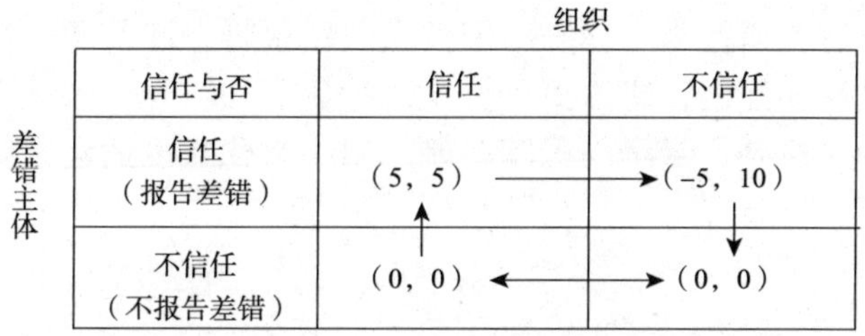

图 6-3　差错主体与组织间的信任博弈（初次）

因此，从图 6-3 中看出，初始阶段博弈的纳什均衡策略是相互不信任（不报告差错），而只有博弈的相互信任（报告差错）才是帕累托最优结果。如果开始双方并没有达成互信，但是经过无限次博弈的选择，双方会尝试互相信任（报告差错），并在双方均有收益的驱动下，实现帕累托最优，这是在组织和差错主体经过多次重复博弈的基础上建立起来的。如果要在组织中始终保持这种帕累托最优结果，那么，在组织生产管理中就必须建立满足差错信任的机制。

首先，对组织的要求包括以下几方面：①为了保障差错信任机制的建立，组织应该采取差错管理的哲学态度，如视差错行为为组织中各类行为的组成部分；差错的发生不可避免；差错并不等同于失败或事故；差错可以为组织带来学习和创新的机遇；差错发生的原因应该从员工与环境共同作用的系统视角来探究……。②为了保障差错信任机制的建立，组织还应健全规章制度，将积极的差错文化蕴含于组织规章制度，而遵守严谨规范的规章制度，反过来有助于良好的组织差错文化氛围的形成。③为了保障差错信任机制的建立，开发和使用组织差错报告系统、组织作业指导规范和手册，既有利于员工的规范化操作，又能够建立差错信息收集渠道，从而减少差错、纠正差错和预防差错的负面后果发生。④为了保障差错信任机制的建立，对于差错行为的发生，推行“无责”文化。差错不等于失败或事故，应对差错的发生探寻原因，给予纠正，不能够将之与失败或事故等同追责，这是差错信任机制建立的关键因素。

其次，对于组织员工，具体包括：①能够积极改变自己对于差错的认知和态度，如对组织规章制度的学习和熟悉，之前组织差错处理的案例，以及积极与其他员工的交流，等等。目的是使组织员工能够形成正确的或改变自己的差错认知和态度，进而认同组织差错文化、差错管理制度、作业指导规范等，这是建立组织差错信任机制的基础和前提。②能够积极参与各种差错培训、学习、交流等活动。通过这些学习和交流，提高自身差错知识和能力的同时，也能提升员工间、员工和部门间、员工和组织之间的信任度。③能够正确对待差错报告系统。差错报告是组织收集差错信息、及时纠正差错的重要途径。组织日常管理应该让其员工认识到主动报告差错、他人报告差错等，其报告对象是差错行为，是为了处理差错，而不是针对差错行为主体。对于他人差错报告，涉及两个员工在组织情境中相互之间的监督和互助，能否得到员工普遍认可和实施，涉及多方面的复杂因素，如共享与合作机制、激励与保障机制、组织文化氛围的建设等，将在后文中详细探究，这里不再展开。

6.3　差错学习中的共享机制

6.3.1　差错学习的前提——差错知识的共享

（1）隐性差错知识。在组织情境中，差错是员工偏离组织目标的、无主观故意的行为，由于主客观多因素的限制，差错难免发生，如“羿氏舛射”“鲁鱼亥豕”“人非圣贤，孰能无过”等是指人在不同情况下都可能会出现差错。由于差错有可能给组织生产、服务和管理带来严重后果，因此，一些组织把差错等同于失败和事故，将差错视为生产和管理中的负面因素严加防控。然而，差错的出现并不总是负面的，换个视角来看，差错的出现恰恰揭示了个人或组织知识体系存有漏洞，需要进一步学习，蕴藏着组织改革和创新的机遇，如一些企业向其员工征集生产线上的问题（有的是产生差错的原因），通过差错学习，实现技术革新，提高绩效水平。科学进步史上，无数事例证明了差错是伟大发现的前奏，如弗莱明由于差错发现了葡萄球菌的克星——青霉素，屠呦呦正是在不断地试错、反思差错中发现了青蒿素。

在差错处理的过程中，员工如果能够及时、全面地捕获、收集、整理、分析、组织这些差错信息，则能使之成为一种重要的信息资源——差错信息资源（张家年和谢阳群，2014），进一步凝练成经验，升华为知识。这种由员工亲身体验所形成的差错知识属于隐性知识，如果差错知识在组织内实现共享，使其他员工进行差错学习，从而成为组织知识，将有助于组织绩效水平的提高。这需要组织积极地参与其中才能实现。

目前，关于组织差错管理与差错知识共享和学习间关系的研究不多，且多是从信息传递意愿（王文韬等，2014）、差错知识获取（陈文沛，2013）、差错学习影响机制（李忆和马莉，2014）、差错气氛对于组织绩效的影响（朱颖俊和白涛，2011）等方面进行研究。这些研究存在以下主要问题：首先，把差错知识共享和学习简单看作一种双方“你情我愿”知识的简单传递。差错知识共享与差错学习是在复杂组织系统中进行的，现有研究并没有揭示组织在差错知识共享和学习中的重要作用。其次，差错知识先源自个体并隶属于个体，有其独特的绩效价值和独占性的特点，同时差错学习过程也需要付出较高的成本。

目前，对组织差错知识共享和差错学习的激励机制尚无质性或量性的研究，基于此，这里拟从博弈论的视角来探讨组织差错管理对于差错知识共享和差错学习的影响，重点对组织差错管理文化背景下差错知识的共享、差错学习的相关成本和收益进行分析，并对组织的激励成本和收益情况进行比较分析，从而探索在差错管理文化背景下促进员工差错知识共享及机制建立的方法。这里的差错知识是指个体员工在处理工作差错的过程中所获得的差错经验和知识，这类差错知识属于隐性知识，难以直接共享和交流。本节中的差错知识不包括差错报告、差错问题知识库等。因为它们是能够被编码的差错知识，属于组织的显性知识，可直接从相关知识库中进行检索或查阅档案，容易被员工学习、掌握和运用，因此，这里不做探讨。

（2）隐性知识共享和学习的障碍。目前，关于组织隐性知识共享的研究很多，主要涉及隐性知识共享中存在的问题（李倩和程刚，2014；曾萍和张筱，2014；魏道江等，2014）。具体如下：①共享和接受意愿的问题。在组织中，隐性知识共享和组织学习是紧密联系的，隐性知识共享方行为目标的实现是建立在接受方组织学习行为的基础之上的，否则就不完整。因此，研究组织中隐性知识共享应该与组织学习相结合，组织学习的本质是在组织内部员工间知识的传播，其主要问题是在主观维度上相关主体是否有隐性知识分享的意愿，同时作为隐性知识受体（接受方）是否愿意接受的问题（王晓科，2010）。②共享和接受难度的问题。在客观维度上，导致隐性知识主体愿意分享而又难以分享的原因包括以下几个方面：隐性知识的难以表达，接受方的理解和接受能力有限，以及所在组织制度、结构、机制和文化氛围环境不良等。所以，在组织知识共享和学习的成本上，隐性知识共享和学习与显性知识相比较会更高（卢新元等，2009）。

（3）差错知识共享和差错学习的障碍。差错知识具有隐性知识的一般特征，而隐性知识又是具有高度个人化的知识、运用上的垄断性、收益度量上的困难性以及在表达、收集、交流上的困难性等特征（王晓科，2010）。同时，差错知识又具有一般意义上隐性知识所不具备的特征，具体包括：①差错知识是员工出现差错后在处理过程中的副产品——非主动追求目标的结果；②差错知识是该员工付出比他人更多的成本和代价而获得的，需要额外的时间处理和反思差错；③差错知识是高度情境化的知识，是差错处理过程中产生的知识，与该差错发生的环境、主体的身心状态、组织文化背景信息等是相联系的，共享难度更大，成本更高；④在组织情境中，差错会给员工带来负面的情绪（Zhao，2011），差错知识拥有者往往易被贴上犯错者的标签，影响其共享意愿，因而其不愿意向别人提及

（Edmondson，2004）。

综上，差错知识具有隐性知识的一般特征和其自身的独特性，因此，其共享和学习成本不但大于显性知识的，而且也大于一般意义上隐性知识的共享和学习成本。在差错知识共享和差错学习过程中存在三个矛盾：①差错知识获取的高成本与差错知识共享的外部要求之间存在矛盾。②知识更新速度的加快使得差错知识的使用寿命日益缩短的矛盾（芮明杰和陈晓静，2007）。③组织在处理差错问题上采取差错管理还是差错防止策略，孰优孰劣。解决这些矛盾的关键是什么？一些研究为我们提供了相应的思路，如组织差错管理文化对于差错知识共享和差错学习有着直接的影响（de Long and Fahey，2000；van Dyck et al.，2005），差错知识共享和差错学习对于组织提升绩效水平和创新能力有着非常重要的作用（张家年和谢阳群，2014）。

（4）组织差错管理文化。可以从组织层面上来理解组织差错管理文化，主要包括与差错相关的处理方式、制度设计、奖惩激励措施建立等，并且同时深刻影响所有成员对待差错的行为和意识，这就是组织差错管理文化。组织差错管理文化可分为积极的组织差错文化和消极的组织差错文化。这里的“消极”并非不管不问，而是采取严厉的惩罚措施、制度和政策来防范差错的出现，对于员工积极性产生负面的影响。组织差错文化不同，处理差错的方式也不尽相同，根据对于差错态度的差异性，可划分为差错管理和差错防范。前者把差错和其后果分开处理，即差错的产生可能是由于员工和组织知识体系存在漏洞，常归因于外部环境和个体的不协调，并加以分析、处理；后者则是把差错和其后果联系在一起，把可能出现的后果等同于前因——差错，因而常归因至个体，认为要防止差错，从人抓起。

由于差错管理与差错防范二者在归因机制上的不同，因而在组织制度、文化氛围上也存在不同的价值取向，前者鼓励差错知识共享、差错学习，从而向更多人分享，以减少差错可能带来的严重后果，发掘更多的创新机遇，提高组织绩效水平和竞争力。如 Helmreich（1998）提出“将差错管理作为组织的一种战略”，从组织文化层面提出建立信任机制、采取非惩罚性措施、减少差错事件的潜在因素等措施。后者虽然也鼓励差错知识共享、差错学习，但其目的是吸取教训、减少差错，认为减少了差错也就避免了严重的后果，一些高危行业（如医院、航空航天、核能企业等）视差错为重大事故的前因，要求员工汲取已有教训，并在实践中惩罚或辞退出差错的员工。

6.3.2 组织中差错知识共享和差错学习的博弈特征分析

（1）差错知识共享和差错学习博弈关系模型构建。运用博弈论来分析差错知识共享和学习之间的关系，把差错涉及的各利益攸关方看成理性代理人，且处在同一情境中，将各自的成本代价和绩效收益间的比较结果作为下一步行为输出的依据，从而能够分析差错知识共享的内在机理和差错学习行为过程的本质。当下，采用博弈论方法对隐性知识共享模型的研究存在以下几个问题：首先，把隐性知识共享看成双方隐性知识互换的简单过程，而实际情形则是一方共享隐性知识，另一方学习和内化隐性知识，而不是双方隐性知识的同步互换和共享。其次，把组织作用作为一个参数放到知识共享方和接受方（学习方）的博弈过程中进行分析，忽视了组织在管理上的参与性和能动性。组织通过其组织文化可以对知识共享和传递产生重要影响，既可以是积极的推动力，也可能是最大的障碍（Ruggles，1998）。当组织文化对于知识共享产生积极的推动作用时，组织就是知识共享和学习的"建设者"，当组织文化对于知识共享产生消极的阻碍作用时，组织就是知识共享和学习的"破坏者"，因此，组织在知识共享和学习中也是"利益攸关方"，而不是置身其外的。所以，组织差错管理文化不仅对差错知识共享方的绩效水平产生直接影响和对差错学习方的绩效产生间接影响，而且也给组织自身绩效产出产生了重要作用。为了体现组织差错管理文化的作用，本书建立了三主体参与的差错知识共享和差错学习的博弈模型（图 6-4）。

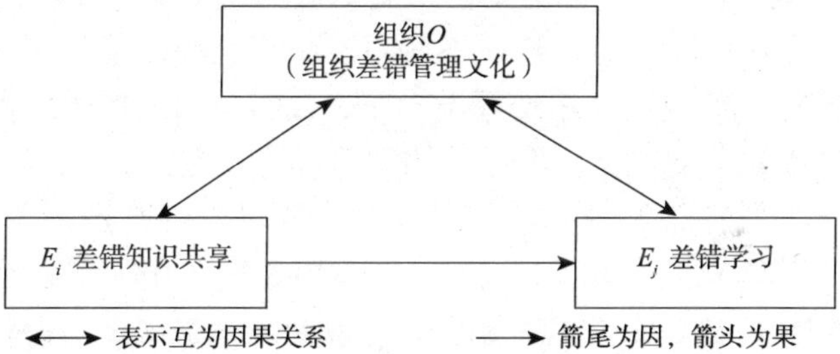

图 6-4　组织差错管理文化背景下差错知识共享和差错学习之间博弈关系模型

为了问题的简化，这里我们假设某个组织（O）中只有两个员工，E_i 和 E_j 分别是差错知识共享方和差错学习方，参与博弈的主体有三个：O、E_i 和 E_j，均是完全理性的经济人，也是共同知识。具体的博弈过程可表示为扩展型（图 6-5）：①E_j 会根据组织差错管理文化、差错学习成本和收益来决定是否进行差错学习，如果 E_j 不愿意学习则无法强制其进行差错学习。②如果 E_j 有进行差错学习的意愿，而 E_i 则根据组织差错管理文化类型、共享成本和收益大小来决定是否共享差错知识，如果 E_i 选择不共享差错知识，即使 E_j 有差错学习意愿，无论哪种组织差错管理文化类型，博弈过程就此结束。③如果 E_i 愿意共享差错知识，那么组织根据组织绩效、差错处理的成本和收益来选择差错管理文化类型，即组织选择差错知识共享、差错学习的相关制度、政策和奖惩措施。此时似乎选择组织类型对于差错知识共享和差错学习没有影响，但是组织差错管理文化类型的不同及其策略的选择，决定了另外双方 E_i 和 E_j 博弈策略的选择。因此，组织差错管理文化的选择起着一种建设性甚至是决定性的作用。

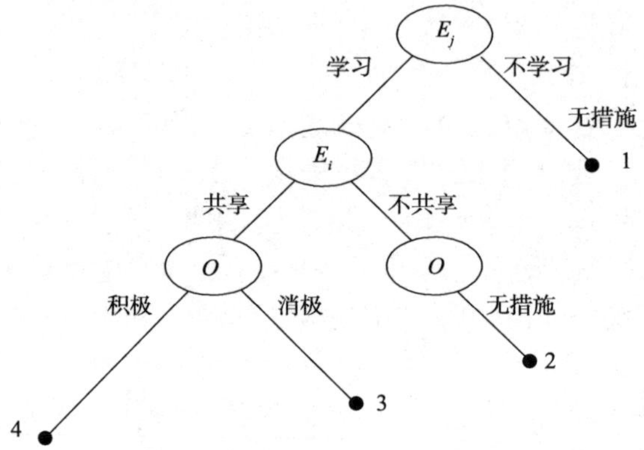

图 6-5　差错知识共享和学习过程中三方动态博弈模型示意图（一）

E_i 是差错知识共享方；E_j 是差错知识学习方；O 是组织，无措施，即既不惩罚也不奖励

（2）四类博弈状态的分析。由图 6-5 可以看出差错知识共享和差错学习的博弈过程共有四类博弈结果。下面分别分析。

第一，对于博弈结果 1，即 E_j—不学习。组织选择差错管理文化类型策略和 E_i 选择差错共享策略都不影响 E_j 选择不学习，说明组织忽视了对差错学习方的激励或者惩罚差错者的力度很小，因此差错学习动力不足。

第二，对于博弈结果 2，即 E_j—学习—E_i—不共享。E_j 选择了差错学习策略，但是 E_i 选择了不共享其差错知识。组织选择差错管理文化类型策略和 E_j 选择差错学习策略都不影响 E_i 选择不共享差错知识，说明组织忽视了对差错知识共享方的激励或者激励力度很小，因此差错知识共享动力不足。

第三，对于博弈结果 3，即 E_j—学习—E_i—共享—O—消极。E_j 选择差错学习策略，E_i 选择差错知识共享策略，组织 O 选择消极的差错管理文化。由于组织采取重罚产生差错者的策略，并以此来补偿差错知识贡献者的成本，如果 E_j 不进行差错学习，由此他的损失将比差错学习成本更大，因此不得不学习。

第四，对于博弈结果 4，即 E_j—学习—E_i—共享— O —积极。E_j 选择差错学习策略，E_i 选择差错知识共享策略，组织 O 选择积极的差错管理文化，差错知识共享方和差错学习方均采取积极的措施与政策。双方收益均大于其付出的成本，同时由于差错知识共享和差错学习，组织绩效提高的收益远大于其投入差错知识管理和激励的成本。

6.3.3　差错知识共享和学习的博弈过程分析

（1）差错知识共享和差错学习博弈分析的前提假设。为了继续分析三方博弈过程，在前面已有的假设基础上，进一步对三个博弈方的成本和收益参数进行假设，见图 6-6。

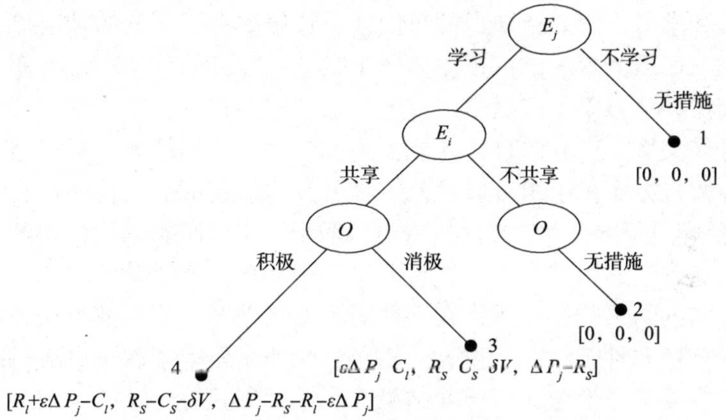

图 6-6　差错知识共享和学习过程中三方动态博弈模型示意图（二）

假设 1：对组织（O）来说，在差错知识共享和差错学习的过程中，组织的收益为 E_j，差错学习后的绩效 P_j' 与学习前的绩效 P_j 之差为 ΔP_j，即 $\Delta P_j=P_j'-P_j$。为了鼓励双方共享和学习的行为或惩罚出差错的差错学习方，不同类型差错管理文化的组织分别采取激励和惩罚措施，具体如下。①采取积极差错管理文化的组织。组织付出的成本是奖励部分：对差错知识共享行为的奖励为 $\alpha\Delta P_j$；对差错学习行为的奖励为 $\beta\Delta P_j$。②在消极差错管理文化的组织中如果差错学习发生了，给予差错知识共享行为的奖励为 $\alpha\Delta P_j$，差错学习方无奖励；如果 E_j 没有学习且发生一次与 E_i 共享差错知识的类似差错行为，差错行为者扣除其绩效工资 γW_P，并给予 $\xi\gamma W_P$ 以补偿 E_i 的共享行为。③当然，组织也可以不采取任何措施。其中，α，β，γ，ξ 的值介于（0，1）。

假设 2：对于差错知识共享方 E_i，其差错知识共享成本为 C_S（付出的时间、准备工作等）；E_i 的差错知识价值为 V，每一次差错知识共享，其拥有的差错知识价值就衰减为（$1-\delta$）V，其中，δ 为衰减系数，$\delta\in$（0，1），该参数也能衡量 E_i 的共享意愿；E_i 从组织激励政策中获得的收益为 $R_S=\alpha\Delta P_j$。

假设 3：对于差错学习方 E_j，其差错学习成本为 C_l（付出的时间、智力等）；E_j 差错学习前期绩效工资为 W_P，E_j 每一次差错学习后，就会减少一次与差错知识相类似的差错行为，差错学习后其绩效工资为 $W_P+\varepsilon\Delta P_j$，$\varepsilon$ 为绩效工资系数，$\varepsilon\in$（0，1），该参数也能衡量 E_j 的学习意愿；E_j 从组织激励政策中获得的收益为 $R_l=\beta\Delta P_j$。

假设 4：假设差错知识共享的知识量与差错学习的知识量是相等的，即差错学习方 E_j 完全掌握 E_i 共享的差错知识，或者说 E_j 不会出现与差错知识类似的差错。

上述的界定和假设充分体现了组织差错文化对于差错知识共享和差错学习的重要性，也区分了与一般隐性知识共享的不同，因为组织无法强行推动一般隐性知识的共享和学习，而差错知识的负面性，让组织有了充分的理由参与其中并发挥重要作用。可以清楚看出，该博弈属于完全且完美的信息动态博弈，组织的利益与差错知识共享方以及差错学习方的利益有密切关系。差错知识共享方和差错学习方是合作关系，充分的合作才能提高差错学习方的绩效水平，然后三方均从中受益。在监督方面，组织可通过差错学习方的绩效水平来观察和控制。

（2）博弈过程的分析。由图 6-6 可以看出，当组织不采取任何的激励和惩罚措施的时候，差错知识共享方不进行差错知识共享且差错学习方不去学习，这类组织对于差错的结果能够承受，在一些对于安全性要求不高的组织，如学校，教师出现教学差错非常正常，学校无法干预，除非是发生了教学事故。该扩展形中只有两种状态发生了学习，即博弈结果 3（E_j—学习—E_i—共享—O—消极）和博弈结果 4（E_j—学习—E_i—共享—O—积极）。这两种结果分别对应于不同类型差错管理文化的组织，那么两种不同差错管理文化类型的组织制定什么样的制度、政策和措施来促使 E_i 和 E_j 的策略选择符合组织自身的利益？下面采用逆推归纳法来分析两种组织差错管理文化情境下的三方博弈的均衡策略，即通过博弈的最后一个回合开始逆推，逐个逆推直到第一回合博弈（谢识予，2002）。

首先，积极差错管理文化情境下的子博弈纳什均衡分析。

第三阶段：组织根据自身特点以及对于差错重要性的认识选择积极差错管理文化，并制定相应的差错知识共享和差错学习的激励政策与制度。它的回报是差错学习方的工作绩效差 ΔP_j，付出的成本是共享和学习的奖励 R_S+R_l。选择积极差错管理文化的条件是组织收益：$\Delta P_j-R_S-R_l-\varepsilon\Delta P_j>0$，代入 R_S、R_l 可得：$(1-\alpha-\beta-\varepsilon)\times\Delta P_j>0$，即 $1-\alpha-\beta-\varepsilon>0$。

第二阶段：E_i 即差错知识共享方决定是否向 E_j 共享差错知识。如果组织期望差错知识共享方 E_i 共享差错知识，则通过相关激励政策和制度的制定，使之收益大于成本，即 $\delta V+C_S>\alpha\Delta P_j$。

第一阶段：E_j 即差错学习方决定是否进行差错学习。如果差错学习成本大于收益，即 $C_l>\varepsilon\Delta P_j+\beta\Delta P_j$，$E_j$ 决定不学习，则其差错学习的收益为 0；如果组织期望 E_j 进行差错学习，则应设计制度和政策使之差错学习收益大于差错学习成本，即 $\varepsilon\Delta P_j+\beta\Delta P_j>C_l$，$E_j$ 选择差错学习。

根据上述分析，不难看出：只有当积极差错管理文化的组织制定的政策和制度必须同时满足三阶段的三个条件（图 6-7）时，这个博弈才能满足纳什均衡。

$$1-\alpha-\beta-\varepsilon>0 \quad (1)$$
$$\delta V+C_S>\alpha\Delta P_j \quad (2)$$
$$\varepsilon\Delta P_j+\beta\Delta P_j>C_l \quad (3)$$

图 6-7　积极差错管理文化情境下博弈策略均衡条件

其次，消极差错管理文化情境下的子博弈纳什均衡分析。

第三阶段：组织根据自身特点以及差错是组织的严重安全隐患，选择了消极差错管理文化，并制定了差错知识共享的激励政策和不进行差错学习的严厉惩罚制度。此时，如果差错学习者学习，则组织的回报是差错学习方的工作绩效差 ΔP_j，付出的成本是共享差错知识奖励的成本 $\alpha\Delta P_j$。此时组织收益是（$1-\alpha$）ΔP_j。如果 E_j 没有学习且发生一次与 E_i 共享差错知识的类似差错行为，差错行为者扣除其绩效工资 γW_P，即组织的收益。如果组织期望差错学习的发生，则必须满足条件（$1-\alpha$）$\Delta P_j>\gamma W_P$。

第二阶段：E_i 即差错知识共享方决定是否向 E_j 共享差错知识。不难看出其选择共享差错知识的条件是 $\alpha\Delta P_j>\delta V+C_S$。或者获得补偿大于其共享差错知识的成本：$\xi\gamma W_P>C_S$。

第一阶段：E_j 即差错学习方决定是否进行差错学习。如果差错学习收益大于成本，即 $\varepsilon\Delta P_j-C_l>0$，$E_j$ 则决定进行差错学习。不进行差错学习不是 E_j 理性决策的选项，因为不进行差错学习将可能被扣除其绩效工资 γW_P。

根据上述分析，不难看出消极差错管理文化的组织制定的政策和制度必须同时满足三阶段的三个条件（图 6-8），这个博弈才能满足纳什均衡。

$$(1-\alpha)\Delta P_j>\gamma W_P \quad (1)$$
$$\alpha\Delta P_j>\delta V+C_S 且 \xi\gamma W_P>C_S \quad (2)$$
$$\varepsilon\Delta P_j-C_l>0 \quad (3)$$

图 6-8　消极差错管理文化情境下博弈策略均衡条件

6.3.4　推动知识共享机制的建立

首先，组织应建立满足差错知识共享的基本条件。通过完全且完美的动态博弈模型的建立和分析，博弈均衡策略有两种情形，即博弈结果 3 和博弈结果 4，对应于不同差错管理文化类型的组织实践。通过比较两种均衡策略，我们发现在后者的组织情境中，差错学习员工的压力更大，学习后只是绩效奖励增加了，并无其他补偿，如果不进行差错学习，则将受到极为严厉的惩罚，会扣除一部分的绩效工资（在很多企业，出现差错的员工当月的绩效部分甚至全部被扣除）；相比较而言，在前者的组织情境中，员工的差错学习由于没有惩罚性措施，所以员工心理压力小，而且各种奖励（绩效奖励、精神鼓励和升职等）也较吸引人，因此，共享方也乐于共享自己的差错知识。

其次，充分重视组织在差错知识共享中的引导作用，特别是积极差错文化的构建。通过博弈过程的分析，我们认为在组织中差错知识共享和差错学习的发生，组织在其中的作用是至关重要的，是建设性的和决定性的。在以往知识共享博弈模型中忽视了组织这一重要利益攸关方的角色和作用，只有知识共享方和知识学习方二者之间的博弈关系，这是不完整的。在具体的实践中，在不同的组织中，根据差错对于组织的影响，采取不同类型的差错管理文化，具体如下。①航空航天类型的组织宜采用积极的差错管理文化，减轻员工的工作压力、负向情绪，因而绩效水平会更高，即产生差错并不可怕，重要的是能够从差错中获得差错经验和知识，并将之与同事分享，以避免类似的差错发生，从而能消除由差错积累而导致的严重事故。如航空公司的机务、地勤、维护人员都会定期进行交流，特别是针对各自工作中的差错进行汇报分析，共享差错知识和进行差错学习。②一些类似医院、煤矿等类型的组织则采用了消极差错管理文化，可能是因为一个差错会产生致命性的死伤或矿难，如麻醉师的药剂量、瓦斯浓度值的监控等作业中容不得丝毫差错。因此这类组织常采用惩罚性的措施来强行推动差错知识共享和差错学习的进程，而员工也由于自身职业安全因素，会选择差错学习。③对于介于二者之间的一些组织，如何对待差错知识共享和差错学习，这里没有给出直接的答案，但是根据上面两种差错管理文化情境下博弈策略均衡的条件，适当选择组织学习条件（参数）从而鼓励或吸引员工参与到差错知识管理和差错学习进程中来。

6.4 知识转移与扩散机制

从信息和知识传播的视角来看，在组织情境中，差错学习的本质就是差错信息和知识在组织中的转移与扩散的过程。在 6.2 节中，我们分析了组织差错学习中，差错知识的共享机制，从分享意愿、分享成本、分享收益等方面，以博弈方法来分析差错知识共享的影响因素等。但是，差错知识能否从共享方转移至受益方，能否从某个点按照一定路径在组织内进行扩散，还取决于差错知识转移和扩散机制建立与否。这里将以信息势能的作用机理来分析差错知识转移和扩散的机制。

知识转移与扩散的外在载体仍然是信息，所以，研究知识转移与扩散，必然先要搞清楚信息交流的基本原理。信息交流是人们进行知识转移和交流的基础，信息交流的前提是双方在某一领域中有信息位差或信息势（王如起，1990）。于是，其中拥有信息势的一方对于另一方就有了信息转移的能力，进而才有知识转移和扩散的载体。然而，有了信息势并不意味着信息交流就能自然地进行了，仍然需要诸多条件的满足才能发生。本节主要从物理学中势能转移原理和信息传播独特性的视角来分析信息交流的基础、发生的条件以及障碍等问题，并以信息势能转移的作用机理来分析组织知识转移过程的障碍（张家年，2018）。

6.4.1　信息势能的相关概念、特性

（1）信息势和信息势差。关于信息势的概念，王如起（1990）认为信息势是事物之间永恒存在的信息差异，简言之就是信息的不平衡性，并指出了信息势包括两个方面因素：质和量的差异。王如起研究的主要目的是分析信息流动的动力产生机理，但是也仅局限于概念性的分析。马费成（2012）在《信息经济学》著作中较为准确地提出信息势的概念，他指出"由于信息源能够累积信息，因此，在它与吸收源间就产生了信息位差，这种位差也称信息势。信息势的存在是信息流和信息交流活动产生的前提"。这既阐释了信息势的本质，又指出了信息势是信息交流的前提。何志兰和吕青（2007）认为信息势差有三层含义：第一，不同信息主体之间的信息势差表现在信息资源接触和拥有层面上的差距，可称之为静态差距。第二，不同信息主体之间的信息势差表现为信息差距生成与扩大的动态性，是一种动态变化的信息势差。第三，不同信息主体之间的信息势差表现为因信息差距的持续存在和发展，促使某些特定的社会分化现象产生。信息势差在一定时期、范围、层面内的存在是必然的、合理的，对提高社会活力、形成良性竞争具有积极作用。我们认为信息势差与信息势在本质上是相同的，因为信息势就是一种信息位差，而信息势差所表达的仍是两个主体间在某个领域所拥有的信息在数量、质量、类别或结构等方面的差异性。

总之，从目前已有的研究可以看出，由于社会分工、所处环境、文化背景、学习经历等方面的因素作用，这种差异性在不同主体间必然产生信息势（位差）。因此，主体间信息势的存在是人类社会发展的必然，也为信息交流和分享提供了可能。但是如果信息势没有变化，即说明主体间没有信息交流和分享的行为产生，其结果将是负面的，会阻碍社会知识增长的渠道，这也是信息社会两极分化、信息鸿沟和数字鸿沟等社会现象产生的原因之一。要推动社会发展，促进知识增长，

就应推动信息交流和分享，缩小信息势，因此，有必要研究影响信息势能转移过程中的各种因素、存在的障碍和相应措施。

（2）什么是信息势能。由于信息势的存在，可用信息势能表示两个主体之间信息交流的可能性，即信息势的高位者相对于信息势的低位者而言存在信息势能，或者说高位者具有向低位者转移势能的能力，这里借助物理学中的概念来具象主体间信息交流前的必要状态。需要指出的是，这里的主体可以是个体、团体、组织、行业或产业，也可以是软件、数据库、Web 站点或信息资源中心等，但主体必须直接由人或者间接由人来参与控制。那么什么是信息势能呢，即在一个信息交流系统中，至少存在两个主体，其中一个主体相对于另一个有信息需求的主体而言拥有的信息位差，从而具有的一种信息传送能力，它是信息交流的基础。

关于信息势能的概念，张海涛等（2013）也提出了生态信息势能概念，认为生态信息势能是生态信息所具有的能级层次结构，包括信息的数量、质量和结构三要素。该概念虽将信息势描述为一种能级状态，以及信息势的组成要素，为进一步研究信息交流提供了一个新的视角。但是有三个问题没有更进一步的阐释：首先，没有将信息势描述为一个相对比较概念，信息势必须有一个参照系（物），即信息势不是一个绝对的概念。其次，信息势的组成结构简单化了，信息势不仅涉及信息的数量、质量和结构三个方面，还涉及信息的领域性、复杂性和交叉性，如信息势是领域多元的，正因为其多元性，才有信息交流的基础。举个例子：两个主体 A 和 B，A 在领域 X 的信息势大于 B 在领域 X 的信息势，但是，A 在领域 Y 的信息势小于 B 在领域 Y 的信息势。最后，信息势能不能简单套用物理学原理，信息势能不同于物理学中的重力势能与电场中的势能概念和作用结果。因为信息具有可复制性，即一个主体的信息势能并不因为对外做功（信息交流）而失去这部分势能，而只是接收方信息势能的增加。

对于一个主体来说，其信息势能的大小取决于其拥有的信息相对于另一个主体在数量上、质量上、种类（所属领域）、信息复杂度（信息间交叉链接关系、结构等）的比较优势，即说明一个主体的信息势能结构由其所拥有信息的类别、数量、质量，以及信息的复杂度所组成。

（3）信息势能的相对性。古人云“三人行，必有我师焉”，说明不同人的信息势能的比较是相对的，即信息势能是相对而言的，主要表现在以下几个方面。首先，它与参照物或参照系有关，在提及某信息源的信息势能时，一定是相对于另一个主体而言的，或者以外界作为参照系，如两个主体，我们可以说拥有信息位差的一方对于另一方拥有信息势能。其次，相对性还体现在信息势能具有领域性，如在某一领域 X 中，A 相对于 B 来说具有信息势能 E_{AB}，但在另一领域 Y，B 相对于 A 来说具有信息势能 E_{BA}，见图 6-9。这种现象在生产、学习和管理中具有普遍性，正由于这种普遍性从而为信息交流带来了可能性。所以，信息交流从来都不是单向的，如中央领导深入基层调查研究，了解基层，查看民情，获取民意，此时基层民众相对于中央领导拥有基层衣、食、住、行等方面的信息势能，同时中央领导相对于人民群众拥有中央的决策、方针、政策等信息势能，所以，在了解基层民意的同时，应向他们宣讲党和国家的方针、政策等方面的信息。因此，这种相对性也为主体间的信息交流、交换提供了必要性和可能性，也是信息交流得以发生的必要条件。

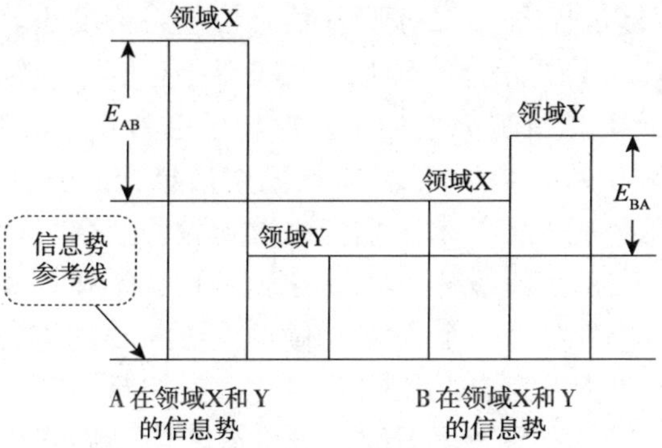

图 6-9　主体间信息势能相对性的示意图

（4）信息势能的作用。通过对信息势能转移过程的分析，信息势能在信息交流过程中的作用是显而易见的，通过促进信息资源的流转，从而促进信息资源与不同的主体认知结构发生融合、重组和重构，实现信息资源、知识、智能、情报的总量增长。具体表现在以下几个方面：①提高了接收方的信息势。通过信息势能的转移，提升了个体、组织和社会的信息水平，间接地完善了个体、组织和社会的知识结构体系，从而能促进个体、组织和社会绩效水平的提高。②提高了组织及社会的整体平均信息势水平。由于信息势能的转移，组织和社会的平均信息势不断地上升。同样地，组织为了保持自己的优势和竞争力，通过学习、发掘、整合、优化和创新等工具来完善、改善和重构自己的知识体系，从而提高了自己的信息势水平。从整体上看，通过信息势能的转移，社会平均信息势水平也因此得到提升。

6.4.2　信息势能作用机理

（1）信息势能转移的基础。支撑人类社会发展的三大要素包括：物质、能量和信息，三者同为社会发展要素，但是在分享、交换过程中的结果却大相径庭。我们知道，物质和能量的占有是零和性的，即一方的获取量便是另一方的失去量。

但是信息交流与其他两种人类社会发展要素——物质和能量的获取过程相比较是完全不同的，信息交流双方通过信息交流之后，假设交流是完美的，那么双方将同时拥有相同数量和质量的信息，其根本原因在于信息的可复制性。

我们可以应用信息势能转移来解释这个过程。假设在一个系统中（图 6-10），在领域 X 中存在信息位差的三个主体 A、B 和 C，在一定情境中，当具有信息势能的 A 有意愿向有信息需求的 B 输出领域 X 的信息时，那么 A 信息势能的一部分就转移至 B，其转移过程中 A 相对于 B 信息位差将会缩小。由于信息具有可复制性，虽然 A 在与 B 进行信息交流后，相对于 B 信息势能减少了，减少量为 $E_{AB}-E'_{AB}$，B 相对于 A 信息势能增加了，增加量也为 $E_{AB}-E'_{AB}$，但是 A 在领域 X 的信息位差并没有减少。这可以从 A 和 B 发生信息交流前后的过程中 A 相对于 C 在 X 领域中的信息势能 E_{AC} 并未发生变化得到验证。这与物理学中重力做功有着根本区别，我们假设在物理系统（理想的系统）中有两个物体 A 和 B，A 物体通过自身重力势能的减少对另一个物体 B 做功，使得 B 的重力势能增加，同时 A 的重力势能减少，A 的所失为 B 的所得。因此，王如起用连通器原理类比信息交流的信息势能变化过程，容易产生误解，难以说明信息势能转移方的信息势在信息交流过程中并未发生改变的现象，而且整个系统的平均信息势在交流过程中得到提高，即信息总量增加了。

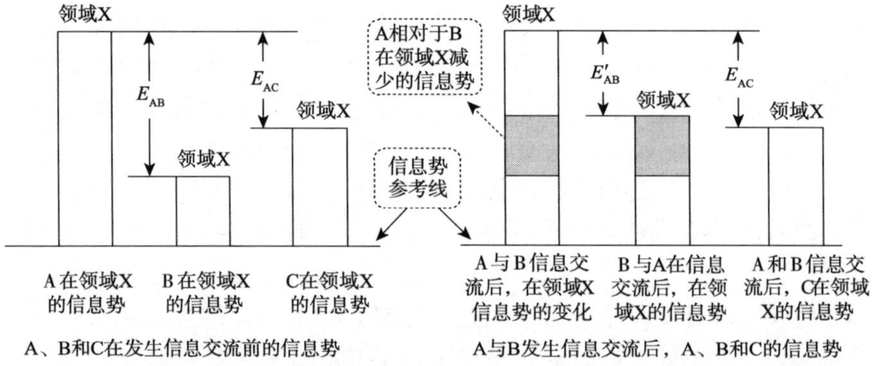

图 6-10　信息交流前后各主体信息势的变化示意图

信息交流的过程中，信息势能的转移并没有给转移方带来信息势能的损失，只是其信息势能相对于接受方来说降低了，而这并没有影响其相对于第三方的信息势能大小。但是，通过信息交流之后，这个系统中的 A、B 和 C 在领域 X 的信息势的平均值得到提高。如果扩展至人类社会信息资源的增长，信息势能转移结果则也能说明人类信息总量不断增加的原因。

（2）信息势能转移发生条件、结束条件。信息势能的转移并非无条件发生的，信息交流双方必须满足一定条件才能进行，即虽然两个主体间存在信息势，但并不能说明一定会发生信息势能的转移，需要有发生转移的条件；同样地，信息交流的结束并不一定是在双方信息势差为零时，也可能会在满足双方主体的一方或双方的结束条件时，信息交流就会停止。

首先，信息势能转移发生条件。两个主体存在信息位差是信息势能转移发生的必要条件，但并不是充分条件，即尽管他们之间存在信息位差，但并不代表他们之间就一定会发生信息势能的转移（信息交流）。当拥有高位信息势能的一方具有信息共享的转移意愿，以及有信息需求的一方有信息接收的意愿时，信息交流才会发生，见图6-11中左边示意图。其中，当B能够满足A的转移意愿（经济上的补偿、精神上的满足以及安全上的保障等），同时A能满足B的接收需要（问题解决的需要、知识提升的需要以及精神上的需要等）的时候，A就会通过信息通道（媒介）把编码后的信息传递给B，B根据译码系统进行译码融入其领域X的信息结构中。接收反馈与传递反馈在信息传递过程中为双方调整传递和接收状态提供反馈信息。

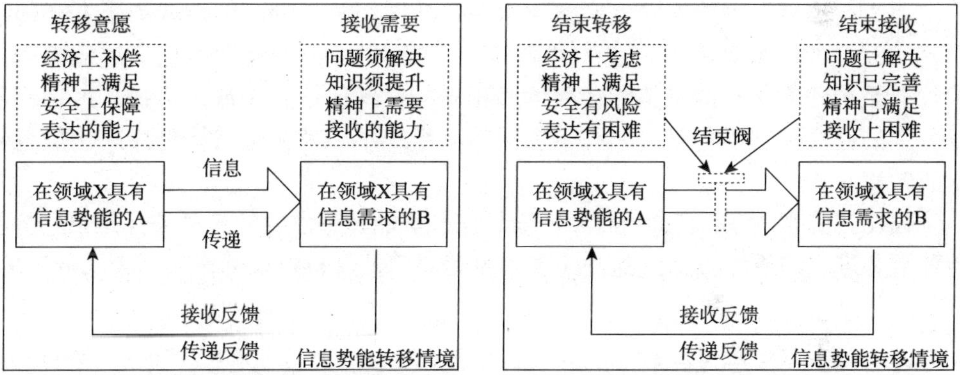

信息势能转移发生时双方条件的示意图　　信息势能转移过程结束条件的示意图

图6-11　信息势能转移的发生和结束条件示意图

其次，信息势能转移的结束条件。当在信息通道上加上结束阀后，信息交流过程就结束了，即信息势能转移的结束条件满足了。结束阀隐喻信息势能转移过程中，触发A结束转移的条件之一，或者是B结束接收的条件之一就是结束阀起作用的时间点。如当A觉得已经转移的信息势能与其所获得的经济补偿相当时，或者某个时间点上精神得到满足时，或者如果继续转移信息势能可能影响其自身安全（如可能获得的机遇、待遇将会遭到B的竞争）时，A可能会终止信息势能的转移。同样地，B如果觉得问题已经解决，或知识结构体系已经完善，或精神上已得到满足的时候，B也会触发结束阀。否则，信息势能转移结束时间点是A和B信息位差为零的时候，信息势能转移将自动结束。这里结束阀作用与否依赖于接收反馈和传递反馈渠道所提供的结束条件信息。

（3）信息势能转移的障碍。信息势能转移的障碍其实质就是两个主体间信息交流过程中遇到的障碍，这些障碍影响信息交流的效果和效率。信息交流过程也是一种信息传播过程，我们从贝罗传播模式中可以知晓：影响传播效果的因素包括信源和信宿的传播技术、态度、知识、社会系统和文化五个方面。同样地，信息势能转移过程中也可能遇到这四个方面的障碍，与图 6-11 中信息势能转移发生的条件是相对应的。具体对应关系如下。①传播技术对应于信息势能转移过程中双方的表达能力和接收能力，如果表达的能力或接收的能力存在障碍，那么信息势能转移过程将会受阻。②态度是指双方对于信息交流的意愿，对应于信息势能转移过程中的精神需要和安全保障，即通过信息势能的转移是否使得主体在情感上得到满足，是否影响自身的职业安全等。③信息势高的一方相对于信息势低的一方具有更多的信息量（知识），这是信息势能转移的必要条件，但是差距过大或者过小，将是障碍。差距过小，即转移意愿不足；差距过大，则导致共同经验过少，因为在传播学中传播发生的条件之一是共同经验原理，即传者和受者在传播内容所涉及的领域具有一定量的共同经验（知识），作为他们信息交流的基础。④社会系统和文化与信息势能转移情境相对应。任何信息交流（传播）过程都基于一定的社会和文化背景，如在某个保守型组织中，其文化背景将会影响信息势能的转移。

因此，在信息势能转移过程中，满足信息势能转移发生的充分条件是信息势能转移顺利进行的条件。总之，这里主要是从信息势能转移过程的影响因素来分析的。

6.4.3　信息势能视角下组织差错知识转移和扩散的障碍及机制

信息势能作用机理对于组织差错知识转移和扩散过程中的问题解决有着十分重要的意义。同时，也为解决信息交流中的障碍提供了相应的思路和策略。组织差错知识转移和扩散的很多障碍，可以从信息势能作用机理得到解释和解决，下面主要分析组织知识转移、扩散障碍和解决措施。

（1）组织知识转移和组织学习的关系。第一，信息势能转移与组织差错知识转移关系。组织知识转移是指组织通过不同途径进行知识的转移，以实现组织中知识共享，是有效利用现有知识的过程（Argote and Ingram，2000）。知识转移是指知识从知识势能高的主体向势能低的主体转移的过程（左美云，2003）。据此可知，组织差错知识转移和扩散是在差错信息转移和扩散的基础上，再借助信息势能的转移来实现差错知识的转移和扩散，即组织中具有某领域差错相关知识较多的成员（部门）向较少的成员（部门）进行信息势能转移的过程，这使得差错经验、差错知识为更多的人（部门）所共享。

第二，信息势能转移与组织差错学习的关系。从信息势能转移角度来看，组织差错学习就是通过差错学习来提高其成员、团体乃至组织层面在差错信息上的信息势能，通过差错学习，进一步提升组织绩效，并获得竞争优势。信息势能转移方可能是组织中的个体（同事、技术员、专家等）和差错相关的信息资源库（如图书、期刊、文集、组织技术规范、制度规范、经验总结报告、各种数据库、知识库等），后者虽是物化对象，但其实相当于中介，其源端仍是编纂、撰写、汇编的人。学习的对象可以是自身组织中或其他组织的差错经验或差错知识，这些在信息势能转移过程中以信息流的形式转移和扩散。学习不是对他人知识的简单复制，而是进一步内化、升华，产生新的经验和知识，这也是区分知识转移和知识学习的关键。信息势能转移过程中并不是信息的简单叠加，而是发生了重新排列组合，产生了比原有更高的信息势能，这就是知识螺旋理论中主体把外部显性知识与自身知识体系相融合的内化阶段。

第三，差错知识转移和差错学习过程中信息势能转移障碍分析。在差错知识转移和差错学习过程中信息势能转移的障碍主要表现在以下几个方面。①信息势差上的障碍。信息势差的存在是信息势能转移的前提。虽然在组织中员工间存在信息势差，但是由于每个员工的信息结构不尽相同，如果差异性过大，也可能成为障碍。如高学历的技术员对操作工解释与差错相关的技术规范时，由于其没有完成对技术规范进行话语方式的转换，可能导致操作工无法准确领会其所描述的信息，信息势能转移受挫，进而导致差错知识转移失败。另外，组织中差错信息资源库是否按照接收方需求来设计、开发和管理，对组织差错学习也会有一定的影响。②信息势能转移能力上的障碍。在信息势能转移过程中双方由于对于信息传播技术应用上的差异性而产生的障碍，表现为信息势高的一方没有清晰地传递出差错信息，或者信息势低的一方没有准确地理解差错信息。③信息势能转移的意愿。一方面，在组织中信息势高的员工是否具有差错知识转移的意愿，如果他不愿意，他将保持对该知识的拥有；如果他将差错知识转移共享出去，他便失去了对差错知识的专有权和独占权，而这种专有权和独占权往往是其在企业中价值的体现和职业安全的保障（郑秀榆和张玲玲，2008），即差错信息转移是否会对其职业生涯或升迁通道产生影响。另一方面，因为差错信息接收需要成本（时间、智力、情感等方面投入），所以，信息势低的员工就存在是否有接收差错信息的意愿，如果接收成本大于收益，则意愿低。那么，差错知识就不会转移成功。④信息势能转移的情境。这里的情境相当于竹内弘高和野中郁次郎（2006）在知识螺旋理论中的共享场景“场”。信息势能的转移都发生在特定的组织情境和社会文化背景中，因此，如果组织在差错知识转移或扩散中的制度、文化、管理者的领导风格不利于信息势能的转移，即前面论述的差错文化氛围不能够满足差错知识的转移，那么，差错知识的转移和扩散也就不会发生。另外，从个体特征来说，如果接收方的人际关系不佳，那么也会影响信息势能的转移。

（2）差错知识转移和扩散的机制建立。由上述分析可知，要消除信息势能转移过程的障碍，必须从这四个方面出发：①建立差错信息宣传和交流体系，消除信息势差上的障碍。在组织中，要求技术员、管理者与操作一线的员工进行交流和指导时，应改变自身话语体系，用更为实用、通俗易懂的语言编码方式进行差错知识转移，如宣传上将一些易犯且后果可能非常严重的差错编制为各种宣传语句；将各种关键操作要领用顺口溜形式予以重组，潜移默化地影响特定群体行为；在互动和交流时，多采用多媒体技术手段将各种作业的关键环节通过放大、动画、音视频等多维组合呈现，来影响潜在的受众（员工）思维和行为方式。另外，在组织规范、制度、各种信息资源库的建设过程中，应重视差错信息资源的建设，为了便于一线操作人员的理解和掌握，要尽量按照一线操作人员的实际情况来组织和管理差错信息，从而消除潜在的理解障碍。②建立组织差错培训和学习体系，消除主体间信息势能转移能力上的障碍。这需要组织在内部进行差错培训或差错学习，并提高员工的专业知识和技能层次，以消除差错知识转移和扩散过程中传播与接收差错知识的障碍。③建立组织差错知识分享机制，增强主体间信息势能转移的意愿。这个问题的解决，需要组织能建立激励和保障机制（将在 6.6 节中重点阐述）。一方面，鼓励信息势高的一方，促使其产生差错信息势能转移的意愿，同时也鼓励信息势较低的一方，使其表示出积极接收信息势能的意愿，这样，差错知识的转移才能做到“你情我愿”；另一方面，组织应该出台相应的政策或措施，保障奉献差错信息资源、知识的一方的利益，让他们有职业安全感，消除不确定性的顾虑，做到无“后顾之忧”。④营建积极的组织差错文化氛围，消除信息势能转移中的情境障碍。组织应在内部营建积极的差错知识共享文化，促进差错知识的良性流动。营建良好、积极的组织差错文化氛围，改变管理者的领导风格，构建良性的人际互动关系，这些都是促进信息势能转移的重要因素。

6.5 组织容错与纠错机制

差错是在组织情境下产生的，那么，差错溯因是系统性、情境性、全方位的，而不仅仅是个体与操作对象、机器、他人、作业流程、组织环境相互作用过程中展现出来的。容错与纠错体现了组织管理中对于差错的态度和采取的策略，容错与纠错机制是差错管理过程中一个问题的两个方面。

一般地，微观层面主要是指容错与纠错机制在工程、精密加工、计算机网络通信、硬件和软件系统开发等领域中对于可靠性、准确性、安全性等方面专门设计的一套机制（刘云生等，2005；熊翱和孟洛明，2006；郝国锋等，2011）。在更为宏大的叙事场景中，容错与纠错常出现在组织管理、重大科技项目研发、国家宏观政策探索等创造与创新活动或战略决策中（辜胜阻和庄芹芹，2016；刘立枫，2016；杜兴洋和陈孝丁敬，2017），如管理创新、科学实验、技术研发、决策困境，甚至在改革开放的宏大实践中，都会经常出现容错和纠错的概念。应该指出的是，容错与纠错机制的本质就是实行差错管理、差错学习的一种机制，否则，组织将会陷入墨守成规、因循守旧的怪圈，而其结果——试错、探索和创新的机会和现象将不复存在。这里的“容错”与“纠错”中的“错”便是本书所提及的“差错”，而非“错误”。因为“容”是宽容且没有产生严重后果的“无心之错”，“纠”者则是使原本偏离方向的“差错”，重新回归正途。对于“差错”与“错误”这两个概念在第 2 章中已经做了较为严格的区分。但是目前，人们在组织容错和纠错机制方面的研究，还存有一定阐释的空间。

6.5.1　组织容错和纠错的内涵

（1）组织容错的内涵。容错一词源于计算机网络、电子通信等领域，是容故障（fault），而并非容错误（error），故障是指由材料、工艺、工作环境等因素导致某个命令、任务、动作没有执行或出现预期之外的动作、现象或结果等，从而偏离了目标。因此，从内涵上来看，这里的 fault 与 error 是相近的，主要不同点在于 error 的主体是人，而 fault 的主体是机器设备。早期，容错的主要任务是提高硬件工作性能的可靠性，随着技术的发展，此项功能已经转移至软件层面，如计算机系统中磁盘读写过程中的容错技术。严格意义上，这些领域的“容错”与我们人文科学和社会科学领域中的“容错”并不相同，但是其理念、思维和方法，是可以借鉴的。

这里的容错是指容忍差错，即在一定忍受阈值范围内，组织对员工的差错行为保持接纳的态度。组织容错有三层内涵：一是容忍的是差错行为，而非违反原则性、规范性的行为，且差错偏离组织目标的程度在一定的允许范围之内（小于忍受的最大阈值）；二是组织对于员工差错行为的容错态度并不是放纵差错的产生，而是给予员工知错、纠错、改错、防错的机会；三是接纳差错是主动性的行为，说明组织对于员工差错可能引发的后果有着一定的预期和准备，即组织的抗逆力，或称为韧性，是组织的一种筹备性和适应性的能力，在组织安全面临灾难、危险、危机等中断性逆境时将被“激活”，以迅捷地通过抵御、吸收、恢复并反思以保持系统的安全和连续性，甚至赢得发展机遇的能力体系（张家年，2017）。

（2）组织纠错的内涵。组织容错体现的是组织对于差错的态度和准备，那么，组织纠错则是为了防止出现的差错可能引发更为严重的后果，而采取的应对措施，纠正相应的行为，同时反思和汲取差错经验，保证组织目标实现不受干扰，同时，也为未来的工作提供经验和教训。组织纠错包含以下几个方面：首先，差错行为已经发生，其负面效应已然显现，甚至有进一步恶化的趋势；其次，组织采取介入的方式，纠正差错行为产生的后果，保证组织目标不偏离；最后，反思和学习，通过对差错的溯因，分析导致差错产生的原因，探究问题的解决方案，推动生产、技术、管理等方面创新，并为今后类似差错的预防提供参考。

（3）容错与纠错的关系。如果说容错是组织正确对待差错的态度，那么，纠错则是组织及时、有效解决问题的策略，二者是相辅相成的，不可偏颇。一味地容错，实则为纵容，必然置组织于各种风险和威胁的境地；而过于强调纠错、“零容忍”，反而导致容错机制的失效，丧失激发创新的动机和机遇，同时易造成隐匿、瞒报差错现象，贻误纠错的最佳时机，一旦发现，多为不可挽回的损失。

6.5.2　组织容错和纠错机制的建立

（1）关于组织容错纠错机制的研究。目前关于组织容错纠错机制的研究相对不多（除去计算机电子通信领域外），特别是在人文科学和社会科学领域，相对较少，笔者以“容错纠错机制”为主题在中国知网中搜索，获得结果见图 6-12。由图 6-12 可知，容错纠错机制主题是从 2016 年才形成热点的，2017 年与 2018 年呈线性增长。

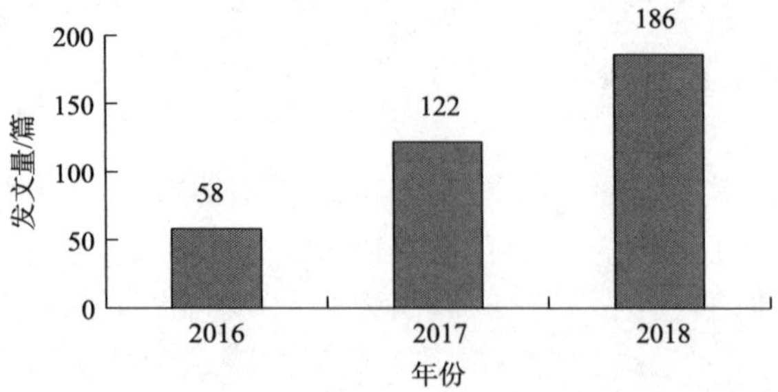

图 6-12　以“容错纠错机制”为主题年度发文数量分布

从相关文章来看，“容错纠错机制”出现在 2016 年李克强总理所做的《政府工作报告》之后，报告中提及了要“健全激励机制和容错纠错机制，给改革创新者撑腰鼓劲，让广大干部愿干事、敢干事、能干成事”①。李克强总理表达了政府在新时代背景下对创新、创业、担当、做事的态度，一方面，触及现实中“不担当不作为”的现象；另一方面，在理论界掀起了对于“容错纠错机制”的研究热潮。2018 年 5 月，中共中央办公厅印发了《关于进一步激励广大干部新时代新担当新作为的意见》，其中指出要“建立健全容错纠错机制，宽容干部在改革创新中的失误错误”，认为容错纠错机制就是“切实为敢于担当的干部撑腰鼓劲”（人民网，2018）。这与图 6-12 的发文趋势相一致。另外，从检索结果的文献聚类分析，见图 6-13，目前研究领域主要集中于全面从严治党、容错机制、深化改革、改革创新、纠错机制、容错免责等方面。

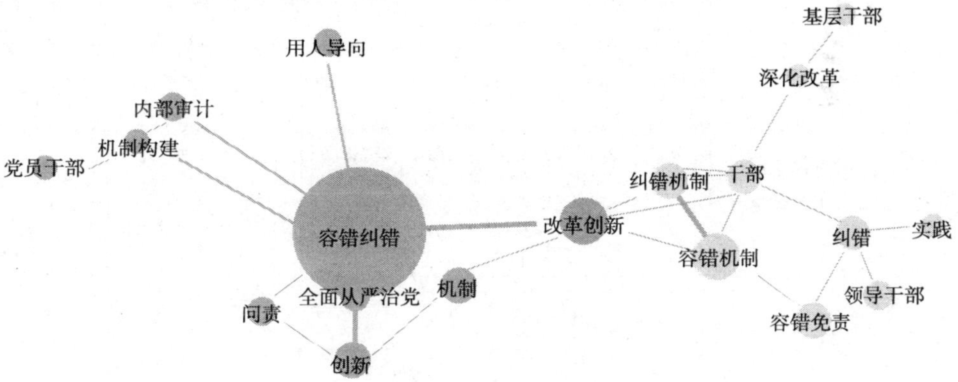

图 6-13　“容错纠错机制”主题文献关键词聚类分析结果

容错纠错机制虽然提出时间不长，但是类似的相关实践和理论研究却早已展开，如我国的改革开放实践中提出“摸着石头过河”，就是一种容错纠错机制，不断探索创新前行的中国特色发展道路。在理论研究中，国内外关于差错管理的理论提出应该建立“无责备”文化，其实质相当于容错机制所要推动的组织文化。当然，目前以“容错纠错机制”为主题的实践探索和理论研究，主要集中于行政管理、党的建设、政府办事效率、深化改革和创新发展方面，而涉及一般性组织容错和纠错机制的研究相对较少。

（2）组织容错和纠错机制。本书关注的对象是更为普遍意义上的组织。从一般意义上来看，即组织容错机制是指为了避免差错的潜在损失以及利用差错学习促进组织创新绩效和竞争力的提升，建立与组织容错相一致的差错文化氛围、差错制度与标准体系、组织结构体系、资源分配体系等。组织纠错机制则是指组织

① httpwww.gov.cnguowuyuan2016-0305content_5049372.htm.

根据差错管理流程，建立差错发生后的应对预案、纠正措施、评估标准等处理机制，同时还构建组织差错反思、学习的执行流程，鼓励员工以差错为契机尝试创新解决方案等。

不难看出组织容错和纠错机制之间的关系。其中，容错机制是前提，纠错机制是目标，容错机制是让大家不以差错为负担，放下思想包袱，纠错则是对事（差错）不对人，是为了解决问题，获得创新。因此，组织容错和纠错机制并不是分立的，而是一体的可相互配合和协同。组织容错纠错机制组成要素及作用流程见图 6-14。图 6-14 分为两大部分，上半部分主要是组织容错纠错机制组成要素和相互关系的建构，下半部分是差错处理的流程（从左至右，与上半部分的主体、媒介和客体相对应）。

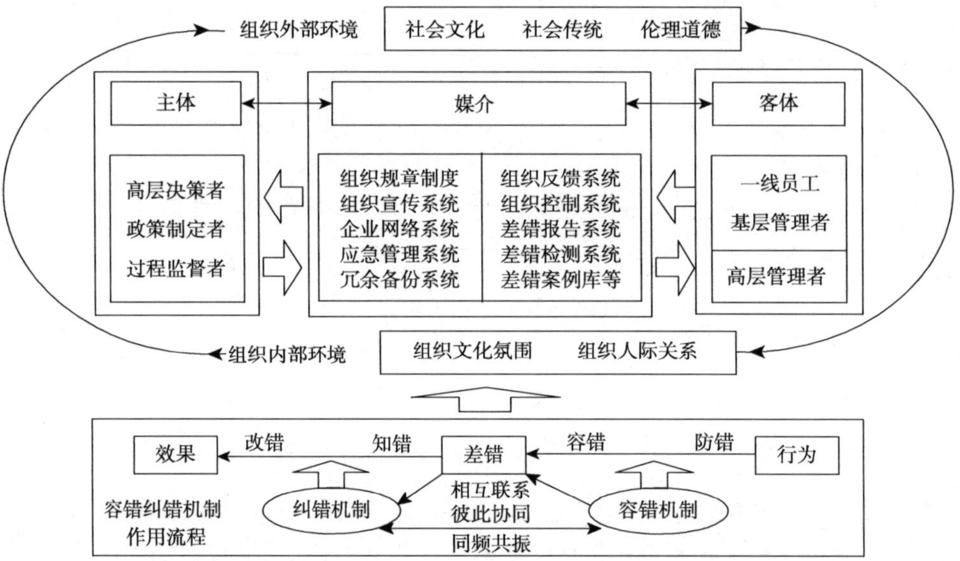

图 6-14　组织容错纠错机制要素构建与流程示意图

（1）组织容错纠错机制要素的构建。对于组织来说，构建合理有效的容错纠错机制的前提是要确立其容错纠错机制的系统结构组成和要素间的相互关系。包括需要考虑多种要素、多种条件、多种约束变量后建立的有序的系统结构，它不仅是一种制度，而且关涉到主体、客体、媒介、环境四大要素（叶中华，2017）。具体如下。①主体是指组织管理团队，特别是高层决策者、政策的制定者和监督者，他们的差错哲学决定了容错和纠错机制的构建成效。②客体既是容错纠错机制的适用对象，也是容错纠错机制的参与者和建设者。如果他们不积极主动地参与到容错纠错机制的建设中来，那么，该机制会处于“失灵”状态。一般来说，客体主要是指组织中的一线员工、基层的管理者，广义上组织中的任何成员都可以成为容错和纠错机制的适用对象（只要是组织成员都有可能犯错，或者在组织情境工作的人都会犯错）。③媒介是指组织中容错纠错机制中信息传递的中介或是组织构建的一套系统，如组织规章制度、宣传系统、网络系统、应急系统、冗余备份、反馈系统、控制系统等，还包括差错报告系统、差错检测系统、差错案例库等信息获取、收集、存储等信息管理系统。媒介系统也是组织容错纠错机制各要素间联系、作用的重要桥梁。④环境要素主要是指对组织容错纠错机制产生影响的内外环境，既包括物理环境，也包括各类软环境（组织文化氛围、组织人际关系、社会文化传统、伦理道德等）。不能孤立看待某个要素发挥的作用或产生的影响，应该从系统论和辩证的视角来研究组织容错纠错机制的建立；不能以静态的结构关注容错纠错机制的组成，还要以动态变化的过程考量容错纠错机制的生成，特别是考虑差错管理的全过程。

（2）组织容错纠错机制的作用过程。图 6-14 的下半部分是容错纠错机制的作用流程示意图。容错机制贯穿于员工工作的整个过程，它是组织消除员工工作中畏首缩尾、明哲保身的顾虑和情绪，鼓励员工积极探索、大胆创新、勇于创造的强大后盾。它明确了差错与错误间原则性的区别。纠错机制是在差错发生后被触发作用的，是组织保证员工的差错不会被进一步放大而酿成失败或事故的“防火墙”。容错纠错机制是一个问题的两个方面，彼此间相互联系，即在组织层面上二者能够相互对接，纠错机制能够承接容错机制，容错机制能够呼应纠错机制。彼此间相互协同，它们的目标是相同的，基本目标是减少差错，避免由差错引发的失败和事故；战略目标是促进组织的创新创造与竞争力的提升。容错机制与纠错机制应同频共振，不能指望其中一方来包揽组织差错管理的所有工作。最后，组织容错纠错机制的作用流程是防错与容错（容错机制）、知错和改错（纠错机制）。

6.6　组织激励与保障机制

6.6.1　激励和保障机制概述

（1）激励概念。在管理学中，激励往往是与动机联系在一起的，指的是人类内心活动的一种状态，是个体通过高效率的努力而达到组织目标的愿望，而这种努力同时也能够满足员工个体的某些需要（周三多，2010）。激励组成的基本要素包括：唤起（主要与员工行为的驱动力或能量有关）、指向（与人们做出的选择和行为的指向有关）、维持（在目标实现之前会坚持的时间长度）、目标（行为的指向，或要完成的任务等）。激励过程中要注意的几个问题：激励本身不等于组织绩效、激励是多维度和多层次的、激励并不仅仅意味着财物的鼓励（格林伯格和巴伦，2005）。

（2）激励理论基础和基本过程。首先，激励是具有鲜明的理论基础支撑的，如马斯洛的需求层次理论和奥尔德弗的 ERG[生存(existence)需要、关系(relatedness)需要和成长(growth)需要]理论①。这些激励理论为相关机制设计提供了非常清晰的理论指导建议，如目标激励、公平激励、期望激励、工作结构的改变等。其次，激励的基本过程是指组织借助相应的方法与管理体系，促使员工对组织及工作的承诺最大化的过程。在该过程中，激励机制的建立非常重要，所谓激励机制，是指在组织管理过程中，激励主体采用多种激励手段，使这些激励手段规范化和相对固定化，并与激励客体相互作用、相互制约的结构、方式、关系及演变规律的总和。一般地，组织激励内容包括四个方面：精神激励、薪酬激励、荣誉激励、工作激励。要通过激励手段实现组织所期望的行为发生，关键在于某一行动的效价和期望值，前者是指个人对达到某种预期结果的偏好程度，或者某种预期成果为其带来满足的程度；期望值则是指某一行为可带来预期成果的可能性。显然，效价、期望值与激励有关：

$$激励=效价\times期望值$$

（3）组织差错学习与激励机制和保障机制之间的关系。组织差错学习发生与否，首先，看差错学习的要素条件是否满足，如差错学习的主体（学习者）、差错学习的客体（差错学习信息、知识和解决方案等）、差错学习的媒介（主客体间相互作用的中介物等）。其次，还需要具备差错学习的相关前提条件，包括差错信息资源的收集，差错报告与信任机制的建立，差错共享机制的建立。差错知识的转移和扩散是差错学习有效发生的判断标准。再次，建立差错学习的长效机制。组织差错学习不是一次性的，而是一种持续性的机制安排，即包括前面提及的容错和纠错机制的建立。最后，任何学习的发生必须调动学习主体参与的主动性、积极性，这些是建立在组织激励和保障机制的基础之上的。如果没有动力源，前面述及的报告与信任机制、共享机制、转移与扩散机制、容错与纠错机制便失去作用的动力，差错学习也就失去了动力、前提和基础；没有保障机制，上述各类机制就没有持续性地投入（人、财、物、信息、时间、空间等要素）保障，则组织

① 马斯洛需求层次理论是由美国心理学家亚伯拉罕·马斯洛 1943 年在《人类激励理论》一节中所提出的，他将人类需求像阶梯一样从低到高按层次分为五种，分别如下：生理需求、安全需求、社交需求、尊重需求和自我实现需求。奥尔德弗的 ERG 理论也是一种需求层次理论，他将人的需求分为三种，认为人类共存在三种核心的需求，即生存需要、关系需要和成长需要，这一理论被称为 ERG 理论。

差错学习将难以持久、长效地进行下去。

组织差错学习的激励和保障机制组成框架以及相互作用机制如图 6-15 所示。首先，组织差错学习激励机制并不是单一存在的机制，而是作为其他机制的组成部分或是支撑基础。激励机制是差错报告与信任机制、知识转移与扩散机制、共享机制、容错与纠错机制等发挥作用的基础，如果没有组织激励机制，那么，差错报告、差错知识转移、差错知识共享、容错等行为将难以发生或者不可持续，因为这些行为主体需要承担相应的成本、代价、安全风险等，没有回报和收益则不可延续。其次，组织差错学习保障机制是组织为了促进差错学习绩效提升，从组织层面予以一种制度性的安排。从更为广义的视角来看，组织差错学习激励机制是保障机制的组成部分，各种激励措施也可归结为组织制度保障性安排，见图 6-15，这里是把激励机制归于外围的保障机制中。组织保障机制包括两个层面，从软环境上，差错文化氛围上的保障主要是指组织各种制度、操作规范、评价标准、教育培训体系的制定与完善；差错信息（知识）管理系统（网络、科技等）的建立。硬件环境保障主要包括人员、资金、设备（物品）等的保障。

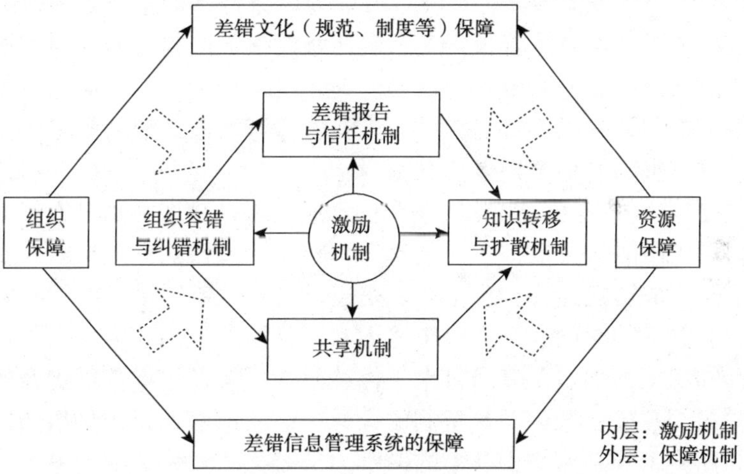

图 6-15　组织差错学习的激励与保障机制相互作用示意图

6.6.2　多维度构建组织激励机制是提升差错学习的不竭动力

从图 6-15 中可以看出，组织激励机制并非组织中独立的一套激励体系，而是一种基础性的激励体系，嵌入组织的其他机制体系中，成为这些机制中的组成部分，甚至是这些机制发挥作用的基础和支撑，并通过这些机制发挥激励作用，产生激励效果。

（1）组织容错与纠错机制中的激励措施。容错纠错机制是组织鼓励员工大胆探索、积极创造、勇于创新的重要机制，该机制需要组织激励措施作为支撑。首先，为富有探索精神、创新和创造精神的员工予以精神上与物质上的激励，满足其外在物质上的需求和内在精神上的期望。其次，鼓励试错、纠错行为，实践反复证明，创新的取得建立在试错的基础上，容错是试错的前提，也是纠错的保障；鼓励纠错是鼓励员工积极承认差错行为的发生，主动采取措施纠正错误，以防止差错引发更严重的事故。

（2）差错报告与信任机制中的激励措施。对于报告人来说，差错报告（包括自我报告和他人报告）都会增加其额外的成本和代价，而且自我报告有可能使自身面临相应的责备和处分，他人报告可能会导致组织中人际关系出现危机。只有当组织采取制度化的激励措施使报告者获得至少大于其付出成本的收益时，才能使得差错报告机制有持续运转下去的可能。应当注意的是，激励机制只是差错报告机制运转的基础性或必要条件之一，并非充分条件，即报告者获得的激励收益大于其报告成本，并不意味着报告者一定会触发报告机制，需要与其他机制或措施的协同。信任机制是差错报告的重要前提，组织与员工间的信任机制不建立起来，差错报告机制将难以正常运转；员工间若没有信任，他人报告将使组织内部矛盾重重，报告机制的初衷将事与愿违。

（3）差错学习（信息）共享机制中的激励措施。知识共享是组织知识管理实现知识转移和扩散的重要前提，无共享，不转移。差错知识共享既涉及知识出让方隐私（不同于成功的经验，差错知识是通过自身试错纠错获得的经验或教训）、工作安全感、共享的时间和精力付出等因素，又使知识出让方失去了对于差错知识（经验性知识）的独占及其所带来工作绩效的优势。根据前面提及的激励与行为的关系，组织在差错知识共享机制的设计中，应能够通过多种措施的制度化设计，使组织内员工间差错知识共享的激励力最大化（效价 x 期望值）。

（4）差错知识转移与扩散机制中的激励措施。差错知识转移与扩散机制需要组织激励机制去支持，差错知识转移和扩散需要通过多种形式才能实现，如差错经验交流活动、差错问题分析与实操案例演示、差错经验的凝练聚焦等，这些活动、过程、结果需要持续性的组织激励措施和政策才能实现其预定目标，因此，在差错知识转移和扩散机制建立过程中需要有组织激励机制的支持，才能取得实质性的效果。

6.6.3　多层次健全组织保障机制是支撑差错学习运转之根本

如果说组织激励机制是促使组织员工产生符合组织预期行为的直接性措施与安排，那么，组织保障机制则是从组织文化氛围上、组织规章制度上、软硬件系统上、各类资源配置上对上述各种机制实施与安排提供相应中介性与综合性的保障和支持。虽然组织保障机制并不直接作用于组织差错学习过程，但是，它却是组织差错学习机制建立最为重要的支撑性中介基础。从图 6-15 中，可以看出保障机制可以分为两大层面：组织保障层面和资源保障层面。

（1）组织保障层面。这是从组织框架结构、组织生产和管理流程等出发，立足于组织的宏观层面为差错学习营建差错文化氛围，如组织管理层差错学习的领导力、规章制度、操作规范、鼓励创新与创造等。首先，组织管理层在差错学习领域中的领导力，是指组织中的高层管理者具有营建组织差错文化氛围，引领组织差错管理、差错知识管理，推动组织差错学习，促进组织变革、创新，提升组织绩效和竞争力的能力。因此，组织差错学习领导力是差错学习的重要推手，是组织差错学习的顶层设计者、推动者。如果组织管理层视差错为事故和失败，那么，不难想象其组织差错学习是不会发生的。其次，组织保障在中观层面上为组织容错与纠错机制、组织差错报告与信任机制、差错知识共享机制、知识转移与扩散机制等提供顶层设计，从而为差错学习提供制度上、体系上的保障。从微观层面上看，组织构建差错信息管理系统与组织虚拟信息环境融为一体，从而为组织差错信息（知识）的采集、存储、传播和利用提供了相应的信息环境。在工业信息化时代，组织中设计、开发、生产（或应用、服务等）、管理和评价等各环节，人、财、物、信息、物理空间环境等要素皆可实现互联互通、可视化运行和管理、智能化监控与分析、科学化决策。这些信息管理系统客观上也为差错的减少、避免事故的发生提供了强大的技术支撑。

（2）资源保障层面。无论前述各种机制的设计多么完美，无论相关流程安排多么精当，如果没有各类资源持续性、系统性地支持和投入，组织差错学习的绩效输出预期将会是“水中月”“镜中花”。因此，组织差错学习中各种机制的良好运转和功能输出，依赖于组织资源保障。组织资源保障是组织差错学习必不可少的支持条件。资源优化配置，一方面，可提高组织资源的使用效率，另一方面，是提升差错学习的效果、效率和效益的保证。一般来说，组织资源主要包括人员（专家智慧）、资金、能源、设备、技术（知识）、空间、时间、环境等。从组织学习的支持和保障视角来看，组织差错学习的资源主要包括以下几个方面：首先，差错知识资源库（包括案例库）为差错学习提供知识源，没有学习对象，学习本身无从谈起。其次，技术型或专家型员工为差错学习提供智力支持。差错学习是隐性知识的获得，需要有高水平的专家将隐性知识以较为容易理解的形式为其他员工所掌握。再次，组织信息传播网络的构建。既包括物联网（包括工控网络）、互联网、移动互联网（包括各类应用软件）以及建立在这些网络上的各种企业内联网等虚拟环境下的信息传播系统，同时也包括文化宣传组织或系统、组织内广播电视系统等物理环境下的信息传播体系，为组织差错知识与方案的传播提供扩散途径和渠道等。最后，差错学习环境的构建。高阶的组织学习一定是员工在真实的情境中，主动地根据外部的问题（嵌入真实情境中）和已有的资源支持，结合自身已有的认知图式进行的意义建构，而不是简单地复制书本上的知识。

参考文献

阿吉里斯 C，舍恩 D. 2011. 组织学习Ⅱ：理论方法与实践. 姜文波，译. 北京：中国人民大学出版社.

安艳. 1998. 世贸组织与经济全球化. 国际贸易问题，(10)：18-20.

贝克 B. 2004. 风险社会. 何博闻，译. 南京：译林出版社.

贝克 U. 2003. 从工业社会到风险社会（下篇）——关于人类生存、社会结构和生态启蒙等问题的思考. 王武龙，编译. 马克思主义与现实，(5)：60-72.

贝克，邓正来，沈国麟. 2010. 风险社会与中国——与德国社会学家乌尔里希·贝克的对话. 社会学研究，(5)：208-231，246.

波普尔 C. 1996. 通过知识获得解放. 范景中，李本正，译. 杭州：中国美术学院出版社.

伯特 R. 2008. 结构洞：竞争的社会结构. 任敏，李璐，林虹，译. 上海：上海人民出版社.

曹庆仁，宋学锋. 2006. 煤矿员工的不安全行为及其管理途径. 经济管理，(15)：62-65.

车文博. 2001. 当代西方心理学新词典. 长春：吉林人民出版社.

陈国权. 2009. 组织学习和学习型组织：概念、能力模型、测量及对绩效的影响. 管理评论，21（1)：107-116.

陈国权，马萌. 2000. 组织学习的过程模型研究. 管理科学学报，3（3)：15-23.

陈国权，宁南. 2009. 组织从经验中学习：现状、问题、方向. 中国管理科学，17（1)：157-168.

陈国权，郑红平. 2005. 组织学习影响因素、学习能力与绩效关系的实证研究. 管理科学学报，8（1)：48-61.

陈姣，马君. 2005. 信任的博弈论分析. 华东经济管理，19（4)：81-85.

陈琦，刘儒德. 1997. 当代教育心理学. 北京：北京师范大学出版社.

陈全君，何学秋. 2004. 事故的定义及其发生原因的理性分析. 矿业安全与环保，31（5)：10-12，75.

陈维，黄程琰，毛天欣，等. 2016. 多维测评工具聚敛和区分效度的 SEM 分析——以领悟社会支持量表为例. 西南师范大学学报（自然科学版），41（2)：136-140.

陈文沛. 2013. 差错管理气氛对员工创新行为的影响跨层次模型分析. 现代财经（天津财经大学学报)，(10)：121-129.

陈志祥，陈荣秋，马士华. 2000. 论知识链与知识管理. 科研管理，21（1)：14-18.

崔卫国. 2003. 内省式实验——教育实验的一种新方法. 教育探索，11：74-76.

德尔纳 D. 2010. 失败的逻辑——事情因何出错，世间有无妙策. 王志刚，译. 上海：上海科技教育出版社.

德科 S. 2017. 理解“人为差错”实战指南. 孙佳，杨志东，译. 北京：中国工人出版社.

狄克逊 N M. 2002. 共有知识. 王书贵，沈群红，译. 北京：人民邮电出版社.

丁永健. 2008. 基于知识的组织复杂性及其控制. 科技进步与对策，25（1）：156-159.

杜维，刘阳，马阿双. 2015. 失败学习对制造企业物流服务创新的影响. 商业研究，61（10）：168-173.

杜兴洋，陈孝丁敬. 2017. 容错与问责的边界：基于对两类政策文本的比较分析. 学习与实践，（5）：53-62.

方莉娟. 1997. 浅议“科学技术是第一生产力”. 上海高教研究，（6）：12-13.

费雷华. 2008. 以错因为载体，努力提高教学效率. 物理通报，（9）：21-24.

高章存. 2006. 克瑞斯·阿吉瑞斯组织学习理论述评. 经济社会体制比较，（4）：129-133.

格林伯格 J，巴伦 R. 2005. 组织行为学（第七版）. 范庭卫，译. 南京：江苏教育出版社.

共产党员网. 2013-06-22. 中央党的群众路线教育实践活动领导小组印发通知 要求认真学习贯彻习近平总书记在党的群众路线教育实践活动工作会议上的讲话. http://news.12371.cn/2013/06/22/ARTI1371851875496828.shtml.

辜胜阻，庄芹芹. 2016. 资本市场功能视角下的企业创新发展研究. 中国软科学，（11）：4-13.

顾基发，张玲玲. 2009. 知识管理. 北京：科学出版社.

郭东强，李志敏. 2010. 基于生命周期的虚拟企业知识管理应用策略. 情报理论与实践，33（2）：59-62.

郭涛力，肖冬平. 2011. 基于知识转移的组织学习机制研究. 科学管理研究，（6）：80-83.

韩维贺，李浩，仲秋雁. 2006. 知识管理过程测量工具研究：量表开发、提炼和检验. 中国管理科学，14（5）：128-136.

郝滨. 2009. 催眠与心理压力释放. 合肥：安徽人民出版社.

郝国锋，王友仁，张砦，等. 2011. 可重构硬件内建自测试与容错机制研究. 仪器仪表学报，32（4）：856-862.

何志兰，吕青. 2007. 论信息势差存在的客观必然性与适度合理性. 情报杂志，26（9）：32-34.

洪自强. 2000. 工作背景下的差错管理及其应用. 外国经济与管理，（4）：2-6.

洪自强，王重鸣. 2000. 工作情景中差错概念与差错取向因素分析. 心理科学，23（5）：542-546,637.

侯杰泰. 2004. 结构方程模型及其应用. 北京：教育科学出版社.

胡洪浩，王重鸣. 2011. 国外失败学习研究现状探析与未来展望. 外国经济与管理，33（11）：39-47.

胡俊峰，胡智慧. 2013. 一种医学影像读片差错智能提醒系统：CN，102982242A.

黄荣怀，陈庚，张进宝，等. 2010. 关于技术促进学习的五定律. 开放教育研究，16（1）：11-19.

蒋春燕，赵曙明. 2006. 社会资本和公司企业家精神与绩效的关系：组织学习的中介作用——江苏与广东新兴企业的实证研究. 管理世界，（10）：90-99，171-172.

巨乃岐，邢润川. 2007. 技术：天使抑或魔鬼——关于技术的哲学思考. 科学技术与辩证法，24（2）：58-63，111.

剧晓红，谢阳群，张家年. 2017. 差错管理文化与个人差错信息报告的关系研究. 现代情报，

37（8）：41-48，73.
科尔曼 J. 2008. 社会理论的基础. 邓方，译. 北京：社会科学文献出版社.
克里姆斯基 S，戈尔丁 D. 2005. 风险的社会理论学说. 徐元玲，孟毓焕，徐玲，等译. 北京：北京出版社.
郎杰斌，袁安府. 2004. 论知识扩散生命周期的知识管理. 情报杂志，23（7）：28-30.
李纲，王忠义. 2011. 企业隐性知识管理方法研究. 图书情报工作，55（10）：103-107，129.
李璟琰，焦豪. 2008. 创业导向与组织绩效间关系实证研究：基于组织学习的中介效应. 科研管理，29（5）：35-41，48.
李林. 1995. 从巴林银行倒闭事件看我国商业银行的风险经营. 湖南社会科学，（4）：36-37，48.
李珞山，邹江江. 2014. 从墨菲定律看抵御执政风险. 理论视野，（6）：44-47.
李敏，杜鹏程. 2014. 差错认知、激励偏好对员工创新行为的影响研究. 科学学与科学技术管理，（9）：161-170.
李乃文，姜秋敏. 2010. 矿工不安全心理的结构和测量. 心理学探新，30（3）：91-96.
李平，张庆普. 2008. 从知识共享到知识和谐：一种知识管理观念. 商业经济与管理，197（3）：20-25.
李倩，程刚. 2014. 企业隐性知识共享模型研究. 情报理论与实践，37（1）：100-104.
李文，许晖，黄小飘. 2013. 组织学习与国际化企业营销动态能力构建——基于华为、海尔、联想的跨案例分析. 管理案例研究与评论，6（4）：272-281.
李晓翔，闫继伟，谢阳群. 2016. 员工差错报告意愿的影响因素——一项关于激励、行为价值和组织氛围作用的探讨. 中央财经大学学报，1（1）：99-106.
李艳红，刘敬，李乃文. 2016. 煤矿企业安监人员管理风格研究. 安全与环境学报，（6）：159-163.
李艳艳，谢阳群，朱晓铭. 2012. 知识管理与企业核心竞争力研究. 情报理论与实践，35（6）：40-43，39.
李阳，谢阳群. 2014. 关于信息差错、差错信息与差错知识的研究. 情报杂志，（11）：142-147.
李阳，谢阳群. 2015. 差错信息及其管理——以航空领域为例. 信息资源管理学报，（3）：42-48.
李阳，谢阳群，方旭. 2013. 差错信息视角下的差错管理文化研究. 现代情报，33（6）：19-22，48.
李忆，马莉. 2014. 差错管理气氛对知识转化过程的影响机制研究. 情报理论与实践，37（2）：57-60.
李忆，张小艳，黎浩. 2015. 员工差错报告意愿的影响因素：一个整合模型. 经济管理，（1）：139-149.
李永娟，王二平. 2001. 人误研究的历史和发展. 心理学动态，9（1）：57-61.
梁鲁晋. 2011. 结构洞理论综述及应用研究探析. 管理学家（学术版），（4）：52-62.
梁战平. 2003. 情报学若干问题辨析. 情报理论与实践，26（3）：193-198.
廖华明. 2011. 客户知识管理研究综述. 管理学家，7：25-50.
林东清. 2005. 知识管理理论与实务. 北京：电子工业出版社.
刘国愈，雷玲. 2013. 海因里希事故致因理论与安全思想因素分析. 安全与环境工程，20（1）：138-142.
刘洪. 2011. 组织复杂性管理. 北京：商务印书馆.

刘立，党兴华. 2014. 企业知识价值性、结构洞对网络权力影响研究. 科学学与科学技术管理，（6）：164-171.
刘立枫. 2016. 完善我国科技创新容错激励机制的思考. 中州学刊，（9）：84-86.
刘宣文. 1999. 罗杰斯人本主义教学观述评. 浙江师范大学学报（社会科学版），（2）：81-83.
刘云生，查亚兵，张传富，等. 2005. 分布式仿真系统容错机制研究. 系统仿真学报，17（2）：355-357.
卢新元，袁园，王伟军. 2009. 基于博弈论的组织内部隐性知识转移与共享激励机制分析. 情报杂志，（7）：102-105.
骆晓强，梁权琦，杨晓光. 2017. 当前中国经济的“灰犀牛”和“黑天鹅”. 中国科学院院刊，32（12）：1356-1370.
马费成. 2007. 论情报学的基本原理及理论体系构建. 情报学报，26（1）：3-13.
马费成. 2008a. IRM-KM 范式与情报学发展研究. 武汉：武汉大学出版社.
马费成. 2008b. 导言：情报学中的序. 图书情报知识，（3）：5-7.
马费成. 2012. 信息经济学. 武汉：武汉大学出版社.
马费成. 2013. 情报学发展的历史回顾及前沿课题. 图书情报知识，（2）：4-12.
马费成，宋恩梅. 2011. 信息管理学基础（第二版）. 武汉：武汉大学出版社.
马费成，望俊成. 2010. 信息生命周期研究述评（Ⅱ）——管理视角. 情报学报，29（6）：1080-1086.
牛莉霞，刘谋兴，李乃文，等. 2016. 工作倦怠、安全注意力与习惯性违章行为的关系. 中国安全科学学报，26（6）：19-24.
钱学森. 1983. 科技情报工作的科学技术. 情报学刊，(4): 44-51.
邱皓政，林碧芳. 2009. 结构方程模型的原理与应用. 北京：中国轻工业出版社.
邱均平，段宇锋. 1999. 论知识管理与知识创新. 中国图书馆学报，（3）：5-11.
邱仁宗. 1988. 现代科学技术的社会后果及其控制. 自然辩证法通讯，（2）：27-34,80.
人民网. 2018-05-21. 中办印发《关于进一步激励广大干部新时代新担当新作为的意见》. http://dangjian.people.com.cn/n1/2018/0521/c117092-30001737.html.
任迎伟，林海芬. 2010. 管理创新引进决策模型构建. 管理世界，（3）：180-181.
芮明杰，陈晓静. 2007. 公司隐性知识共享的经济学分析. 管理学报，4（3）：269-272.
闪淳昌，薛澜. 2012. 应急管理概论：理论与实践. 北京：高等教育出版社.
单中惠. 2002. “从做中学”新论. 华东师范大学学报（教育科学版），20（3）：77-83.
圣吉 P，等. 2002. 第五项修炼·实践篇——创建学习型组织的战略和方法. 张兴；等译. 北京：东方出版社.
孙成权，曹霞，黄彦敏，等. 2008. 战略情报研究与技术预见. 上海：上海科学技术文献出版社.
孙水裕，王孝武. 2004. 环境信息系统. 北京：化学工业出版社.
孙涛，陈宇. 2004. 我国航空安全无惩罚自愿报告系统的建设. 中国民用航空，（5）：58-60.
唐涛，董坚峰. 2008. 基于项目生命周期的知识管理系统评价体系. 情报杂志，27（12）：24-25,30.
王重鸣，郭维维，Michael Frese，等. 2008. 创业者差错取向的绩效作用及其跨文化比较. 心理学报，40（11）：1203-1211.
王重鸣，洪自强. 2000. 差错管理气氛和组织效能关系研究. 浙江大学学报（人文社会科学版），30（5）：114-119.

王二平. 1998. 人误研究的组织定向. 人类工效学，5（1）：44-47.
王浣尘. 1997. 枚系统经济学与可持续发展. 系统工程理论方法应用，（1）：4-9.
王家华，蔡则祥，曹源芳. 2017. 影子银行风险的“蝴蝶效应”与审计治理机制——基于互联网金融业务的研究. 经济问题，（1）：67-72.
王如起. 1990. 论信息势. 情报杂志，9（4）：50-53.
王少杰. 2014. 航空维修差错分析及管理措施. 中国机械，（10）：50.
王仕民. 2005. 心理治疗方法论. 广州：中山大学出版社.
王锁劳. 2011. “阿拉伯之春”：回顾与展望. 中国国际战略评论，（4）：234-244.
王文韬，谢阳群，李阳. 2014. 基于不完全信息动态博弈模型的组织差错信息传递机制研究. 情报理论与实践，（11）：76-80.
王锡伟. 2001. 试析皮亚杰的平衡化概念. 南京林业大学学报（人文社会科学版），1（3）：26-30.
王晓科. 2010. 不同理性动机下的企业隐性知识共享博弈. 情报杂志，29（11）：110-117.
威肯斯 C，霍兰兹 J. 2003. 工程心理学与人的作业. 朱祖祥，译. 上海：华东师范大学出版社.
魏道江，李慧民，康承业. 2014. 动态博弈分析下的项目型组织内部知识共享激励策略研究. 软科学，28（8）：36-41.
温忠麟，张雷，侯杰泰，等. 2004. 中介效应检验程序及其应用. 心理学报，36（5）：614-620.
文庭孝，侯经川，汪全莉，等. 2009. 论信息概念的演变及其对信息科学发展的影响：从本体论到信息论再到博弈论. 情报理论与实践，32（3）：10-15.
吴国林. 2001. 主体间性与客观性. 科学技术与辩证法，18（6）：4-7，29.
吴明隆. 2000. SPSS 统计应用实务. 北京：中国铁道出版社.
吴晓波，郭雯，刘清华. 2002. 知识管理模型研究述评. 研究与发展管理，14（6）：52-58，88.
谢洪明，刘常勇，陈春辉. 2006. 市场导向与组织绩效的关系：组织学习与创新的影响——珠三角地区企业的实证研究. 管理世界，（2）：80-94，143，171.
谢识予. 2002. 经济博弈论. 上海：复旦大学出版社.
谢晓专. 2006. 企业知识管理的难点——知识共享障碍分析. 情报科学，24（7）：1087-1090.
谢阳群，李阳. 2014. 关于差错信息的若干问题探讨. 图书情报工作，58（4）：17-23.
熊翱，孟洛明. 2006. 基于容错机制高可靠性网管系统的研究. 北京邮电大学学报，29（2）：94-97.
许诺. 2013. 组织学习与企业绩效：制度质量的调节作用. 吉林大学博士学位论文.
严军. 2012. 企业培训：建设学习型组织的重要渠道——对浦发银行企业培训的案例分析. 人力资源管理，（3）：52-55.
杨欣，于勇. 2010. 非正式学习研究现状综述. 现代教育技术，20（11）：14-18.
杨智，刘新燕，万后芬. 2004. 国外组织学习研究综述. 外国经济与管理，26（12）：15-20.
野中郁次郎，绀野登. 2012. 知识经营的魅力——知识管理与当今时代. 赵群，译. 北京：中信出版社.
叶中华. 2017. 容错纠错机制的运行机理. 人民论坛，（26）：42-44.
易培强. 1998. 知识经济初论. 湖南师范大学社会科学学报，（2）：25-31.
尹奎，孙健敏，陈乐妮. 2016. 差错管理氛围研究述评与展望. 外国经济与管理，38（2）：75-87.
尹润锋. 2011. 绩效考核目标取向对员工创新行为的影响研究——员工差错学习的中介作用. 工业技术经济，30（11）：12-16.

尹润锋. 2012a. 绩效考核目标取向对员工创新行为的影响研究：创新氛围的中介作用. 科技管理研究，32（1）：126-130.
尹润锋. 2012b. 领导风格对差错管理文化和组织创新绩效的影响研究. 领导科学，（26）：43-45.
尹润锋. 2012c. 领导风格取向对员工创新行为的影响研究：员工差错学习的中介作用. 领导科学，（20）：51-53.
尹贻勤. 2006. 煤矿安全心理学. 北京：煤炭工业出版社.
于淼，段鑫星，陈世民. 2015. 煤矿工人安全心理和心理健康对安全事故的预测分析. 中国健康心理学杂志，（4）：570-573.
于晓宇，蔡莉. 2013. 失败学习行为、战略决策与创业企业创新绩效. 管理科学学报，16（12）：37-56.
于秀慧，李宝山. 2006. 基于熵理论的企业知识管理. 兰州学刊，8：152-156.
郁海东. 2011. 浅谈门诊电子处方系统在医疗质量管理中的应用分析. 中国卫生产业，（36）：57-58.
员巧云，程刚. 2009. 国内外知识创新和组织学习研究综述. 图书情报工作，（8）：89-92.
越人. 1987a. 皮亚杰发生认识论研究（续）. 哲学动态，（5）：12-16.
越人. 1987b. 皮亚杰发生认识论研究. 哲学动态，（4）：9-12.
曾萍，张筱. 2014. 信任氛围、知识共享与组织创新关系的实证研究. 软科学，28（8）：12-16.
张海涛，瓮毓琦，刘阔，等. 2013. 生态信息：内涵、特点、运动过程与运动规律研究. 图书情报工作，57（12）：46-50.
张家年. 2017. 国家安全保障视域下安全情报与战略抗逆力的融合与对策. 情报杂志，36（1）：1-8，22.
张家年. 2018. 信息势能的基本内涵、作用机理及其在组织情境中的分析. 现代情报，（3）：19-23，57.
张家年，谢阳群. 2014. 信息管理理论视角下差错信息资源的研究. 图书情报工作，58（18）：11-18.
张家年，谢阳群. 2016. 差错管理视角下差错知识共享与差错学习的研究：基于博弈论的分析. 科技管理研究，36（14）：126-130，151.
张宁俊，袁梦莎，付春香，等. 2015. 差错管理氛围与员工创新行为的关系研究. 科研管理，（S1）：94-101.
张庆林，王永明. 1996. 元学习能力及其培养. 中国教育学刊，3：34-37.
张晓东，何攀，朱敏. 2011. 知识管理模型研究述评. 科技进步与对策，28（7）：156-160.
张玉婷，魏晓昕，栗继祖. 2015. 煤矿工人特质焦虑状况与不安全心理研究. 煤矿安全，46（7）：245-248.
张赟. 2012. 基于结构洞的科研团队隐性知识共享效果测度研究. 图书情报工作，56（6）：111-116.
赵海峰，程洁，万迪昉. 2003. 组织学习测度的研究述评. 经济理论与经济管理，（3）：69-72.
赵蒙成. 2008. “非正式学习”论纲. 比较教育研究，30（10）：51-54.
赵士英，洪晓楠. 2001. 显性知识与隐性知识的辩证关系. 自然辩证法研究，17（10）：20-23，33.

赵曙明，沈群红. 2000. 知识企业与知识管理. 南京：南京大学出版社.
赵炎，郭霞婉. 2012. 结构洞度对联盟网络中企业创新绩效的影响研究——基于中国家用视听设备制造业企业联盟网络. 科技进步与对策，29（17）：76-81.
郑秀榆，张玲玲. 2008. 基于知识位势的组织知识转移与共享的激励机制研究. 中国管理科学，16（S1）：606-612.
支富华. 2001. 差错管理及其应用. 科学管理研究，19（6）：44-46.
中国政府网. 2018-05-20.中共中央办公厅印发《关于进一步激励广大干部新时代新担当新作为的意见》. http://www.gov.cn/zhengce/2018-05/20/content_5292263.htm.
钟义信. 2003. 信息科学原理. 北京：北京邮电大学出版社.
周城雄. 2004. 隐性知识与显性知识的概念辨析. 情报理论与实践，27（2）：127-129.
周三多. 2010. 管理学（第三版）. 北京：高等教育出版社.
朱颖俊，白涛. 2011. 差错管理文化对组织绩效的影响——以组织创新为中介变量. 科技进步与对策，28（16）：1-4.
朱远程，罗亚非，王虹，等. 2003. 北京市个人所得税状况统计评析——对北京市个人所得税的抽样调查. 北京工业大学学报（社会科学版），3（4）：55-59.
竹内弘高，野中郁次郎. 2006. 知识创造的螺旋：知识管理理论与案例研究. 李萌，译. 北京：知识产权出版社.
左美云. 2000. 国内外企业知识管理研究综述. 科学决策，（3）：31-37.
左美云. 2003. 企业信息化中的知识转移. 中国计算机用户，（30）：38.
Alavi M, Leidner D E. 2001. Review: knowledge management and knowledge management systems: conceptual foundations and research issues. MIS Quarterly，25（1）107.
Amankwah-Amoah. 2011. Learning from the failures of others：the effects of post-exit knowledge spillovers on recipient firms. Journal of Workplace Learning，23 （6）：358-375.
Arenas A，Tabernero C，Briones E. 2006. Effects of goal orientation，error orientation and self-efficacy on performance in an uncertain situation. Social Behavior and Personality：an International Journal，34（5）：569-586.
Argote L. 1999. Organizational Learning: Creating, Retaining, and Transferring Knowledge. Boston: Kluwer Academic Publishers.
Argote L，Ingram P. 2000. Knowledge transfer：a basis for competitive advantage in firms. Organizational Behavior and Human Decision Processes，82（1）：150-169.
Argote L，Miron-Spektor E. 2011. Organizational learning：from experience to knowledge. Organization Science，22（5）：1123-1137.
Argyris C.1990. Overcoming Organizational Defenses: Facilitating Organizational Learning. Boston: Allyn & Bacon.
Argyris C，Schön D A. 1978. Organizational Learning：A Theory of Action Perspective，Reading. MA：Addison-Wesley.
Argyris C S，Schön D. 1996. Organizational Learning Ⅱ：Theory，Method and Practice. Reading，PA：Addison-Wesley.
Ariño A，de la Torre J. 1998. Learning from failure：towards an evolutionary model of collaborative

ventures. Journal of Organization Science，9（3）：306-325.

Bagozzi R P. 1981. Evaluating structural equation models with unobservable variables and measurement error：a comment. Journal of Marketing Research，18（3）：375.

Bauer J，Mulder R H. 2007. Modelling learning from errors in daily work. Learning in Health and Social Care，6（3）：121-133.

Bentler P M. 1992. On the fit of models to covariances and methodology to the Bulletin. Psychological Bulletin，112（3）：400-404.

Bollen K A，Stine R. 1990. Direct and indirect effects：classical and bootstrap estimates of variability. Sociological Methodology，20（1）：115.

Borgers A，Derwall J，Koedijk K，et al. 2013. Stakeholder relations and stock returns：on errors in investors' expectations and learning. Journal of Empirical Finance，22：159-175.

Brass D J，Galaskiewicz J，Greve H R，et al. 2004. Taking stock of networks and organizations：a multilevel perspective. Academy of Management Journal，47（6）：795-817.

Brockman B K，Morgan R M. 2003. The role of existing knowledge in new product innovativeness and performance. Decision Sciences，34（2）：385-419.

Button S B，Mathieu J E，Zajac D M. 1996. Goal orientation in organizational research：a conceptual and empirical foundation. Organizational Behavior and Human Decision Processes，67（1）：26-48.

Calantone R J，Cavusgil S T，Zhao Y S. 2002. Learning orientation，firm innovation capability，and firm performance. Industrial Marketing Management，31（6）：515-524.

Casey T W，Krauss A D. 2013. The role of effective error management practices in increasing miners' safety performance. Safety Science，60：131-141.

Catino M，Patriotta G. 2013. Learning from errors：cognition，emotions and safety culture in the Italian air force. Organization Studies，34（4）：437-467.

Chadwick I C，Raver J L. 2015. Motivating organizations to learn：goal orientation and its influence on organizational learning. Journal of Management，41（3）：957-986.

Chen C M. 2006. CiteSpace Ⅱ：detecting and visualizing emerging trends and transient patterns in scientific literature. Journal of the American Society for Information Science and Technology，57（3）：359-377.

Chevalier R. 2003. Updating the behavior engineering model. Performance Improvement，42（5）：8-14.

Chiva R，Alegre J，Lapiedra R. 2007. Measuring organisational learning capability among the workforce. International Journal of Manpower，28（3/4）：224-242.

Choi B，Lee H. 2002. Knowledge management strategy and its link to knowledge creation process. Expert Systems with Applications，23（3）：173-187.

Cigularov K P，Chen P Y，Rosecrance J. 2010. The effects of error management climate and safety communication on safety：a multi-level study. Accident Analysis & Prevention，42（5）：1498-1506.

Covington M V. 2000. Goal theory，motivation，and school achievement：an integrative review.

Annual Review of Psychology, 51（1）: 171-200.

Crossan M M, Lane H W, White R E. 1999. An organizational learning framework: from intuition to institution. Academy of Management Review, 24（3）: 522-537.

Curran P J, West S G, Finch J F. 1996. The robustness of test statistics to nonnormality and specification error in confirmatory factor analysis. Psychological Methods, 1（1）: 16-29.

Daft R L, Weick K E. 1984. Toward a model of organizations as interpretation systems. Academy of Management Review, 9（2）: 284-295.

Darroch J. 2003. Developing a measure of knowledge management behaviors and practices. Journal of Knowledge Management, 7（5）: 41-54.

Davenport T H. 1994. Saving its soul: human-centered information management. Harvard Business Review, 72（2）: 119-131.

Davenport T H, Prusak L. 1998. Working Knowledge: How Organizations Manage What They Know. Boston: Harvard Business School Press.

de Long D W, Fahey L. 2000. Diagnosing cultural barriers to knowledge management. The Academy of Management Perspectives, 14（4）: 113-127.

Dean B. 2002. Learning from prescribing errors. Quality and Safety in Health Care, 11（3）: 258-260.

Dekker S. 2005.Ten questions about human error: a new view of human factors and system safety US. Journal of Risk Research, 11:1-5.

Dodgson M. 1993. Organizational learning: a review of some literatures. Organization Studies, 14(3): 375-394.

Doll W J, Xia W, Torkzadeh G. 1994. A confirmatory factor analysis of the end-user computing satisfaction instrument. Society for Information Management and the Management Information Systems Research Center.

Edmondson A C. 1996. Learning from mistakes is easier said than done: group and organizational influences on the detection and correction of human error. The Journal of Applied Behavioral Science, 32（1）: 5-28.

Edmondson A C. 1999. Psychological safety and learning behavior in work teams. Administrative Science Quarterly, 44（2）: 350-383.

Edmondson A C. 2008. The competitive imperative of learning. Harvard Business Review,（7）: 60-67.

Edmondson A C. 2011. Strategies for learning from failure. Harvard Business Review, 89(4): 48-55.

Eisenhardt K M, Martin J A. 2000. Dynamic capabilities: what are they?. Strategic Management Journal, 21（10/11）: 1105-1121.

Farr J L, Hofmann D A, Ringenbach K L. 1993. Goal orientation and action control theory: implications for industrial and organizational psychology. International Review of Industrial and Organizational Psychology, 8（2）: 193-232.

Fiol C M, Lyles M A. 1985. Organizational learning. Academy of Management Review, 10（4）: 803-813.

Frese M. 1991. Error management or error prevention: two strategies to deal with errors in software design//Bullinger H J. Human aspects in computing：design and use of interactive systems and work with terminals Amsterdam. Elsevier Science，2：776-782.

Frese M. 1995. Error Management in Training：Conceptual and Empirical Results//Organizational learning and technological change. Heidelberg：Springer：112-124.

Frese M，Zapf D. 1994. Action as the Core of Work Psychology：A German Approach. Palo Alto，CA：Consulting Psychologists Press.

Friedman J A，Zeckhauser R. 2012. Assessing uncertainty in intelligence. Intelligence and National Security，27（6）：824-847.

Gibson C B，Gibbs J L. 2006. Unpacking the concept of virtuality：the effects of geographic dispersion，electronic dependence，dynamic structure，and national diversity on team innovation. Administrative Science Quarterly，51（3）：451-495.

Gilbert T F. 1978. Human Competence：Engineering Worthy Performance. New York：McGraw-Hill.

Gilley J W，Eggland S A，Gilley A M. 2002. Principles of human resource development. Basic Books，（1）：120-121.

Gillingham D W，Blanco J，Lewko J H. 1997. An integrated model of error management. Disaster Prevention and Management：An International Journal，6（3）：186-190.

Girard J. 2015. Defining knowledge management：toward an applied compendium. Online Journal of Applied Knowledge Management，3（1）：1-20.

Gold A，Gronewold U，Salterio S E. 2014. Error management in audit firms：error climate，type，and originator. The Accounting Review，89（1）：303-330.

Granovetter M S. 1973. The strength of weak ties. American Journal of Sociology，78（6）：1360-1380.

Gronewold U，Gold A，Salterio S E. 2013. Reporting self-made errors：the impact of organizational error-management climate and error type. Journal of Business Ethics，117（1）：189-208.

Guchait P，Kim M G，Namasivayam K. 2012. Error management at different organizational levels—frontline，manager，and company. International Journal of Hospitality Management，31（1）：12-22.

Haeckel S H，Nolan R L. 1993. Managing by wire. Harvard Business Review，71（5）：122-132.

Harteis C，Bauer J. 2014. Learning from Errors at Work//International Handbook of Research in Professional and Practice-Based Learning. Dordrecht：Springer Netherlands，699-732.

Heimbeck D，Frese M，Sonnentag S，et al. 2003. Integrating errors into the training process：the function of error management instructions and the role of goal orientation. Personnel Psychology，56（2）：333-361.

Helmreich R L. 1998. Error management as organizational strategy. Proceedings of the IATA Human Factors Seminar.Bangkok：Springer.

Helmreich R L. 2000. On error management：lessons from aviation. British Medical Journal，320（7237）：781-785.

Herbert W，Marsh H W，Hau K T，et al. 1998. Is more ever too much? The number of indicators per factor in confirmatory factor analysis. Multivariate Behavioral Research，33（2）：181-220.

Hofmann D A，Frese M. 2011. Error in Organizations. New York：Taylor and Francis Group.

Holden R J，Karsh B T. 2007. A review of medical error reporting system design considerations and a proposed cross-level systems research framework. Human Factors，49（2）：257-276.

Hollnagel E. 1998. Cognitive Reliability and Error Analysis Method （CREAM）. Oxford：Elsevier Science Ltd.

Homsma G J，van Dyck C，de Gilder D，et al. 2009. Learning from error：the influence of error incident characteristics. Journal of Business Research，62（1）：115-122.

Huber G P. 1991. Organizational learning：the contributing processes and the literatures. Organization Science，2（1）：88-115.

Hult G T M，Ferrell O C. 1997. Global organizational learning capacity in purchasing：construct and measurement. Journal of Business Research，40（2）：97-111.

Iacobucci D. 2010. Structural equations modeling：fit Indices，sample size，and advanced topics. Journal of Consumer Psychology，20（1）：90-98.

Ivancic K，Hesketh B. 2000. Learning from errors in a driving simulation：effects on driving skill and self-confidence. Ergonomics，43（12）：1966-1984.

James L，Mulaik S，Brett J M. 1982. Causal Analysis：Assumptions，Models，and Data. London：Sage Publications.

Janssen O，van Yperen N W. 2004. Employees' goal orientations，the quality of leader-member exchange，and the outcomes of job performance and job satisfaction. Academy of Management Journal，47（3）：368-384.

Jiménez-Jiménez D，Sanz-Valle R. 2011. Innovation，organizational learning，and performance. Journal of Business Research，64（4）：408-417.

Judd C M，Kenny D A. 1981. Process analysis：estimating mediation in treatment evaluations. Evaluation Review，5（5）：602-619.

Keith N. 2011. Learning Through Errors in Training. Errors in Organizations. NewYork：Routledge.

Keith N，Frese M. 2005. Self-regulation in error management training：emotion control and metacognition as mediators of performance effects. Journal of Applied Psychology，90（4）：677-691.

Keith N，Frese M. 2008. Effectiveness of error management training：a meta-analysis. Journal of Applied Psychology，93（1）：59-69.

Keith N，Frese M. 2011. Enhancing firm performance and innovativeness through error management culture//Ashkanasy N，Wilderom P M C，Peterson F M. The Handbook of Organizational Culture and Climate.2nd Edition. CA：SAGE Publications：137-157.

Khoja F，Maranville S. 2010. How do firms nurture absorptive capacity?. Journal of Managerial Issues，22 （2）：262-278.

Kline P，Saunders B. 1998. Ten Steps to a Learning Organization. Arlington，VA：Great Ocean Publishers.

Kogut B，Zander U. 1992. Knowledge of the firm，combinative capabilities，and the replication of technology. Organization Science，3（3）：383-397.

Kollarits J. 1937. Über Lagewahrnehmungsfehler und ü ber einige andere Besonderheiten des

Hypnopompiums. Deutsche Zeitschrift Für Nervenheilkunde，144（5-6）：277-289.

Korsten V A，Stanz K J，Blignaut J. 2004. The development of a management error orientation questionnaire. SA Journal of Human Resource Management，2（1）：37-44.

Kryeziu M A L. 2015. Learning from errors. ILIRIA International Review，5（1）：393-408.

Lai C S，Chiu C J，Yang C F，et al. 2010. The effects of corporate social responsibility on brand performance：the mediating effect of industrial brand equity and corporate reputation. Journal of Business Ethics，95（3）：457-469.

Lane P J，Lubatkin M. 1998. Relative absorptive capacity and interorganizational learning. Strategic Management Journal，19（5）：461-477.

LaPoint J L. 2012. The effects of aviation error management training on perioperative safety attitudes. International Journal of Business and Social Science，3（2）：78-90.

Leape，L L. 2002. Reporting of adverse events. The New England Journal of Medicine，347（20）：1633-1638.

Lee H，Choi B. 2003. Knowledge management enablers，processes，and organizational performance：an integrative view and empirical examination. Journal of Management Information Systems，20（1）：179-228.

Lipsett P A. 2017. Surgical training to proficiency：learning from errors. JAMA Surgery，152（6）：588.

March J G. 1991. Exploration and exploitation in organizational learning. Organization Science，2（1）：71-87.

Marijn Poortvliet P，Janssen O，van Yperen N W，et al. 2007. Achievement goals and interpersonal behavior：how mastery and performance goals shape information exchange. Personality and Social Psychology Bulletin，33（10）：1435-1447.

Mayer R C，Davis J H，Schoorman F D. 1995. An integrative model of organizational trust. Academy of Management Review，20（3）：709-734.

McGrath R G. 2001. Exploratory learning，innovative capacity，and managerial oversight. Academy of Management Journal，44（1）：118-131.

Meurier C E，Vincent C A，Parmar D G. 1997. Learning from errors in nursing practice. Journal of Advanced Nursing，26（1）：111-119.

Moorman C，Zaltman G，Deshpande R. 1992. Relationships between providers and users of market research：the dynamics of trust within and between organizations. Journal of Marketing Research，29（3）：314-328.

Morag I，Gopher D，Spillinger A，et al. 2012. Human factors－focused reporting system for improving care quality and safety in hospital wards. Human Factors，54（2）：195-213.

Morris M W，Moore P C. 2000. The lessons we（don’t）learn：counterfactual thinking and organizational accountability after a close call. Administrative Science Quarterly，45（4）：737-765.

Nonaka I. 1994. A dynamic theory of organizational knowledge creation. Organization Science，5（1）：14-37.

Nonaka I，Takeuchi H. 1995. The Knowledge Creating Company：How Japanese Companies Create the Dynamics of Innovations. Oxford：Oxford University Press.

Nonaka I，Toyama R. 2003. The knowledge-creating theory revisited：knowledge creation as a synthesizing process. Knowledge Management Research & Practice，1（1）：2-10.

Nonaka I，Toyama R，Konno N. 2000. SECI，Ba and leadership：a unified model of dynamic knowledge creation. Long Range Planning，33（1）：5-34.

Norman，D A. 1988. The Psychology of Everyday Things. New York：Basic Books.

Okafor N G，Doshi P B，Miller S K，et al. 2015. Voluntary medical incident reporting tool to improve physician reporting of medical errors in an emergency department. Western Journal of Emergency Medicine，16（7）：1073-1078.

Ouksel A M，Mihavics K，Chalos P. 1997. Accounting information systems and organization learning：a simulation. Accounting，Management and Information Technologies，7（1）：1-19.

Peters G A，Peters B J. 2006. Human Error：Causes and Control. Boca Raton：CRC Press.

Pintrich P R，Conley A M M，Kempler T M. 2003. Current issues in achievement goal theory and research. International Journal of Educational Research，39（4-5）：319-337.

Popper M，Lipshitz R. 1998. Organizational learning mechanisms a structural and cultural approach to organizational learning. The Journal of Applied Behavioral Science，34（2）：161-179.

Porter C O L H. 2008. A multilevel multiconceptualization perspective of goal orientation in teams//Sessa V I，London M. Work group learning：understanding，improving and assessing how groups learn in organizations. New York：Taylor & Francis.

Provera B，Montefusco A，Canato A. 2010. A "no blame" approach to organizational learning. British Journal of Management，21（4）：1057-1074.

Putz D，Schilling J，Kluge A，et al. 2013. Measuring organizational learning from errors：development and validation of an integrated model and questionnaire. Management Learning，44（5）：511-536.

Ramanujam R，Goodman P S. 2003. Latent errors and adverse organizational consequences：a conceptualization. Journal of Organizational Behavior，24（7）：815-836.

Reason J. 1990. Human Error. London：Cambridge University Press.

Reason J. 1995. A systems approach to organizational error. Ergonomics，38（8）：1708-1721.

Reason J. 2000. Human error：models and management. British Medical Journal，320（7237）：768-770.

Rousseau D M，Sitkin S B，Burt R S，et al. 1998. Not so different after all：a cross disciplinary view of trust. Academy of Management Review，23（3）：393-404.

Ruggles R. 1998. The state of the notion：knowledge management in practice. California Management Review，40（3）：80-89.

Runciman W B，Sellen A，Webb R K，et al. 1993. Errors，incidents and accidents in anaesthetic practice. Anaesthesia and Intensive Care，21（5）：506-519.

Rybowiak V，Garst H，Frese M，et al. 1999. Error orientation questionnaire（EOQ）：reliability，validity，and different language equivalence. Journal of Organizational Behavior：The International Journal of Industrial，Occupational and Organizational Psychology and Behavior，20（4）：

527-547.

Sabel C F. 1993. Studied trust：building new forms of cooperation in a volatile economy. Human Relations，46（9）：1133-1170.

Schein E H. 1992. Organizational Culture and Leadership. San Francisco：Jossey-Bass.

Schell K L. 2012. The Error-oriented motivation scale：an examination of structural and convergent validity. Personality and Individual Differences，52（3）：352-356.

Schneider B. 1987. The people make the place. Personnel Psychology，40（3）：437-453.

Segars A H. 1997. Assessing the unidimensionality of measurement：a paradigm and illustration within the context of information systems research. Omega，25（1）：107-121.

Senders J W，Moray N P. 1991. Human error：cause，prediction，and reduction. Erlbaum Associates.

Senge P M. 1990. The Fifth Discipline：Art and Practice of the Learning Organizations. New York：Doubleday.

Shrout P E，Bolger N. 2002. Mediation in experimental and nonexperimental studies：new procedures and recommendations. Psychological Methods，7（4）：422-445.

Spath P L. 2011. Error Reduction in Health care：A Systems Approach to Improving Patient safety. San Francisco：Jossey-Bass.

Spender J C. 1996. Making knowledge the basis of a dynamic theory of the firm. Strategic Management Journal，17（S2）：45-62.

Stabler S G，Ewaldt J W. 1998. Simulation modeling and analysis of complex learning processes in organizations. Accounting，Management and Information Technologies，8（4）：255-263.

Stein E W，Zwass V. 1995. Actualizing organizational memory with information systems. Information Systems Research，6（2）：85-117.

Stewart T，Ruckdeschel C. 1998. Intellectual capital：the new wealth of organizations. Performance Improvement，37（7）：56-59.

Szulanski G. 1996. Exploring internal stickiness：impediments to the transfer of best practice within the firm. Strategic Management Journal，17（S2）：27-43.

Taleb N N. 2007. The Black Swan：the Impact of the Highly Improbable. New York：Random House and Penguin.

Tulis M，Steuer G，Dresel M. 2016. Learning from errors：a model of individual processes. Frontline Learning Research，4（4）：12-26.

van Dyck C，Frese M，Baer M，et al. 2005. Organizational error management culture and its impact on performance：a two-study replication. Journal of Applied Psychology，90（6）：1228-1240.

Visser M. 2007. Deutero-learning in organizations：a review and a reformulation. Academy of Management Review，32（2）：659-667.

Walsh J P，Ungson G R. 1991. Organizational memory. Academy of management review，16（1）：57-91.

Weick K E. 2002. Puzzles in organizational learning：an exercise in disciplined imagination. British Journal of Management，13（S2）：S7-S15.

White H C. 1981. Where do markets come from?. American Journal of Sociology，87（3）：517-547.

Wikipedia.2017-01-20.Error.https://en.m.wikipedia.org/wiki/Error.

Wucker M. 2016. The Gray Rhino：How to Recognize and Act on the Obvious Dangers We Ignore. New York：St. Martin's Press.

Xiao Z X，Tsui A S. 2007. When brokers may not work：the cultural contingency of social capital in Chinese high-tech firms. Administrative Science Quarterly，52（1）：1-31.

Xie Y Q, Zhang J N, Zhuo X Z. 2014. Learning from errors and learning from failures: a study on the model of organizational learning from error. frontier and future development of information technology in medicine and education. Springer，3（2）：1833-1840.

Yin R. 2011. Influence of error learning on staff innovative behavior：based on goal orientation in performance appraisa. International Conference on Artificial Intelligence，Management Science and Electronic Commerce（AIMSEC）.

Zapf D，Brodbeck F C，Frese M，et al. 1992. Errors in working with computers：a first validation of a taxonomy for observed errors in a field setting. International Journal of Human-Computer Interaction,（4）：311-339.

Zhao B. 2011. Learning from errors：The role of context，emotion，and personality. Journal of Organizational Behavior，32（3）：435-463.

Zhao B, Olivera F. 2006. Error reporting in organizations. Academy of Management Review, 31(4): 1012-1030.

Zhu Y J，Zhang K. 2011. The research on influence of error management culture on organizational learning and individual innovation. International Conference on E- Business and E-Government（ICEE 2011 Shanghai，China),（5）：1- 6.

Zollo M，Winter S G. 2002. Deliberate learning and the evolution of dynamic capabilities. Organization Science，13（3）：339-351.

附　　录

尊敬的女士/先生：

您好！

感谢您抽出时间参与我的研究调查，本问卷旨在了解组织差错管理、知识管理对于组织差错学习的影响因素以及相互关系。从而为促进组织差错学习、提高组织绩效和创新提供理论支撑。非常感谢您的支持和配合，并帮助我完成此项调查任务，并希望相关研究成果能够为相关企业制度的制定、文化氛围的形成、创新战略的开发提供有益的参考。

本问卷为匿名作答的方式，并不收集个人、企业或单位的具体信息，以及单位管理事务、生产信息和商业秘密等。本问卷作答数据仅供学术研究使用，我们将遵守相关学术伦理道德规范，进行数据分析，发现问题和规律，不涉及任何个体或单位的隐私或涉密数据。而且，答案填写并无对错之分，请根据您的理解、亲身经验以及实际情况实事求是地填写，选择最为接近您的意思的选项。

您的支持与合作对于我高质量完成课题研究意义重大。在此，再次深表谢意！

几点提示：

（1）本问卷中的“差错”主要是指员工在工作过程中所犯无心之过，是轻微的，还没有造成重大损失，但是，这些差错有可能导致更严重的后果，如失败、事故等。因此，不能将差错与错误、事故未遂、事故、失败等画等号。

（2）差错学习就是以差错知识（差错是什么、差错怎样发生的、如何解决差错等）为学习对象的学习过程，包括有组织的正式培训、学习，以及自己反思性学习，或向他人请教的非正式学习。

（3）请您仔细阅读以下各题项，根据您的实际情况或理解，选择代表对应程度的选项，有的题项的选项是符合的程度，有的题项的选项是重要的程度。但无论如何选择，其结果并没有对或错之分。

第一部分　基本情况

1. 您的性别：

A. 男　B. 女

2. 您的年龄：

A. 小于25岁　B. 25~35岁　C. 36~45岁　D. 46~55岁　E. 56岁及以上

3. 您的工龄：

A. 小于2年　B. 2~5年　C. 6~10年　D. 10年以上

4. 您的文化程度：

A. 高中及以下　B. 专科　C. 本科　D. 硕士　E. 博士

5. 您的职称：

A. 无　B. 初级　C. 中级　D. 高级

6. 您的职位：

A. 一线员工　B. 基层管理者　C. 中层管理者　D. 领导者

第二部分　组织差错管理的影响因素

表1　组织差错管理影响因素调查题项

指标项	编号	测量题项	非常不符合	不符合	基本符合	符合	非常符合
差错文化（EC）	EC1	我觉得差错会给组织带来较为严重的问题或后果					
	EC2	我认为差错也会促进我们工作的改善					
	EC3	我认为积极的差错态度将有效缓解差错带来的紧张或压力					
	EC4	我认为当出现差错时，应向组织提供自己或他人差错信息（便于组织及时地处理差错）					
	EC5	我认为当出现差错时，管理者不应只是责备员工，而应积极了解具体情况					
	EC6	我认为坦诚的差错问题交流和合作的氛围有助于差错管理					
差错体制（ES）	ES1	对于差错管理，我觉得建立差错培训体系是必要的（对员工进行差错培训）					
	ES2	对于差错管理，我觉得制定相应的规章制度和操作说明书是必要的					
	ES3	对于差错管理，我觉得建立与使用差错报告系统是必要的					
	ES4	对于差错管理，我觉得领导应具备积极的态度和相应的差错处理知识与能力					

续表

指标项	编号	测量题项	非常不符合	不符合	基本符合	符合	非常符合
差错处理方式（EO）	EO1	对于差错处理，我认为员工应具备一定的差错处理方法					
	EO2	对于差错处理，我认为组织应该建立收集差错信息的系统					
	EO3	对于差错处理，我认为需要从员工和组织等方面出发寻找差错发生的原因					
	EO4	对于差错处理，我认为与差错处理相关的信息资源可以成为组织的学习资料					
	EO5	对于差错处理，我认为组织应鼓励员工和团体从差错中学习					

第三部分　组织知识管理过程的影响因素

表2　组织知识管理过程影响因素调查题项

指标项	编号	测量题项	非常不符合	不符合	基本符合	符合	非常符合
知识创造（KC）	KC1	我觉得组织应积极鼓励员工从各种渠道收集差错信息（差错类别、特征、解决方案等）					
	KC2	我觉得组织应该鼓励员工探索差错解决的策略和办法					
	KC3	我觉得组织应鼓励举行与各种差错相关的经验交流活动					
	KC4	为了减少差错的再次发生，我觉得组织应及时更新其规章制度、操作规程					
	KC5	我觉得组织应该鼓励有经验的员工帮扶（带徒弟的方式）新员工或经验不足的员工					
知识组织（KO）	KO1	为了收集差错信息、知识等，我认为组织需要建立差错信息管理系统					
	KO2	我认为组织应帮助员工检索和使用信息系统中的差错知识					
	KO3	我认为组织应指派专人定期整理差错信息系统，形成指导性的工作文件（如工作手册或者规范等）					
知识转移（KD）	KD1	员工愿意将差错相关经验和技能通过多种形式分享给他人					
	KD2	员工能够用恰当的形式将差错相关经验和技能分享给他人					
	KD3	员工愿意接受其他员工传授的各种差错处理的知识和经验					
	KD4	员工具备接受其他员工传授的各种差错处理的知识和经验的能力					

续表

指标项	编号	测量题项	非常不符合	不符合	基本符合	符合	非常符合
知识转移（KD）	KD5	员工愿意向传授差错知识和技能的员工或组织进行积极地反馈					
	KD6	员工具有向传授差错知识和技能的员工或组织进行反馈的能力					

第四部分　组织差错学习输出的因素

表3　组织差错学习输出影响因素调查题项

指标项	编号	测量题项	非常不符合	不符合	基本符合	符合	非常符合
差错知识（KOE）	KOE1	通过差错学习，我觉得员工会改变对于差错和差错资源的态度					
	KOE2	通过对他人或自己差错的反思，我觉得员工能获得差错经验					
	KOE3	通过差错培训或学习，我觉得员工会掌握差错相关的知识					
	KOE4	通过差错学习，我觉得会提高整个组织的知识水平					
差错技能（COE）	COE1	通过差错学习，我认为能够提高员工早期发现差错的能力					
	COE2	通过差错学习，我认为能够增强员工差错原因的分析能力					
	COE3	通过差错学习，我认为能够提升员工及时纠正差错的能力					
	COE4	通过差错学习，我认为能够促进整个组织的差错能力（发现、分析和纠正差错的能力）					
差错绩效（POE）	POE1	我觉得差错学习能够有效减少员工差错行为的发生					
	POE2	我觉得差错学习能够有效减少员工失败、事故等情形发生					
	POE3	我觉得差错学习能够有效改善员工和单位的工作绩效					
改革创新（R&I）	R&I1	通过差错学习，我认为能够推动组织生产流程的改革					
	R&I2	通过差错学习，我认为能够促进组织管理结构的优化和改革					
	R&I3	通过差错学习，我认为能够推动组织创新（包括产品、过程和服务上的创新）					

问卷到此结束，非常感谢您耐心地填写本问卷！

后　记

本书主题是组织差错学习，这类主题无论是在组织理论研究层面，还是在组织实践领域，尽管差错行为是组织中的普遍性客观存在，但是组织差错学习从未处于主流的组织理论研究和实践视野中。无论从宏观上、中观上还是微观上来看，虽然差错学习都是主体自我完善、进步和创新的重要手段，但是，差错行为的负面性影响，使各类主体（个体、团体、组织等）唯恐避之不及，因此差错未能成为资源而得到很好的正名和善用。

“人非圣贤，孰能无过”与国外谚语“To Err Is Human”具有异曲同工之处，表达了朴素的唯物辩证法思想，即差错是不可避免的，是人客观存在的行为。因此，差错出现了并不可怕，但重要的是应该关注差错行为及其解决过程中产生的信息资源，因为这些差错信息往往具有较高的利用价值和蕴藏着机遇。“过而能改，善莫大焉”则喻示着在差错行为背后，各种差错信息中可能蕴涵了学习资源、创新和改革的机遇。如果没有把差错信息作为一种学习资源对待，那么，组织差错学习也就不会发生，也就难以获得差错经验、差错知识或差错智慧。

基于此，本书主要从社会结构的中观层面——“组织”着手，从组织差错学习的理论基础体系开始，从多维视角阐述差错信息资源与组织差错学习的关系。以实证分析方法，构建组织差错学习绩效影响因素模型和差错学习过程模型，建立组织差错学习机制，并在实践中加以应用。主要研究结果或结论如下。

（1）与差错相关的理念。具体包括以下几点。①差错的产生。差错是工作情境中员工与组织环境的不匹配、不协调。②差错的归因。差错的归因应辩证地分析，既可能是组织环境中存在的问题所致，也可能是员工个体的知识、能力以及身心因素的原因。③差错的本质。差错是人的正常行为无意中偏离了正常的目标，差错不等于行为可能的后果，如事故，因此，差错也不等于失败或损失。④差错孕育着创造、机遇、创新与改革的机会。

（2）组织差错学习的理论基础。具体包括以下几点。①差错管理理论为组织差错学习提供了前提性的理论基础，差错管理营建了积极的差错文化氛围，是发生和促进差错学习的重要前提。②结构洞理论则说明组织差错的发生是因为知识结构洞的存在，导致组织中层级间、人际间、团体或部门间等组织横向与纵向维度上存在知识结构洞，易于产生差错。③组织学习理论是组织差错学习理论的上位理论，因此，组织学习理论的要素、原则、方法和模型也适用于组织差错学习。④知识管理理论从知识管理、知识创造与 SECI 模型等方面为组织差错学习提供了差错知识、差错技能的转化、转移和扩散的理论基础。

（3）差错信息、差错经验、差错知识、差错智慧。组织差错学习的对象并不是差错行为，而是差错信息、差错经验、差错知识、差错智慧。具体分析如下。①从情报学的信息链和基本原理分析差错信息的演化路径和关系网络。②从熵理论对差错行为过程进行分析，差错信息的序化和转化过程可视为负熵的注入，也即有助于降低组织混乱与无序的熵减，以及创新结构的改革。③从信息资源管理的视角分析了差错信息资源的形成、传播和服务。

（4）组织差错学习绩效影响因素模型的确立。通过我们的实证研究有如下发现。①结论 1：组织知识管理正向显著影响组织差错学习绩效。②结论 2：组织差错管理正向显著影响组织知识管理。③结论 3：组织知识管理是组织差错管理和组织差错学习绩效间的中介。④结论 4：组织差错管理主要由组织差错文化、组织差错体制和组织差错处理三方面因素组成。⑤结论 5：组织差错知识管理主要与差错知识创造、差错知识组织和差错知识转移三方面因素相关。⑥结论 6：组织差错学习绩效输出主要与组织差错知识、差错技能、差错绩效和改革创新四个方面的因素相关。⑦组织差错学习模型的构建。我们认为组织差错学习过程模型是包含行为流、事件流、信息流、知识流等要素与差错处理流程、知识管理流程、学习流程融为一体的过程。

（5）组织差错学习机制的建立。我们认为，组织差错学习要素和过程论证清晰，并不代表差错学习能自动发生和有效进行，需要一系列的保障和激励机制的建立。主要包括差错报告与信任机制、差错学习中的共享机制、知识转移与扩散机制、组织容错与纠错机制、组织激励与保障机制等。

本书经过深入探究、实证和思考，完成了组织差错学习模型和机制的构建，取得了一系列的研究结果和结论。其中，很多结论或理论性成果可以进一步为相关领域的理论研究与实践应用提供非常有益的给养和启示。

（1）在高可靠性组织或应急管理中，既要构建积极的差错管理文化氛围，又要提高组织韧性。高可靠性组织，如核电站、航空维修站、航天部门、煤矿、医院等，它们对于差错非常敏感，对于安全十分重视。在本书中，尽管我们知道差错并不等于事故或失败，但是事故或失败常常是由若干个差错串联耦合而导致的，个人的差错往往只是诱因而已，而组织本身在结构性、制度性、流程操作等方面也大多存在问题，二者的交互耦合作用导致事故的发生。历史上反复上演这类过于惨痛的事故，如美国宾夕法尼亚州的三里岛核电站、苏联时期的乌克兰境内切尔诺贝利核电站、日本福岛核电站发生的重大事故，2013 年“11 · 22”青岛输油管道爆炸事件、天津港爆炸案等，无不是由于一系列知识结构、制度上、设计上、操作上、管理上的缺陷而产生差错并引发的。

因此，依据本书的相关成果，在高可靠性组织中，一方面，积极的差错管理文化氛围可鼓励员工积极报告差错，进行差错学习、差错交流、差错反思等，从而主动地降低差错率，减少差错，提高整体组织差错知识、差错能力、差错处理的水平。另一方面，构建组织抗逆力体系。组织抗逆力是指组织具有抵御各种不确定性、无法预料的危险、威胁和风险的能力。主要是通过检查自身的脆弱性、增强组织的鲁棒性、资源的冗余性来提高组织抗逆力水平。

（2）组织差错学习模型的构建。组织差错学习绩效影响因素模型和组织差错学习过程模型，前者从静态的视角给出了组织差错学习的组成结构，后者则从动态的视角给出了组织差错学习的路径、流程和结果。这两个模型是具有一般意义和普遍性的，虽然本书选取对象或列举对象多为高可靠性组织，但是研究结论或结果却具有普适性，甚至具有宏观适用性的价值。①科学、工程、技术的创新与突破，毫无疑问，是一个不断试错，之后进行差错反思、差错学习，再试错……循环往复的过程，直至创新和突破的实现，如我国诺贝尔奖获得者屠呦呦研究员研究青蒿素的过程。②组织培训模式的创新与改革。现在，组织的人力资源培训虽然形式多样，但是内容和方法仍属于陈旧型，如组织新员工学习组织规章制度、作业技术规范和流程等。根据本书差错学习过程模型，应鼓励专家型员工与新员工结对进行师徒制学习，采用差错案例（图形、图片、视频、音频或动画）、差错模拟、差错体验等多元化培训方式，促进新员工获得差错知识和差错能力。③重视组织差错案例库的建设。差错案例库应尽可能将案例的各种元数据收集齐备，过程数据和信息完备，分析和纠错方法正确，案例库的数据可以是结构化与非结构化数据的结合。这样员工在差错学习或工作情境中遇到类似差错时，就能获得比较完整的差错案例的帮助。

（3）建立健全组织差错学习机制是组织差错学习的关键和保障。组织差错学习并不会主动和自动地发生，以及差错学习能否积极有效，相关影响因素很多，如人际关系、心理安全、名誉与荣誉、职业安全与职业发展等。作为组织管理者，特别是高层管理者须具备差错管理领导力，能够从顶层设计的角度来推动组织差错管理文化氛围的营建，进而建立健全组织差错学习机制。①自上而下营建差错管理文化氛围，即视差错为正常行为（虽偏离组织目标，不属于正确的行为，但是属于正常行为）。同时，差错也是机遇，差错信息、差错经验、差错知识都属于宝贵的学习资源。②根据组织自身特点和差错学习的需要，建立适合需要的组织差错学习保障和激励机制。

（4）本书部分成果还与当前我国经济社会改革发展的实践相契合。具体如下。①改革开放要求解放思想和实事求是，其本质就是鼓励差错学习和不断总结经验与创新。我国40多年的改革开放是从“摸着石头过河”到“先试点，扩大试点，再全面推广”的路径，其本质是一种试错，是差错学习在获得成熟的创新经验之后，再全面复制推广出去。我国在这40多年的改革开放过程中，营建了积极的差错文化氛围，全社会形成了鼓励“第一个吃螃蟹的人”、包容差错、鼓励试错、善于在差错中反思和学习的文化氛围。人们拥抱差错学习，不断地从中获得创新机遇、发展机会。②容错纠错机制的建立。2018年5月，中共中央办公厅印发了《关于进一步激励广大干部新时代新担当新作为的意见》，强调“建立健全容错纠错机制，宽容干部在改革创新中的失误错误，把干部在推进改革中因缺乏经验、先行先试出现的失误错误，同明知故犯的违纪违法行为区分开来；把尚无明确限制的探索性试验中的失误错误，同明令禁止后依然我行我素的违纪违法行为区分开来；把为推动发展的无意过失，同为谋取私利的违纪违法行为区分开来”[①]。一方面，该意见明确提出通过容错纠错机制的建立，促进社会创新、制度创新、体制创新、机制创新；另一方面，也界定了“错”的内涵，但是仍存在界定不够清晰、难以具体操作的情况。

从本书来看，《关于进一步激励广大干部新时代新担当新作为的意见》中容错纠错机制中的“错”指的就是差错，是各类主体并非故意而偏离目标的行为。它不是错误，错误是主体主观上有意识地挑战原则、挑战真理，从而必然导致失败、事故和损失。违法行为则性质更为严重，是挑战国家和社会行为的红线，被坚决地隔离在容错纠错机制之外，将由法制体系对之进行约束。因此，容错纠错机制的建立不能混淆差错和错误的边界，容错纠错机制的有效性则在于差错和错误界限的划分、标准的制定。无论在什么层次、何种领域、哪类组织中建立容错纠错机制，最根本的起点是明确“错”的边界、范围、内涵、特征，目的是为后续识别“错”、鉴定“错”、容“错”、纠正“错”提供精准的依据。将之与主观性的“过失”“错误”“违规”“违法”相区分，否则容错纠错机制将失去其原有的积极作用。

（5）在宏观上，组织差错学习理论也为相关领域或行业实践提供理论支撑。在政治、经济、社会层面，各类“蝴蝶效应”“黑天鹅事件”“灰犀牛事件”时常发生，防不胜防，主要原因与主体自身脆弱性相关联。但是脆弱性并不必然导致这类事件发生，而差错的产生往往成为它们的导火索，经济政策或经济行为上的差错、执政行为上的差错、政治家们对于世界形势和发展判断上的差错等都可能成为此类事件发生的诱因。

当下，一方面，国际政治经济形势剧变，风云变幻，“黑天鹅事件”“灰犀牛

① 《关于进一步激励广大干部新时代新担当新作为的意见》，http://dangjian.people.com.cn/n1/2018/0521/c117092-30001737.html.

事件”频发，不稳定性、不确定性难以预测，风险、威胁、危机相伴而生；另一方面，我国正积极对外推动实施“一带一路”倡议，对内正处在深化改革、扩大开放的新阶段。社会各领域以创新驱动发展已渐成共识，创新是一个过程，其中的差错行为出现是常态。因此，面对异常复杂的、充满不确定性的环境时，鼓励人们大胆创新、试错，提倡和推动差错学习，其直接效应是提高人们的差错知识、差错纠错能力、差错智慧水平，间接效应是帮助人们提高识别差错的能力，从差错中探索创新机遇，从差错中发现改革的切入点。